Sorun Bendeymiş

D1734817

Pink Freud

BÜCHERSCHRANK

Ich bin
ein
Gratisbuch

ROSENTAL

Dizüstü Edebiyat / 12

Sorun Bendeymiş
Pink Freud

ISBN: 978-605-4054-72-5
Sertifika No: 13838
I. Baskı: İstanbul, Mart 2012

Yayın Yönetmeni: Ebru Demetgül
Editör: Necati Balbay
Dizi ve Kapak Tasarım: Ebru Demetgül
Grafik Uygulama: Reyna Yiğit
Film, baskı ve cilt: Duplicate Matbaa Çözümleri San. ve Dış Tic. Ltd. Şti.
Maltepe Mah. Litros Yolu Sok. Fatih San. Sit. No: 12/102 Topkapı,
Zeytinburnu, İstanbul Tel: (0212) 674 39 80, Faks: (0212) 585 00 81

Bu kitabın yayın hakları Okuyan Us'a aittir. Her hakkı saklıdır. Tanıtım için yapılacak
kısa alıntılar dışında yayıncının yazılı izni olmaksızın hiçbir yolla çoğaltılamaz.
© Okuyan Us Yayın Eğitim Danışmanlık Tıbbi Malzeme ve
Reklam Hizmetleri San. ve Tic. Ltd. Şti.

Fulya Mah. Mehmetçik Cad. Eser Apt. A Blok No: 30 Daire: 5-6
Fulya, Şişli, İstanbul Tel: (0212) 272 20 85 - 86 Faks: (0212) 272 25 32

okuyanus@okuyanus.com.tr
www.okuyanus.com.tr

Dizüstü Edebiyat serisinin diğer kitapları;

Küçük Aptalın Büyük Dünyası, *Pucca*

Piç Güveysinden Hallice, *samihazinses*

Bizim de Renkli Televizyonumuz Vardı, *Onur Gökşen*

Sorun Bende Değil Sende, *pinkfreud*

Bayılmışım... Kendime Geldiğimde 40 Yaşındaydım, *Şebnem Aybar*

1 Kadın 2 Salak, *Fatih Aker & Livio Jr. Angelisanti*

Erkek Dedikodusu, *French Oje & T.B.*

Bir Apaçi Masalı, *Angutyus*

Pucca Günlük Ve Geri Kalan Her Şey, *Pucca*

2011'in Bobiler Tarihi, *bobiler.örg*

Bir Alex Değilim, *İstiklal Akarsu*

okuyanus.com.tr

facebook.com/okuyanusyayinevi
twitter.com/okuyanus
youtube.com/okuyanusyayinevi

facebook.com/dizustuedebiyat
twitter.com/dizustuedebiyat

okuyanus@okuyanus.com.tr
dizustuedebiyat@okuyanus.com.tr

İçindekiler

Memleketim Çorum

Yer: Ankara
Hava soğuk, ama gri değil...

Beklemediğim bir cümle kurdu bana, cümle haline gelmiş bir kelime, kelime haline gelmiş bir makas. Kesti attı bir anda: "Bitti."

"Ne demek bitti? Ne demek yani şimdi bu? Ayrılıyor muyuz? Bunu mu demek istiyorsun?"
"Valla öyle görünüyor Pelin..."
"Biraz daha iyi bak, belki o görünen ebenin amıdır."

Görünen ebesinin amı değildi tabii ki; görünen benim erkek arkadaşım tarafından terk edilmem, tek başıma, bilmediğim bir şehirde yapayalnız kalmamdı. Bu acı gerçeği, küfrederken çoktan anlamıştım aslında.

İlişkimiz, belki de her üniversite öğrencisinin ilişkisi gibi çok basit başlamıştı, ama başladığından daha da basitçe bitti. Daha hayatının başında bir genç kızken yaşadığım (henüz!) ilk ve tek ilişkim de bu şekilde sona erdi. Sona ermiş aslında, ben fark edememişim, o etmiş.

Mehmet Emin... Sekiz aydır birlikte olduğum, belki de daha doğru bir deyişle "çıktığım" ilk sevgilim. Kendisinden "ilk aşkım" diye bahsetmek isterdim ama bunu beceremiyorum, elim gitmiyor. Çünkü bir kadının "ilk aşkım" dediği insanın adı Emre olur, Burak olur, bunların hiçbiri olmadı Roberto olur. Mehmet Emin diye bir isme sahip olan adamdan ilk aşk olmaz, nalbur belki olur, mahalle kasabı kesin olur.

Mehmet Emin, Türkiye'de doğan çoğu erkek çocuk gibi, isim konusunda şanssız olan kısmetsizlerdendi belli ki. Bu ülkede bir çocuk doğduğunda eğer erkekse her dede, "Toruna benim ismim verilecek" diye tutturur. Bu sosyolojik bir gerçek ama Mehmet Emin'in iki dedesi birden, "Benim ismim olacak" diye tutturunca, aileler arası bir kriz çıkmaması için iki dedesinin ismini birden almış. Aramızda kalsın ama zaten bu ilişkinin yürümeyeceği, daha tanıştığımız ilk gün bana, "Merhaba, adım Mehmet Emin ama ben kendimi Göktuğ gibi hissediyorum, istersen sen bana Göktuğ de" demesinden belliydi. Bir insan kendini nasıl Göktuğ gibi hissedebilir ki? Kısa kollu kareli gömleğinle, yüksek bel kot pantolonunla, tütün kolonyası gibi kokan parfümünle bal gibi de Mehmet Emin'sin işte, ne Göktuğ'u? Hatta Emin oğlu Emin'sin.

İsim konusunda daha önce teşhisi konulmamış bir ruh hastası gibi davranışlar sergileyen, "kendini Göktuğ hisseden" Mehmet Emin'le üniversitenin ilk senesinde tanıştık. Belki de koca sınıfta bir tek o ve ben şehir dışından Ankara'ya geldiğimiz için, içine düştüğüm yalnızlık psikolojisiyle onu kendime yakın hissettim. Kendimi anlayabiliyordum, çünkü İstanbul'da doğup büyümüş, deniz görmeden bir günü geçmemiş bir insandım. Ankara'da sıkılmam, yabancılık çekmem normaldi, ama yıllarca Çorum'dan kafasını çıkarmamış Mehmet Emin niye böyle bir psikolojiye bürünmüştü, bunu hiçbir zaman anlamadım. Belki de bana yaklaşabilmek için yalan uyduruyordu, karabiberli leblebinin anavatanından gelen bu çocuk.

Kısa sürede buz gibi soğuduğum Ankara'ya gelmek için yaşadıklarımı, yaptıklarımı hatırladıkça Mehmet Emin'den daha da soğuyordum. Liseye başladığım ilk seneden itibaren Ankara'daki herkesin bildiği o meşhur mu meşhur üniversiteye girmek için gecemi gündüzüme katarak çalıştım. Çalışmaktan, kitaplara gömülmekten aileme ergenlik tribi bile yapamadım. Farkında bile değildim ki ergenliğe girdiğimin. Göğüslerim son halini ben matematik çalışırken almış olabilir mesela. Umurumda bile değildi. Aileme, "İlle de o okul olacak" diye tutturdum. Niye? Çünkü liseye başladığım ilk gün oraya gireceğimi rüyamda görmüştüm de ondan. Aslında beni bu salaklıkla değil üniversiteye almak, ilkokulu baştan okutsalar da olurmuş. Ama ne yaptım ne ettim, yarı burslu da olsa kazandım sınavı. (Sınavı kazanmamla bursun bir alakası yoktu aslında, babamın bir arkadaşının şirketinin öğrencilere verdiği bursu, babamın ufak bir ricası karşılığı kolaylıkla almıştım.)

İnsanın aklının başında olmadığı bir sürü dönem var: Gençlik halleri, aşk halleri, bir yakınını kaybettiğin dönemler. En acısı da yakınında sana yol gösterecek kimse olmadığında okuduğun bir kitaptan, dinlediğin bir parçadan etkilenip hayatına yön vermeye çalışman. Ben de *Bir Genç Kızın Gizli Defteri* kitabını fazlaca okumuş olacağım ki, şehir dışında üniversite okumayı maharet sandım yıllarca. Arkadaşlarım olacak, kendime ait ufak bir evim olacak, arkadaşlarımla okulun bahçesinde çimenlere yayılıp ders notlarımızı gözden geçireceğiz ve ben hayatımı mükemmele yakın bir kusursuzlukta yaşayacağım. Nereye yaşıyorsun? Hem o yaşta ne kusursuzluğu? Hataların en güzel yapıldığı yaşlarda bu kusursuz hayat özlemi ne kadar büyük bir yalandır. Zaten hayat bunu bana hemen hatırlattı. Ufacık bir yurt odasında kalmaya başladım. Her gün makarna pişiriyor, Ankara'nın insanlık düşmanı ayazında değil çimlerde oturmak, sokakta iki dakika yürüyemiyordum.

Ankara'yı bilirsiniz. Siyah ve beyaz düşmanı gri rengin adeta imparatorluğunu ilan ettiği bir şehirdir. Çok zordur burada yaşamak. Ama Ankara'da yabancı olmak, bu şehirde yaşamaktan da zormuş. Çünkü o kadar çirkin bir şehirdir ve sizi öylesine acımasızca dışlar ki, canınız çok sıkılır, ilk günden, şehri terk edeceğiniz son güne kadar. İşte tam da bu yüzden, en kolayı Ankara'da âşık olmaktır. Aşk can sıkıntısının panzehiridir; belki Ankara'nın da panzehiridir. Ve belki de bu sebeplerden dolayı Mehmet Emin'le arkadaşlığımızın üçüncü haftasında bir baktım ki sevgili oluverdik. Sevgililik dediğim de, normalde yan yana yürüdüğümüz yolları artık el ele yürüyoruz o kadar. Hayatımızda değişen başka hiçbir şey yok. Ne o, ne ben bilmiyoruz sevgili olmayı o yaşta. Bildiğimiz kadarını kendimizce yaşıyoruz. Sağ olsun Ankara da bize bu konuda pek yol göstermeyince tek yaptığımız Tunalı'da yürümek, Bahçeli'de yürümek ve Arjantin'de yürümekti. Yürümeye dayalı bir ilişki, doğal olarak yürümedi tabii sonraları.

Bir de baktım ki can sıkıntısından ben –bu, soyu belki de şimdilerde tükenmiş olan Anadolu ördeğine– âşık oluvermişim. Ama ne aşk... Ne kadar canım sıkılıyor, o kadar âşık oluyorum. Yatıyorum Mehmet Emin, kalkıyorum Mehmet Emin.

Sırf can sıkıntısından, yapacak bir şey bulamamaktan Mehmet Emin'e bağlandıkça bağlandım. Ben kendisine bu kadar bağlandıkça Mehmet Emin ve egosu da eksik olmasınlar, parladıkça parladılar, şiştikçe şiştiler. Ulan İstanbul'da olsak dönüp yüzüne bakmam, yolda görsem karşı kaldırıma geçerim ama Ankara'da beyaz atlı prensim gibi görüyorum leblebi gözlüyü. Ama sonlara doğru kendisinin beyaz atlı prens değil, at bile olamayacağını anladım neyse ki.

Muhtemelen ilk ilişkim olduğu için, Mehmet Emin'in karşısında basiretim bağlandı. Şimdiki kafamla o günlerde yaşasam diye düşündüğümde, içimi sıkıntı basıyor, neler neler yapmışım, hatırlamak bile istemiyorum; sürekli arıyorum, telefonunu açmıyor, mesaj atıyorum cevap vermiyor. Ha bire, "Çok yorgunum" deyip buluşmayı ertelemeler, bir garip davranışlar içerisinde. Neye yorgunsun lan? O yaşta, öğrenci halinle ne yaptın da yoruldun? Dolmuşa bin, okula git, dolmuşa bin, eve gel. Hayatın bu, istesen de daha fazlasını yapamazsın. Beyefendi sanki şirkette genel müdür, devlet dairesinde müsteşar yardımcısı... Yorgunmuş...

Mehmet Emin resmen benden sıkılmış, niye anlamamakta ısrar ediyorsam. Biliyordum niye anlamak istemediğimi aslında; o da giderse çok yalnız kalacaktım. Yabancı bir şehirde bu kadar yalnızlığı da kaldıramazdım. Ama bu durum içerisinde beni asıl sinir eden benden sıkılması değil, karşıma geçip bunu adam gibi söylememesiydi. O da her erkek gibi, işine gelince en aslan yürekli, en delikanlı erkek olurdu, işine gelmeyince de dansöz gibi kıvıran, lafı eveleyip geveleyen. Artık dayanılacak raddeyi çoktan aşmıştı bu anlamsız hareketleri... Bir gün okulda, kantin girişinde yakaladım onu ve biraz da korkarak aklımdaki soruyu sordum:

"Benden niye kaçıyorsun sen köşe bucak? Sen benim sevgilim değil misin? N'oluyo sana böyle?"

"Pelin bitti, devam edemiyorum ben..."

"Ne demek bitti? Ne demek yani şimdi bu? Ayrılıyor muyuz? Ne diyorsun sen ya, saçma sapan?"

"Valla daha açık nasıl söyleyeyim, görmüyor musun, yürümüyor, görünen köy kılavuz istemez."

"Biraz daha iyi bak, belki o, köy değil, ebenin amıdır."

Mehmet Emin'le son konuşmamız bu oldu. Bu saçma ilişkinin, saçma bir şekilde bitmesinin ardından belki de o yaştaki bir insanın yapabileceği en büyük hatayı yaptım ve gerzek, beş para etmeyen bir insan uğruna hayatımı altüst ettim; okulu bırakmaya karar verdim. Gerçi okulu bırakmamın sebebi tam olarak Mehmet Emin değildi, ama kendime bahane olarak onu seçtim, yoksa baş edemezdim ben bu şehirde kendimle. Sevememiştim; ne bu şehri ne de Mehmet Emin'i.

Tabii ki bocaladım, robot değildim ki. Aramızda öyle büyük bir aşk yoktu ama ayrılınca yine de kötü hissettim. Yabancı bir yer, bilmediğim sokaklar, şehrin kokusu bile farklı, deniz kokmuyor. "Yeter" dedim. Nasıl olsa, yine çalışır, başka bir bölümü kazanırdım İstanbul'da. Bu kadar iyi bir üniversiteye puanım ve zekâm yetmeyebilirdi, ama daha düşük puanlı bir bölüm seçerdim. Bir süre düşündüm ve sonunda İstanbul'a, ailemin yanına dönmeye karar verdim. Senelerce hayalini kurduğum Ankara'dan on dakikada vazgeçtim. Üç gün içerisinde de eşyalarımı toparlayıp arkama bakmadan kaçtım.

İleriki günlerde, aceleyle verilmiş bu kararımdan her gün, her saniye köpekler gibi pişmanlık duyacağımı henüz bilmiyordum. Beni o an tek mutlu eden şey, İstanbul'a dönüş yolunda otobüs Bolu'da mola verdiğinde yiyeceğim, "kilo ile et" lokantasındaki mangalda cazır cazır pişip, yağlarını közlerin üzerine damlatan etlerdi.

Kendime not: Kendi aldığın kararları, hayatında var olanlar etkilesin, yokluğuyla seni üzenler değil. Ve asla bir erkek için hayatında büyük bir değişiklik yapma.

Roka

2 ay sonra...

Ankara'da küçücük yurt odasında da olsa yalnız ve özgür yaşamaya alışmıştım. Bu yüzden İstanbul'a ailemin yanına geri dönmek biraz can sıkıcı oldu benim için. Sanki senelerce annemle, babamla o evde oturmuyormuşum da, yepyeni ev arkadaşları edinmişim gibi hissettim. Bir de, "İnsan yedisinde neyse, yetmişinde de odur" diyorlar. Büyük bir yalan o laf. Hem de kuyruklu yalan. Ben yokken, İstanbul'da iki sene babamla baş başa bıraktığım annem gayet de değişmiş. Patlıcan kızartmasının sosuna bir buçuk ekmek banıp yiyen annem gitmiş, roka salatası gibi garip bir şeyin üzerine iki gram ceviz serpip akşam yemeği diye bize yutturmaya çalışan garip bir kadın gelmiş.

Annem resmen "sağlıklı yaşa, sağlıklı öl" felsefesinin başını çeker olmuş. Allah bu Mehmet Öz'ü bildiği gibi yapsın, tüm annelerin aklına girdi adam. Sanki televizyondan ölümsüzlük sırrını veriyor. "Roka yesem de öleceğim, ıspanak yesem de, bari güzel şeyler yiyerek öleyim" diyen insanın bu anlayış karşısında hiçbir şansı yok.

"Anne bu ne ya? Doğru düzgün yemek yok mu?"
"Şuna bak şuna, dünkü boka bak. Bizi beğenmiyor bu haliyle. Ye kızım, nesi var? Sağlıklı işte, Mehmet Öz her gün ekranlardan bangır bangır bağırıyor, 'Roka yiyin' diye."
"Roka yediği için Mehmet Öz ölümsüz mü olacakmış?"
"Ukalaya bak, adam koskoca profesör Amerika'larda. Ondan daha mı iyi bileceksin sen?"
"O benim ağız tadımı benden iyi mi bilecek ya?"
"Biraz daha ceviz?"

Tam bir anne tepkisi işte... Kendisiyle düştüğün en ufak bir anlaşmazlıkta, "Dünkü bok, annesini beğenmeyen hain evlat" desin, tepkini devam ettir, duymazdan gelsin, konuyu değiştirsin. N'apim ben biraz daha cevizi şimdi, kafama mı serpeyim? Hem dünkü bok değil, dünkü lağım faresi olsam bile bu, benim rokayı sevmemi mi gerektiriyor?

İki yıl evden uzaklaştım, evdekilerin ruhunu sanki başkaları ele geçirmiş. Eski komşularımızın *voodoo* büyüsü yaptığından şüpheleniyorum ama bu başka bir hikâyenin konusu. Neredeyse her şey, yemek yeme alışkanlıklarından, televizyonda izledikleri kanallara kadar her şeyleri değişmiş. Yaşlanmak mı diyorlar acaba buna? Sadece ben mi bu süreci bu kadar trajik yaşıyorum?

Ama haksızlık yapmayayım şimdi onlara, ben de yalnız yaşamaya alıştığımdan hafiften de olsa biraz değişmişim, her bir şeye kulp bulur olmuşum. Fakat eve kuyruğuma baka baka geri döndüğümden, sesimi de pek çıkaramıyorum kırk yıllık ailemin bana garip gelen bu davranışlarına. Ama koskocaman insanlar, annem, babam, ne isterlerse onu yerler, isterlerse sırf kızartma yerler, niye roka salatası tercih ederler ki? Nasıl bir mantıktır bu?

Aslında okulu yarım bırakıp dönmenin ezikliğini içimde yaşamasaydım tutamazdım kendimi bu rokaya mokaya. Dua etsinler ki onlara karşı biraz mahcubum. Bırakıp geldiğim okul meselem de başka bir dert evde. Salatadan daha gizli bir dert hem de. Geldiğimden bu yanan bu konu hiç adamakıllı konuşulmadı. Ama annemin içi içini yiyor biliyorum. Gözlerinden belli. Kadıncağız oturduğu yerde rahatsız, hissediyorum. Sormak istiyor, soramıyor, kıvranıyor kıvranıyor ve en sonunda lafı ne yapıp edip bir şekilde Ankara'ya getiriyor.

"Pelincim, senin bir arkadaşın vardı, İrem miydi neydi adı?"

"Ankara'dakini mi diyorsun, ee n'olmuş ona?"

"Hiiç. Özlemiyor musun oradaki arkadaşlarını hiç?"

Ah be anne, "Kızım dizimin dibine gelmiş, Ankara'da ne yaptığını düşünmeyeceğim, burada kontrolümde artık" diye sevineceğine, merakından çatlayacaksın. Özlemiyorum İrem'i falan. Hiç kimseyi özlemiyorum ben. Evet, saçma sapan bir yarı ergen, yarı adam uğruna, girmek için hayatımın bir yılını yok sayarak ders çalıştığım okulumu yarıda bırakıp, başarısız, zayıf karakterli insanlar gibi geri döndüm. Gerçi o bebe de bahanesiydi ya işin. Bu gerçeği kendime bile açıklamak istemiyorum. Bunları mı duymak istiyorsun anne? Kızının ne kadar güçsüz ve yalnızlıktan ne kadar korktuğunu mu duymak istiyorsun? Üzgünüm ama bunları benden hiçbir zaman duyamayacaksın; ben bunları içimde yaşarım, senin bunları bilmene gerek yok. Şimdilik tek bilmen gereken "yapamadığım." Neyi yapamadım, yolunda gitmeyen neydi, hiç sorma. Ama sonuçta o da bir anne. Anneden önce bir kadın. Kadından önce anne ya da. Ne olursa olsun, hayatımda ne olup ne bittiğini, kadınlara ve annelere özgü merakla deliler gibi öğrenmek istiyor. Şunu unutuyor ki; ben de annemi tanıyorum, olur da bir hata yapıp olanları, hissettiklerimi anlatsam, mümkün değil dilinden kurtulamam biliyorum. Şimdilik beni soran herkese, "Bizi çok özledi de ondan geri döndü, yapamadı oralarda bizsiz" diye anlatması daha makul. Kızının saçma sapan bir sebep uğruna ya da sadece bunaldığı, sıkıldığı için yaşadığı şehri, okulunu terk ettiğini bilse yüreğine iner. O yüzden değil bu olayı söylemek, bir sevgilim olduğunu bile söylemem kendisine. Mehmet Emin'le her şey iyi giderken, onu anneme anlatmak gibi bir hata yaptım, aylardan sonra zor unuttu Mehmet Emin'i.

"Anne sana bir şey söyleyeceğim, benim bi erkek arkadaşım var."
"Hmmm, babası ne iş yapıyormuş?"

Beyaz kadın ticareti yapıyor olabilir anne, tam öğrenemedim. Sana ne babasının işinden? Ben anaokuluna başladığım günden beri, ne zaman bir arkadaşımın adı geçse ilk merak ettiği şey, "Babası ne iş yapıyor?" Annelerin ya da benim annemin bu baba mesleğini öğrenme sevdasını bir türlü anlayamadım.

Kızın senden kilometrelerce uzaklıkta, "Sevgili yaptım" diyor, kadının ilk merak ettiği babasının ne iş yaptığı. Ama son merak ettiği şey kesinlikle bu değil. Çocuğun aile kütük numarasına kadar öğrenmeye çalıştı. Telefonu biraz geç açtığımda her zaman, "Alo, kızım" yerine "O çocuklaydın di mi?" dedi her defasında. Halbuki, sadece duymamıştım ya da sadece tuvaletteydim. Ama insan, karşısındaki annesi de olsa, "Ay annecim, üzerine afiyet bi ishal olmuşum ki, cazır cazır sıçıyordum" diyemiyor tabi.

Annemin hayattan bıktıran dehşetengiz sorgulamalarından sonra, tövbe ettim anneme bir daha erkek arkadaşımdan bahsetmeye. Ben anlatmadıkça annem işkilleniyor ortada bir "erkek meselesi" olduğuna. Halbuki, bomboş yaşıyorum işte. Televizyondaki diziler gibi değil ki hayatımız, "Olmadı anne, yapamadım, beceremedim..." deyip uzaklara doğru bakayım, konu da bir daha hiç açılmasın. Dolmuşa biniyoruz, "Eeee anlat bakalım daha daha...", kuaförde manikür yaptırıyoruz, "Eeee anlat bakalım daha daha...", yemek için salata yapıyoruz, "Eeee anlat bakalım daha daha..." Her sessizlikte konu somut olarak Ankara'dan dönüşüme gelmese de, o daha dahaların içinde hep Ankara var. Niye oradan döndüğümün sebebinin sorgulanması var.

Artık annemle Ankara konusunu konuşmamak için saçma sapan muhabbetlerinin hepsine iştirak ediyorum. Zerrin Teyze'nin kızının bir türlü hamile kalamadığından, bakkalın karısının başka bir adama kaçtığına kadar normal ve aklı başında bir insanı ilgilendirmeyen her şeyi öğrendim. Bütün gün aynı evin içerisinde konuşmadan oturamayacağımıza göre bu saçma muhabbetleri ısrarla sürdürüyoruz. Karşı apartman da bu muhabbetlerimizin beslendiği en önemli yer; tam salon camının karşısında şato gibi duruyor apartman, kapısından bütün giren çıkan insanlar gözümüzün önünde.

"Pelin bak, karşı apartmana bir çocuk taşınmış, Allah'ın belası pislik, bütün mahallenin huzurunu bozdu."

"Niye? Ne yapıyormuş ki?"

"Eve gizlice 'kadın' getiriyormuş."

"Öf be anne sana ne elin adamından, bırak ne istiyorsa yapsın, zorla mı sokuyormuş kadınları evine?"

"Aman, sen de pek özgür oldun bu günlerde. Senin eski okulundan yeni mezun olmuş, belki tanıyorsundur?"

"Bin tane insan var o okulda, nereden tanıyayım. Adı neymiş ki?"

"Bora."

"Tanımıyorum, hadi kalk, dışarı çıkalım biraz, canım sıkıldı benim evde otur otur. Kaşlarımızı aldırmaya gidelim, kendimize geliriz."

O gün hayatımın bir daha asla eskisi gibi olmayacağının ilk sinyalini annemden almıştım, ama bunu ne annem ne de ben biliyorduk. Kaşlarımızı aldırmaya gittik, yolda yine üstü kapalı bir şekilde Ankara ve Mehmet Emin konusu açıldı. Hemen kapadım, ama annem bu sefer çok açık bir şekilde, "Ben biliyorum, o çocuk olmasaydı sen dönmezdin" dedi. Sustum.

Kendime not: Annene söylediğin her kelimeyi ince ince düşün. Anlattığın her şey ileride aleyhine delil olarak kullanılacak.

Keçi Kulağı

1 ay sonra...

İnsan bazı davranışlarından önce kendisi, sonra ailesi adına sorumludur. Böyle düşününce hayat çok da karmaşık değil aslında. Bilgisayar oyunu gibi... Sana sıcak bir yuva veren, karşılıksız seven, bir dediğini iki etmeyen insanlara karşı tek bir sorumluluğun var. O da okuduğun sürece derslerinde başarılı olmak. Derslerinde başarılı oldukça bir sonraki seviyeye geçersin, en sonunda okul biter, oyun biter. Mutlu son. Biraz aklı başında bir insansan bu karşılıksız, koşulsuz sevgiyi hak etmek için üzerine düşen sorumluklarını yerine getirmeye çalışırsın.

Fakat hayatın her alanında "sürekli başarı" diye bir kavram yok. Özellikle görkemli başarısızlıklar insanlar için. İşte bu yüzden; her zaman, ne olursa olsun, ne yaparsan yap, ne kadar dibe vurursan vur, yanında olacak insanlara "aile" denir. Ama sen ailenin sana verdiği bu güvenin rahatlığıyla, durmadan hayatının içine sıçıyorsan, gerçekten de iflah olmaz bir hayvansın demektir. Sen değilsen bile, en azından şu aralar, ben kendimi öyle görüyorum. "Nasılsa ailem arkamda" diye düşünüp, hayatımı altüst ettiğim gerçeğiyle eve döndüğümden bu yana annemle baş başa kalınca, her saniye yüzleşiyorum.

Yine de ince düşünceli insanlar bizimkiler. Sağ olsunlar evde bu konu başıma kakılmıyor. Kendimi suçlu hissettirmiyorlar ama gel gör ki ben yeterince suçlu hissediyorum. İnsanın kendisine hesap sorması, ailesinin tepkisinden de fena. Daha acımasız oluyorsunuz. Bana bağırsalar, kızsalar, suçlasalar bir nebze de olsa bir ferahlama olacak bende ama, sanki bana karşı birlik olmuşlar, *Desperate Housewives* dizisindeki aileler gibi davranıyorlar. Siz benin annem babamsınız yahu, kızınızın okulu pat diye bırakmasına nasıl sesiniz çıkmaz? Hooop, uyanın, New York'ta değiliz, Mr. McTucker ve anlayışlı eşi Mrs. McTucker rolüne fazla kaptırmayın kendinizi. Hatırlatırım, kahvaltıda *cornflakes* değil vişne reçeli yeniyor bu evde. Böyle modernliklere niye girdiniz bir anda? Üzerimde gizli psikolojik deney mi yapıyorsunuz yoksa?

Bu içinde bulundukları fazla anlayışlı tavır her geçen gün omuzlarıma daha fazla ağırlık olarak yansıyor tabii. Bu suskunluklarının karşısında ben de kendimi evin adeta sadık hizmetkârı, apartmanın da kapıcısı gibi hissedip, öyle davranmaya başladım. Kaynanasına yaranmaya çalışan yeni gelinler gibi annemin etrafında dört dönüyorum evde. Annem gak dese önüne bir sürahi su, guk dese çakmağı ve sigarasını hazır ediyorum. Bendeki şansa bakın ki annem durmadan gak guk diyen bir insandır da ben ciddiye almamıştım onu bu zamana kadar. Annem de az değil, senelerce kendisine bir bardak çay bile doldurmamış üşengeç kızı, hep hayal ettiği "komşu kızı, ultra mükemmel evlenilecek kadın Zerrin'e dönüştü. Hiç sesini çıkarır mı?

Yapılacak iş, gidilecek okul olmayınca bütün gün evin içinde annemle evcilik oynuyoruz resmen. "Hem okulunu bıraktı hem de ziv ziv ziv ortalarda geziyor terbiyesiz" damgası yememek için arkadaşlarımla bile görüşmeyi sürekli erteliyorum. Durmadan evin içine tıkılan kadın ne olur? Manyak olur. Annem zaten seneler önce manyaklaşmış, ben de onun yolundayım. İki manyak, evin içinde birbirimizi boğmamak için durmadan saçma sapan bir uğraş buluyoruz. Bana kalsa odamda günlerce uyurum, seks bunalımları yaşayan ergenler gibi de, annem benim gibi değil işte. Nasıl olsun? Adı anne zaten, yoksa arkadaşım olurdu zaten, annelikle ne uğraşsın? Ona kalsa tüm gün temizlik yapsak yeridir. Kadın herhalde, "Madem okumayacak bu kız, bari adam gibi bir ev hanımı olsun" diye düşünüp yanında yetiştirmeyi düşünüyor beni. Bunca yıllık hayatım boyunca duymadığım şeyler duydum, görmediğim şeyler gördüm bu çıraklık dönemimde. "Baza altı düzenlemek" diye bir olguyu ilk kez fark ettim mesela, ama bazanın sırtıma düşmesiyle ilk ve son kez bu deneyimi yaşadım. Baktı ev kızı olacağım derken omuriliğim parçalanacak, felç kalacağım, beni mutfağa yöneltti bu sefer.

Günde üç kez servise çıkan bir kapıcımız olmasına rağmen maşallah annem beni onun yerine koymayı pek seviyor. Zaten bizim kapıcı biraz antika, mesela kendisine ekmek ve gazete harici sipariş verince korkunç triplere giriyor. Kendisini yerden yere vuracak zannettim bir gün istediğim siparişleri kâğıttan okuduğumda. İstediklerim de pek bir şey değildi, şaka olsun diye bir kutu prezervatif istemiştim, ne var bunda? Ciddi sipariş versek bile öyle ama adam, gocunuyorsan, hizmet etmekten eriniyorsan bu işi yapma. Ekmek servisinde bile köylerinde ne kadar çok tarlaları olduğundan, oradaki bolluktan, bereketten bahsedeceğine git dön köyüne o zaman. Ama yok işte, demek ki İstanbul aşkı bambaşka. Adam her sabah beşte kalkıp, ekmek gazete servisine çıkmayı, kendi bahçesine, apartmanın zemin katında oturmayı, üç katlı dünya güzeli evine tercih ediyor. İstanbul'da olmak için yanıp tutuşma kafası işte. Bambaşka. Aslında en iyi ben bilirim bunu.

Tripli kapıcımız ekmek ve gazete dışında hiçbir şey getirmeyince ev-bakkal arası servisi yapmak da bana kalıyor haliyle. Çünkü ben okulumu yarım bırakıp döndüm. Ben bir köleyim. Bana verilen her görevi sesimi çıkarmadan, uysal bir şekilde yerine getirmem lazım. Zaten bütün gün mutfakta yemek talimi yapınca da, sürekli malzeme eksikliğiyle karşı karşıya kalıyoruz. Bakkalla akraba olacağım neredeyse. Hoş o da ayrı bir âlem. Karısı başka bir adama kaçmış. Üç mahalle aşağıya kadar bütün semt biliyor bizim bakkalın karısının yediği bokları. Bence bakkal kelini yandan uzattığı saçıyla kapamaya kalkışmasa, karısı da başka bir adama kaçmazdı, ama neyse... İnsan, başına gelen ya da başkasının yaşadığı bir felaketten sürekli bahsederek onu sıradanlaştırmaya çalışıyor. Adamın başına gelen, ne kadar trajik bir vaka olsa da, o kadar çok düşündüm bu konu üzerine ve annemle o kadar çok konuştuk ki bakkalın karısı, bakkal ve saçları hakkında, benim için bile normal bir hale geldi bu olay.

"N'aber Pelin?"
"N'olsun ya, biliyor musun, bizim bakkalın karısı kocaya kaçmış."

Gibi diyaloglara gireceğim neredeyse. Hayatım bu derece boş ve sıkıcı. Bakkalın dramından beslenen hayat mı olur Allah aşkına? Neyse ki hayatımda bir güzellik olarak Türk mutfağı var. Annemle her gün yeni bir şey deniyoruz. Mesela

pink freud

bugün "keçi kulağı" yapacağız. İsmiyle hiç alakası olmayan bir şey bu keçi kulağı. Bildiğin su ve unu karıştırıp elde ettiğin hamuru yağda kızartıyorsun, o kadar. Ama ismi nedense keçi kulağı. Şekli de keçi kulağına benzemiyor. Niye keçi kulağı denmiş hiçbir fikrim yok. Anneme sorsam, "Çok konuşma, git tuzu getir" diye azarlanacağım. O yüzden hiç sesimi çıkarmadan keçi kulağının yanında yiyeceğimiz domatesleri soyuyorum annem hamuru yoğururken. İşte bu güzel rutini annemin çığlığı bozuyor.

"AYYYYYYYYYY!"
"Anne, ne oldu elini mi kestin?"
"Allah kahretmesin, soda yok evde, fırla bakkala."
"Aman be anne soda da içmeyiver, akşam babam getirir, o zaman osuracak mısın geğirecek misin ne yapacaksan yaparsın."
"Kaz mısın?! Hamurun içine koyacağız? Fırla hadi!"
"Ya anne sodasız olsun, ben öyle de seviyorum."
"Yürü hadi yürü, çok konuşma."

Hayır, hamurun içine neden soda konuyor. Soda konduğu için mi keçi kulağı deniyor, yoksa keçiler sodayı çok mu seviyor? Bakkala gitmeye üşendiğim gibi özellikle bizim bakkala gitmeyi ayrıca istemiyorum. Adamdan yumurta istiyorsun, "Bizim hanım gitti gideli dağıldım ben, yumurtaların yerini o biliyordu" diyor, kola istiyorsun, "Hanımımın gözleri kolaya benzerdi" diyor, göz kolaya nasıl benzer bakkal amca ya? Ama sonradan düşününce göz rengini kastettiğini anladım, ama çok dolaylı bir yol seçmiş o da karısının göz rengini anlatmak için.

Fakat annemin çenesini çekmektense, bakkalın hayıflanmalarını tercih ederim. Sabahın kör bir saati olduğundan pijamamı çıkarmaya bile tenezzül etmeden, ayaklarımda çoraplarım olmasına rağmen ayağımı kapının önündeki parmak arası terliğe zorla sokup iniyorum bakkala.

Bakkalda yeni gelmiş kutuların, aylardır ellenmemiş bulaşık deterjanlarının arasında eşelenen bir vücut görüyorum. Bizim bakkal değil bu. Adamın eğilmeye bile mecali yok. Yoğurt istiyorsun, "Aha orda işte" diye gözüyle gösteriyor. Dünyanın self servis ilk bakkalı bizimki, muhteşem bir sistem kurmuş gözleriyle. İşte bu göz adamın kutuların arasında eşelenme ihtimali olmadığına göre çırak tutmuş demek ki kendisine.

"Pardon bir soda alabilir miyim?"

Kutuların arasından bir güneş doğuyor işte o an. İskenderiye Feneri kusursuzluğunda. Koca fener sen tut bizim bakkala gel. Vay anasını be, demek ki bakkalın kaçan karısının bir bildiği varmış, bizim bakkal iflah olmaz bir eşcinselmiş, bu çocuk da onun sevgilisi olabilir, yoksa ne arar kutunun içinde sanki oranın sahibi gibi? Allah önce Angelina Jolie'yi yaratırken üç gün, kutuların arasındaki bu çocuğu yaratırken dört gün uğraşmış. Kalan yarım saatte de bizleri halletmiş. Ağzım dilim, nutkum tutuldu bir anda. Pijamalarımı, çorap üzerine giydiğim terliklerimi, keçi kulağını her şeyi unuttum.

"Ya bizim Hikmet Amca da bir garip, kabartma tozu istedim, bana, 'İşim var, kendin bul' dedi."
"Kabartma tozları şu köşede oluyordu eskiden."

Nasıl tarif ettim, kabartma tozunun ne olduğunu nasıl hatırladım, nasıl bir anda bakkalın her köşesini ezbere biliyor havasında konuştum hâlâ hatırlamıyorum. İşte beni bu masal gibi çocuğun gözlerinde daldığım rüyadan çiğ bir çığlık uyandırıyor. İstanbul'un Anadolu yakası bu sesle yankılanıyor.

"Senin gibi herifin Allah belasını versin, ömrümü yedin bitirdin nanköööööööööör."

Bakkalın kaçan karısı geri dönmüş. Evde kalan bütün her şeyini toplamış, hatta evi de toplamış, ikinci bir kaçışa hazırlanırken bizim bakkala yakalanmış. Ve kıyamet o an kopmuş. Çılgın ikili itişmeler, kakışmalar, belalar eşliğinde bakkala doğru ilerliyor. Gözüne far tutulmuş tavşan gibi kalakaldık bakkalın ortasında.

İçeri doğru fırlayan bir terklikle iyice kendime geliyorum. Bizim naif, gözleriyle konuşan bakkal, karısının topladığı valizini kaptığı gibi içindekileri tüm sokağa saçınca, karısı da içindeki intikam ateşiyle adamın ekmek teknesini yerle bir etmeye, bizim de içinde bulunduğumuz dükkânı yıkmaya doğru hızla ilerliyor. Öncü kuvvet olarak da devasa ağırlıktaki plastik dolgu tabanlı terliğini yolladı. Ne soda, ne kabartma tozu alamadan o patırtı gürültüden kendimizi ilk bulduğumuz apartmanın girişine attık.

Kötü bir David Lynch filmi gibiyiz. Her şey durağan bir tempoda ilerlerken, beklenmedik bir anda anlamsız bir hareket kazandı. Üçüncü dünya savaşını andıran bakkalı mı düşünsem, beni savaştan kaçıran nefes kesici yakışıklılıktaki adamı mı, yoksa sodayı mı?

"Bende soda var verebilirim isterseniz?"
"Yok teşekkür ederim, sonra bulurum ben artık."
"Hemen üst katta oturuyorum beş dakikada getiririm."
"Tamam o zaman bizde de kabartma tozu vardı ben de onu atarım size yukarı çıkınca."

"Sağ ol ya süper olur, kız arkadaşım ilk kez kek yapmayı deniyor da."

Ne? Kız arkadaş mı? Kek mi? Bunları diyeceğine o soda şişesini götüme soksan daha iyiydi hayvan oğlu hayvan. Kız arkadaş nereden çıktı şimdi? Ben kek yapacak kız arkadaşı düşünürken daha adını bile bilmediğim yakışıklı güneş tanrısı elinde iki şişe sodayla indi apartmanın kapısına.

"Meyveli mi olsun sade mi?"
"Sadeli olsun."
"Hahaha! Ne komiksin. Ben Bora…"
"Ben de Pelin."

Hayatımın bundan sonraki kısmında her soda gördüğümde bu ânı hatırlayıp "sadeli" diyerek gülümseyeceğimizi sanki ikimiz de hissetmişiz gibi tebessüm edip ayrılıyoruz. O kek yemeye, ben keçi kulağına. Apartmandan çıkarken çorap yüzünden ayağımda emanet gibi duran terliğin fırladığını gördüğünü tam iki sene sonra bana itiraf ediyor Bora. Daha hiçbir şey bilmiyoruz, çok konuşacağız, çok güleceğiz, çok sevişeceğiz, ama henüz hiçbir şey bilmiyoruz. Hayatlarımıza devam ediyoruz.

Kendime not: Bakkala bile her an eski sevgilinin yeni sevgilisiyle karşılaşacakmışçasına giyinip süslenip öyle git. Hayatının aşkının ne zaman karşına çıkacağını asla kestiremezsin.

Camdan Cama

Şöyle de acı bir gerçek var ki, ülkemizde kadınların büyük çoğunluğu çalışmıyor. Yani sabahtan akşama kadar evde boş boş oturuyor. Üzerine biraz düşününce insanın tüylerini diken diken eden bir gerçek bu. Bu sıkıcı gerçeği ben de o milyonlarca ev kadınından biri olunca fark ettim. En başta, "Oh ne güzel, tatil gibi işte" diye düşünüyorsun, ancak hiç de öyle yaz tatillerindeki gibi falan hissetmiyor insan. Sabah kalkıyorsun, yapacak hiçbir şeyin yok. Tam bir felaket. Oraya bak, buraya bak, yok, yapacak hiçbir şey yok. İçini karanlık bir sıkıntı kaplıyor, gazetelerin üçüncü sayfasında gördüğüm "cinnet geçirip eltisini doğradı" haberleri artık hiç de ütopik gelmiyor bana. Hepsinin sebebi belli bence: Can sıkıntısı. Allah bilir sabahın körü o elti neler demiştir de dilim dilim doğranmıştır.

Dert oldu içime can sıkıntısı, kendiminkini geçtim, diğer kadınları düşünüyorum. "Bu kadınlar ne yapıyor da canları sıkılmıyor? Nasıl oluyor da sıkıntıdan bileklerini kesmiyorlar?" derken niye delirmediklerini anladım. Çocuk yapıyorlar. Ben onu hiç düşünememiştim, bekârlıktan herhalde. Çocuktan daha güzel bir uğraş mı var? Akşama kadar oyalar insanı. Fakat hem çocuk sevmemem hem de çocuğu yapacak aday adayı bile olmaması sebebiyle bütün eğlence potansiyelimi kaybetmiş hissettim kendimi.

Mücadele azmimi kaybetmedim ama, ne olursa olsun can sıkıntımı yenecektim. "Ders çalışayım, yeni bir okula girmek için hazırlanayım" dedim, sağ olsun Mr. Mctucker babam onu da sabote etti. Hindi gibi akşama kadar düşünüp durmamdan etkilenmiş olacak ki, "Aman kızım üzüldüğün şeye bak, barajı geç yeter. Girersin iki yıllık özel bir yere göz açıp kapayıncaya kadar mezun olursun" dediği an evdeki tüm defter, kalem, kâğıt gibi kırtasiye malzemelerini kapıcının kızına vermiştim bile. Baba değil, melek adam. Ama nereden bilsin sıkıntımı; çalışacak ders yok, sevgilim yok, çocuğum yok, elde var Bora. Hoş o da yok...

Artık sıkıntıdan bütün gün karşı apartmanın penceresini dikizler oldum. Adeta *Mahallenin Muhtarları* dizisindeki dedikoducu Müzeyyen'im. Ya da *Bizimkiler*'deki bütün gün camda bira içip, giren çıkana laf atan sarhoş Cemil. İçip içip, "Sevim koş" diye bağırmam eksik o kadar. Allah kahretsin ki Bora'nın evinin camını bizim evden gören tek oda, evdeki hiç kullanılmayan boş oda. Babam zamanında o odayı kendisi için "çalışma odası" yapmaya kalkmış, annemin bu odaya ütü masası, çamaşırlık, kışlıkları koyduğu hurçları doldurmasıyla adamcağızın o odada egemenliğini kurma ve özgürlüğünü yaşama hayali ütü suyu ve mandallar eşliğinde sona ermişti.

Bütün gün çamaşırlık ve ütü masası arasına sıkışmış şekilde karşı apartmanı gözetlemeye çalışmanın ruhumda kalıcı hasarlar bırakacağını anladığım anda annemi kalbinden vuracak bir teklif yaptım. Eşyaların yerini değiştirmek! Çünkü annelerin reddedemeyeceği tek teklif budur. Her anne gibi benim annem de kendimi bildim bileli bayılır eşyaların yerini değiştirmeye. Bu tip durumlarda kendine bir güç gelir böyle, ilahi bir güç mü desem, yılların dışarı atamadığı enerjisi mi desem, koca koca koltukları, konsolları tuttuğu gibi oynatır yerinden. Teklifimi ikiletmeden kabul etti.

İki saat sonrasında artık odam Bora'nın apartman girişi, salon camı ve mutfak balkonunu hiçbir zorluk çekmeden görebileceğim şekilde yeni yerine yerleşmişti. Ve ben günün yirmi dört saatini camın önüne tüneyerek geçirmeye başladım. Apartmana kim giriyor, kim çıkıyor, salonların ışığı kaçta yanıyor, perdeleri ne zaman kapatıyorlar hepsini ezberledim. O kadar dikkatle takip ediyordum ki Boraların evini, ruh hastası demek bile hafif kalır yaptıklarıma. Annem yüzünden hep. Bana en başta, "Eve kadın getiriyormuş iblis" demese platonik olarak hoşlandığım bir komşu olarak kalacaktı Bora.

Şimdi öyle değildi işte. Gereksiz bir rekabetin içine soktum kendimi. Kim o karılar kızlar? Ne zaman geliyorlar, ne yapıyorlar? Meraktan ölüyordum. İşin kötüsü ortada bahsi geçen karı kızlar da bir türlü görünmüyor, sadece bir tane kız girip çıkıyordu evine. O da sevgilisi diye tahmin ediyordum. Felaketlerin en kötüsü. Keşke diğer türlü olsaydı. Adamın düzgün bir ilişkisi var işte. Birlikte yemekler yapıyorlar, müzik dinliyorlar; dans ettiler hatta bir kere. Allah belanı versin Bora, keşke her gün eve başka bir kadın girseydi de, ben senin şu uzun ilişki yaşadığın kızı görmeseydim. Hayatındaki rolüme bak; karşı pencerede oturup sevgilinle mutfağa kaçta girdiğini gözlemek.

Komşudan hoşlanmak da ne fenaymış arkadaş. Bakkala giderken bile süsleniyorum, geçen gün saçıma maşa yaparken yakaladım kendimi, hemen elime vurdum. "Ne yapıyorsun Pelin kendine gel" diye kendimi azarlayıp saçlarımı sadece düzleştirerek gittim bakkala. Ne olur ne olmaz, çünkü ne zaman karşılaşacağımız hiç belli olmaz. Gerçi Bora beni en son görmesi gereken halde ilk önce gören biri ama belki de böylesi daha iyi oldu. Tek korkum bu kadar süslenmemim yarım akıllı bakkal tarafından yanlış anlaşılacak olması. Karısı kaçtı kaçalı iyice bir garipleşti zaten, yine annem kaynaklı gelen haberlere göre mahalleden bir-iki dul kadına nişan teklifinde bulunmuş. Fakat artık ne yaparsam yapayım bir türlü karşılaşamıyoruz Bora'yla. İşinde gücünde tabii. Bu süpermarketler hem bakkalların, hem benim sonumuz oldu. Artık kimse bakkaldan alışveriş yapmıyor. Bora dahil herkes her ihtiyacını büyük marketlerden gideriyor herhalde, ancak acil durumlarda bakkallar kullanılıyor. Moralim o kadar bozuk ki, bu konu üzerine biraz daha düşünürsem inip bakkalla beraber içler acısı durumumuza ağlayacağım, az kaldı.

Yine bir akşam karşı pencereyi izlemekten yorgun düşmüş yatarken bir anda gelen patırtıyla hemen kedi gibi cama sıçradım. Bora'yı görme umuduyla değil, tamamen kadınlığın verdiği "merak" duygusuyla, ne oluyor ne bitiyor diye öğrenmek için yerimde şöyle bir doğrulup camın oraya gittim. Karanlık olduğundan pek seçemedim ama, Bora'nın götü yere gereğinden fazla yakın ve aynı zamanda da büyük olan sevgilisi apartmanın kapısını gıcırdatarak kapatıp, çıkıyor binadan. Normalde hep birlikte çıkarlardı evden. Sanırım kavga ettiler ve bu son günlerde –benim başıma gelmese de– başıma gelen en güzel şey. Sevinçten camı açıp üç el silah atarak, halay çekmeye başlayacağım neredeyse. Yine de zafer naraları atmak için erken, bir kunduz kadar sinsi olmam lazım. Hiç renk vermeden usulca Boraları izleme etkinliğime kaldığım yerden devam etmeliyim. O anda mutfak balkonunun ışığı yandı ve Bora elinde iki buçuk litrelik kola şişesiyle balkona çıktı. Hiçbir şey yapmadan öylece oturuyor. En sonunda bir sigara yakıp kolayı kafasına dikti. Adamın efkârlanmasına bak. Balkonda iki buçukluk kolayla beraber sigara içmek. Böyle de güzel, böyle de düzgün, böyle de hiçbir şekilde efendiliği elden bırakmayan bir adammış işte. Nasıl âşık olmayayım ki ben şimdi buna?

Bu arada kola şişesinde kısa sürede yaşanan büyük eksilme dikkatimden kaçmadı. E tabii kola bu, şişede durduğu gibi durmuyor. Garip garip hareketler yapmaya başladı Bora. Sapık mıdır, manyak mıdır yol yakınken öğrenmek en iyisi. Sessizce izlemeye devam etmeye karar verdim. Koca şişe bitme noktasına geldiğinde Bora kafasını balkondan aşağı sarkıtıp bir şeyler söylemeye başladı. İnanmakta zorlansam da adam resmen kolayca sarhoş oldu.

Karanlık da olsa etraf, yapmaya çalıştığı şeyin sapkınlığını hemen fark ettim. Aşağıda yatan kedinin üzerine tükürmeye çalışıyor manyak! Denk getiremiyor tabii. Kola içtiğinden o pis tükürüğü ağzından uzadıkça uzuyor, kedinin sağına soluna düşüyor. Yazık, aşağıda yatan kedicik de ufak bir "pıt" sesiyle irkilip sokakta uyumasına devam ediyor. Tamam ben de kedi sevmem de, ne istiyorsun lan ufacık kediden Allah'sız! Kedinin üzerine tükürmeye çalışmak nasıl bir manyaklıktır?

Bu yaşıma kadar çok sapık hareket gördüm, çok manyak insan tanıdım, çok fazla işittim böylelerinin varlığını. Mesela zamanında çok ünlü biriyle birlikte olan bir arkadaşımın sevgilisi vardı. Adam dünyanın en efendi, en ahlaklı, en sempatik insanı görünürken sevişme esnasında kıza akıl almayacak bir teklifte bulunmuş. Sevişirlerken kızın üzerine sıçmayı, evet sıçmayı istemiş. Kız bu teklifi öğürerek kabul etmeyince de,

"O zaman sen benim üzerime sıç" demiş. Yıllardır bu sapık tekliften daha büyük bir davranış bozukluğu görmedim, duymadım. Duyamam da sanıyordum. Ama bu kadar olmasa da kendi gözlerimle gördüm sayılır işte. Kazık kadar adam kedinin üzerine tükürmeye çalışıyor. Olacak iş değil. Hadi o bok manyağı ünlü paraya para demiyor, zenginlikten üzerine bok sürecek kadar kafayı yemiş, sana ne oluyor Bora? Ne yaptı kediler sana? Küçükken mi kovaladılar, anneni mi yediler?

Bir de utanmadan; tükürmekten yorulduğunda kafasını eğmiş mırmırmır bir şeyler anlatıyor kediye, ama duyamıyorum, hep eve annemin ısrarıyla yaptırılan "çift cam" yüzünden. Camı açıp kafamı uzatarak dinlemekten başka çarem yok. Fakat ben camı açmaya kalkıştığımda sanki dünyadaki her canlı, her cansız eşya el ele verip "şşşşttt" diye birbirlerini uyarıyor ve derin bir sessizliğe boğuluyor yeryüzü. Daldaki yapraktan, sokaktan geçen arabaya kadar herkes kendi arasında anlaşmış. "Pelin camı açarken ölüm sessizliğine girelim, sadece o camın lastiğinin plastikten ayrılma sesi duyulsun" diye anlaşma yapmış hainler.

Tam camı açarken isteyeceğim son şey oluyor ve Bora beni fark ediyor, kafasını kaldırıp bir anda bizim pencereye doğru bakmaya başlıyor. O garabet ses de duyulmayacak gibi değildi gerçi. Allahtan pembe çiçekli çoraplarımı görmüyor Bora, yoksa sonsuza kadar merhabalaşmayı bile keserdi benimle.

"Aa Pelin n'aber? Sen orada mı oturuyordun ya?"

"N'aber Bora? Evet kabartma tozu atmıştım ya sana unuttun mu?"

"Hatırladım da, ben sizin balkonu öbür tarafta sanmıştım."

"Ee n'aber, keyfin yok gibi?"

"Yooo, yok bi şi. Sen ne zamandır oradasın ki? Nerden anladın keyfimin olmadığını? Yeni çıktım ben balkona."

Bırak bu işleri Bora efendi. Yediğin her boku gördüm işte, manyak gibi kedinin üzerine tükürmeye çalıştığını da, tükürüğün uzadıkça sinirlenip daha bir hırsla tükürdüğünü de, gudubet sevgilinin seni nasıl delirttiğini de, her şeyi gördüm işte. Hiç kıvırmaya çalışma şimdi. Ama Allah kahretsin ki, o kadar yakışıklısın, o kadar güzel gülüyorsun ki yaptığın manyaklığı görmemiş gibi davranacağım merak etme.

"Ben de yeni açtım camı, içerisi sıcak oldu da biraz."
"Gelsene bana, benim balkon esiyor."

Adama bak, beni her gördüğü an en az üçüncü cümlede evine çağırıyor. Annemin dediği doğruymuş demek ki, Bora eve "kadın" getiriyormuş. Bilgilerim dahilinde evine henüz başka kadın getiremese de sürekli bir "eve kız atma" çabası içinde olduğunu şahsen iki kez tecrübe ettim. Kesin sevgilisi de bu yüzden kavga çıkardı gitti. Kim bilir yine kimi eve atmaya çalıştı da yakalandı salak. Gitsem mi acaba? Hem gitsem ne olacak ki? En fazla benim de üzerime tükürmeye çalışır. Hemen apar topar hazırlanıp bir çırpıda karşı apartmana geçtim ve o akşam Bora'nın soyadını, burcunu, karanlıkta asla uyuyamadığını öğrendim. Bir de hayatım boyunca ona âşık olacağımı...

Kendime not: Milyarlarca insanın yaşadığı bu dünyada hiçbir zaman yalnız olmadığını asla ve asla unutma. Kedilere tükürürken, sümüğünü koltuğun arkasına sürmeye çalışırken yakalanman an meselesi.

Une Belle Histoire

20 dakika sonra...

Çocukluğumdan beri hayatımı, sanki bir filmin içindeymişim gibi yaşarım kafamda. Daha eğlenceli olur hayat, vaktin nasıl geçtiğini de anlamam. Hayal dünyası işte. Adı üzerinde, dünya... Kocaman. Hayatımda hiçbir zaman kendi filmimin başrol oyuncusu olamayıp, hep başka filmlerin figüranı olduğumdan, bu duruma inat hayallerimi abarttıkça abartırım. Ayağım mı burkuldu? O gün ince hastalığa yakalanmış, narin küçük hanım Filiz Akın'ım. Sevindirici bir haber mi aldım?.. Kartal Tibet'le çimlerde kahkahalar atarak koşan Türkan Şoray olmamı kimse engelleyemez. Çünkü hayatındaki bu tip ufak detayları en azından kendi kafanın içinde renklendirmiyorsan, anlamsızlığına anlam katmaya çalışmıyorsan o hayat mümkün değil geçmiyor. Hindi gibi, "Ben şimdi ne yapacağım" diye düşünüp duruyorsun sabahtan akşama. Benim de kendime yaşam enerjisi verme yöntemim budur. Çok sıra dışı hayaller beni rahatsız ederse de içimden, "Ben anormal değilim, insanlar çok normal" diye tekrarlarım defalarca.

Filmim biraz dandik başlasa ve devam etse de bembeyaz ışıklı dev bir kapıdan geçtiğimde güzelleşecek, biliyorum. Tabii bir de işin müzik kısmı var. Film hiç müziksiz olur mu? Düşünsenize Titanic batarken müzik çalmadığını. İçi kıyılır insanın. Hoş o filmde de kızın kıçının rahatı uğruna aslan gibi çocuğun denizde donup gitmesini hiçbir müzik mazur gösteremez ya neyse...

Kaliteli bir filmin olmazsa olmazıdır güzel müzikler. Filmlerde olduğu gibi benim adıma "Hayatım" dediğim yer yer üçüncü sınıf ucuz Rus filmi, yer yer romantik komedi, yer yer ise yeniden çekilmiş Hababam Sınıfları kadar kötü. Elbette filmimde hemen her sahnede de bir müzik çalıyor. İstiyorum ki vapura son anda yetiştiğimde Michel Fugain içli içli söylemeye başlasın, "Une belle histoireeee" diye. Sonra da saçlarım rüzgârda savrulsun... Varsın yirmi beş dakika sonra Kabataş'a inecek olayım. Önemli olan şarkının başladığı ve saçlarımın harika bir şekilde uçuştuğu o minik an.

Ama işler hiç de kurguladığım gibi gitmiyor. Kırk yıllık i-Pod'um bile bana kalleşlik yapıyor. Hayatım, sanki harika bir romantik komediden, senaryosu kötü bir drama dönüşmüş üstelik de kötü bir yönetmene emanet edilmiş bir *film noir* şeklinde ilerliyor. Fonda Michel Fugain yerine Erol Evgin çılgınlar gibi bağırıyor: "Ben imkânsız aşklar için yaratılmışım." Söyle Erol abi, daha da yüksek söyle ki anlayayım artık. Çünkü ben de imkânsız aşklar için yaratılmışım.

Bora'yı aklımdan çıkarsam bile, durumun vahametini bir saniyeliğine bile unutamıyorum. Kafamda sürekli aynı cümle: "Pelin, bu çocuk senin karşı komşun."

Genelde her şeyi abartan birisi olsam da bu sefer gerçekten abartmıyorum. Hayatımda ilk kez başıma geldiği için yaşayarak öğreniyorum, yaşadığımın ne kadar zor bir şey olduğunu. En kötüsü de o zaten, yaşayarak öğrenmek zorunda kalmak. Öyle acı bir şekilde dersini alıyorsun ki, aynı hatayı bir daha yapma lüksün olmuyor.

Hatadan kastım çorapla parmak arası terlik giymek olsa da, bir ilişkinin kişisel tarihinde oldukça derin bir yara bu. Bora'nın beni ayak başparmağım bir patates çuvalı gibi çorabımın içine sıkışmış halde görmesi, "Amaaan insanlık hali canım, ne olacak" diye gülüp geçilemeyecek kadar korkunç bir durumdu. O yüzden bana mahalle teyzeleri gibi yaptığı, "Ay kız hadi bana gel, balkon püfür püfür esiyor" davetini sıradan bir şekilde kabul edemezdim. Aslında Bora beni görebileceği en korkunç şekilde gördü, şimdi ne yaparsam yapayım en kötüsünü bildiği için daha fazla rezil olamazmışım gibi gelse de ve bu spontane gelişen bir ev ziyareti olsa da, aramızda romantik hiçbir şey olmasa da, bilmediğim bir eve, hatta yabancı bir erkeğin evine, hatta ve hatta hoşlandığım erkeğin evine ilk kez giden bir kadınım. İşte bu yüzden bir kadın giyimine kuşamına, haline hareketine her an dikkat etmeli. En azından, benim gibi daha Bora'yı ilk gördüğü anda toynak gibi başparmaklarını gösterdiysen iki kat dikkat etmelisin kılığına kıyafetine.

Bora'nın evine alt komşu Nesrin ablanın evine indiğim pijama altımla gidemem. Neyse ki imdadıma "dışarı eşofmanı"m yetişiyor. Klasik bir Türk insanı olarak aldığım her kıyafet bir süre sonra otomatikman ev kıyafetine dönüştüğünden ve normalde spor yaparken giyilmesi gereken eşofmanlarımın hepsi evde, "Acaba üçlü koltuğa mı yatsam, ikiliden ayaklarımı mı uzatsam" düşünceleri esnasında giyildiğinden, hepsinin diz bölgesinde minik birer kubbe oluşmuş. Mimar

Sinan gelse, pijamalarımın dizindeki bombeleri görse önümde saygıyla eğilir, "Süleymaniye'nin kubbelerinden bile daha eğimli sizin dizlerinizdeki çıkıntılar sultanım" diye pijamamın paçalarını öperdi rahmetli.

Ne yapayım arkadaş? Benim de pijama kültürüm bu kadar. Gece giydiğim pijamayı sabah niye çıkarayım evin içindeysem. Kıyafet sadece dışarıdan eve geldiğinde, bir de evden dışarıya çıkarken değiştirilir. Yataktan kalk, pijamalarını çıkart, ev kıyafetini giy, gece yine pijamayı giy. Saçmalığa, fazlalığa bak. Bihter Ziyagil miyim sanki ben evin içinde kıyafet değiştireceğim. Hoş Behlül'ün dolandığı evde yaşasam donsuz gezerdim, ne giyim kuşamı?

Neyse ki kötü günler için sakladığım bir tane diz izi olmamış, hatta hiç giyilmemekten kaskatı olmuş güzel dışarı eşofmanımı giydim Bora'nın evine giderken. Üzerine de yine dışarı üstü olan ama tarafımdan pek de rağbet görmeyen sade bir tişört. Hemen akabinde de dişleri kökünden sökercesine bir diş fırçalama. Sabah veya gece yatarken değil, dışarı çıkarken, biriyle buluşacakken ve öpüşme potansiyeli olduğunda diş fırçalamak tam da şanıma yakışır bir davranış.

Diş fırçalamak ve diz izi olmamış eşofman giyinmek işin kolay tarafı da, en zoru yapılmamış gibi görünen makyaj yapmak. "Tipe bak, eve süslenmiş de gelmiş" dedirtmeyecek kadar sade, "Cildindeki kraterlere uzaylılar galaksi kuracak" dedirtmeyecek kadar da bakımlı olmak lazım. Biraz uğraş gerektiriyor ama olsun, kusursuz olmalı her yönden bu ziyaretim. Yok gibi görünen makyaj, yapılmamış gibi görünen saç, içine düşülmemiş kadar sıkılmış parfüm ve dışarı eşofmanımla misafirlik için hazırım.

Camdan çaktırmadan baktım, Bora da içeri girmiş. Büyük ihtimal benim yaptığım hazırlıkların benzerlerini yapıyor. Umarım yapmıştır yani. Manyak gibi aşağıya tükürüp durdu bütün gece, azıcık efendi olsun karşımda. Evden çıkıyorum, apartmanlarının kapısı açık. Ben gelmeden sinsice otomatiğe basmış demek. Zilini çalıyorum, içim içime sığmıyor, kilidin kapıda çevrilme sesini duyuyorum. Kapıyı açmasıyla anlıyorum ki gerekli hazırlıkları yapmış, hem de fazlasıyla. O kadar çok parfüm sıkmış ki, ortalığı saran ağır parfüm kokusundan çocuğun suratını göremiyorum. Sanki etrafı saydam bir gaz bulutu sarmış, hatta parfüm dile gelmiş, "Eve kız gelecek diye taşaklarına bile sıktı beni" diye ağlıyor. Parfümü susturup Bora'yla şöyle bir selamlaştıktan sonra içeri girdim ve hemen etrafı altın arayan bir dedektör gibi incelemeye başladım. Daha önce gördüğüm hiçbir bekâr evi gibi değil. Her şey yerli yerinde, yerler temiz, kirli bir bardak bile yok. Demek sevgilisi yemekler, temizlikler yaparak elinde tutuyor bu harika delikanlıyı. Zaten o koca götüyle bu filinta gibi oğlanı elinde tutabilmek için ya yerleri parlatması lazım ya da yatakta engerek yılanı gibi kıvrak olması. İkincisi hem onun fiziğine hem de hayallerime aykırı olduğu için, kızın evde Kakılmış gibi dolaşıp, sabah akşam temizlik yaptığını hayal etmeyi seçiyorum.

Erkeğin kalbine giden yol midesinden geçiyor ama biraz da çoraplarının altından geçiyor. Bir gram toz olmaz mı bir bekâr evinde? Bora'nın evinde yok. Gerçi Bora karşımda o kadar mükemmel duruyor ki, toz bulutları, "Böyle bir paşazadeye on adım bile yaklaşmamalıyız" diye düşünüp yollarını değiştirip bizim balkonda birikiyorlar.

"İçecek bir şey alır mısın?"
"Alırım."
"??"

Lan ayı sorsana ne alırsın diye? Eşofmanla geldiğim karşı komşu ziyaretisin neticede, "Bana bi şişe Dom Perignon aç" diyecek halim yok. Sen soracaksın bana çay, kahve, meşrubat, açık ayran, oralet… diye. Ben de seçeceğim.

Yıllarca gittiğimiz her misafirlikte sanki ağzım dilim yokmuşçasına, "Yok o çay sevmez" diye ev sahibine, benim yerime de fikir belirten annem yüzünden gerçekten çay sevmediğime inanmış olacağım ki misafirlikte çay içemiyorum. Zaten insan hoşlandığı erkeğin evine ilk kez geldiğinde de çay içmemeli bence. Az sonra salonun ortasına koca bir leğende kısır getirecekmiş, onu yedikten sonra masaya geçip okeye dördüncü bekleyecekmişiz gibi bir ortam kesinlikle oluşmamalı bu gece bu evde.

Kısa bir meşrubat sohbetinin ardından bira içmeye karar verdik. Ben ikinci şişenin sonunda beline ceket sıkıştırıp, alnına banknotlar yapıştırarak göbecik atan Adnan Şenses kıvamına geleceğimi bildiğimden şişeyi üç kez ağzıma götürüyorsam sadece bir tanesinde gerçekten yudum alıyorum ama ben bu minik oyunla uğraşırken Bora'nın benden bile yavaş içtiğini fark ederek sordum:

"Alkolle pek aran yok galiba?"

"Yoo, içerim genelde ama, şimdi sen varsın yanımda, sana bir şey olursa ben ayık kalayım."

Evet Bora evlenebiliriz, kabul ediyorum! Evet evet evet, ben de seni seviyorum. Hayır, karşı apartmana giderken başıma ne gelebilir ki? En fazla düşerim. Ama işte bu korumacı içgüdüsünü hissettirdiği anda eridim bittim, dışarıda kalmış Trabzon tereyağına döndüm.

Erkeğin kalbine giden yol midesinden geçiyorsa, kadının kalbine giden yol da bu korumacı duyguyu ona güzel bir şekilde hissettiren erkekten geçiyor. Kadınlar hayatları boyunca önce babaları, sonra da sevdikleri adam tarafından korunmayı ve bunu hissetmeyi seviyor. Taş devrinde bile, "Sen git dinozorları döv, yarasaları parçala, beni koru, ben de mağarada yatacak yer hazırlayayım bize" diye isteklerimizi, ihtiyaçlarımızı belli etmişiz. Biz kadınlar, bir erkeğin dinozordan da, sokaktaki serseriden de, üçüncü biradan da korumasını isteriz ve severiz. Erkekler de bunu iyi bildiklerinden, kimisi yalandan, "Bak ben seninle ilgileniyorum" diye bağıra bağıra yapar bunu, kimisi de Bora gibi gerçekten içten bir şekilde seninle ilgilenir. Zaten erkeğin kadınla yalandan ilgilendiğini anlamak için çok fazla bir şey yapmaya gerek yok. Bu tür adamların her şey dillerinde olur, hiç icraata geçmezler. Yok ben sevgilimi günde üç kez ararım da, yok ben kız arkadaşım hastalandığında başında beklerim de... Hepsinin gözünü kırpmadan uydurduğu bir ton palavra.

Ama bu tipler arasında bile çok keskin olarak kendisinden nefret ettiren ayrı bir tip vardır:

Eve varınca beni ara adamları: Akşam ya da gündüz bir şekilde dışarı çıkılmış, buluşulmuş ve ayrılık vakti gelmiştir. İşte o an beyimiz buram buram sahtekârlık kokan cümlesini ağzından çıkarır: "Eve gidince ara ama, merak ederim seni." Yok yaaa, merak mı edersin? Eve bırak o zaman hayvan, merak edeceğine. Gecenin o vaktinde kız başıma sağ salim eve varmışım, her şeyi kendi kendime yapmışım işte seni niye arıyorum ki? "Ay canım nasıl merak etti beni, nasıl da düşünceli bir erkekmiş" diye düşünüp, oracıkta donumuzu indirmemizi mi bekliyorlar nedir.

İlla "bak seninle ilgileniyorum" mesajını gözümüze sokacaklar. Bu tip adamlardan kendi annesi de dahil hiçbir kadına yarar gelmez. Doğalarında yok çünkü böyle bir incelik. Tamamen sahtekârlık üzerine kurulu yaşam biçimleri...

Bir de Bora gibi gerçekten ilgilenen, gerçekten merak eden, ilişkide bir süre sonra sevgili değil, baba rolüne bürünen adamlar var. Bu gece Bora'yla yaptığımız birkaç saatlik sohbetten anladığım kadarıyla Bora'nın bir kadını bu kadar sahiplenmesi tamamen içgüdüsel. Taktik ya da oyun değil.

Babası annesini Bora çok ufakken terk edip gittiğinden, küçük yaşta omuzlarına binen sorumluluklar, hayatta ilk sevdiği kadın olan annesini bir adamın bu kadar üzmesine birebir tanık olması gibi şeyler yaşayınca, haliyle hiçbir kadını üzmemek için sessiz bir ant içmiş sanki. Babası gibi olmamak için elinden geleni yapıp karşısındaki kadını şımarttıkça şımartmış, sevdikçe sevmiş. Kız arkadaşından bahsettik biraz, adı Gizem'miş. On dakika konuştuk hakkında, gözlerinde aşkı gördüm. Ama bu bizim bildiğimiz aşk değil, Bora'nın kendi mutsuzluğu uğruna olsa da, bir kadını üzmeme aşkını gördüm. Ayrılmak istediği halde, "Ama gidersem çok üzülür" dercesine baktığını gördüm. "Onu üz, sen mutlu ol, benimle mutlu ol" diyemedim. En azından şimdilik.

O gece eve döndüğümde, bir gün bana da âşık olur, bugün Gizem için hissettiği gitmek isteyip de gidememek halini, mecburiyetler arasında saplanıp kalmış bakışlarını, gözlerinde görmektense beni hemen terk edip kendi mutluluğuna yol almasını diledim. Dilim kopsaymış.

5 sene sonraki kendime not: Ne dilediğine dikkat et, gerçek oluyor!!

Bir Çift Çorap

Büyük konuşup, "Bugüne kadar hiç aldatılmadım" diyecek değilim ama bildiğim kadarıyla hiç aldatılmadım. Zaten hayatım boyunca bir tane sevgilim oldu ve onun da beni bir başka kadınla aldatma ihtimali Berlusconi'nin "seksi bırakıyorum" diye açıklama yapma ihtimalinden bir milyon kat daha azdı. Kendisi, 23 Nisan töreninde kaybolmaması için elini tuttuğu ilkokul öğretmeni Mübeccel hanımdan sonra eline yabancı bir kadın olarak sadece benim elimin değdiği bir erkek olduğundan, istese de aldatamazdı zaten beni.

Şimdi hayatım boyunca hiç aldatılmadım diyorum ama ne kadar ikili ilişkiye girdiysem hepsini üç kişi yaşadım. Türk kızıyım sonuçta, genlerimin içine işlemiş, yaşadığım her ânı en ufak detayına kadar en yakın arkadaşıma anlatma dürtüsü. Hele bir de kendimi bildim bileli yanımda olan Arzu ile ben, ben okul için ayrı şehre yerleşince iyice manyaklaştık.

Sevgilimle onunla konuştuğum kadar konuşmuyordum o sıralar. Sabah mesajlar, akşam, "Eve vardın mı? Gidince ara"lar. Mehmet Emin'le iki saat dışarı çıksak eve döndüğümde dört saat Arzu'ya anlatıyordum neler yaptığımızı. Haliyle bir insanla bu kadar içli dışlı olunca da onun fikirleri benim, benim fikirlerim de onunkilere dönüşüyordu.

Aslında bir kadın olarak yaptığımız en büyük hata bu. İnsan arkadaşıyla farklı bir bakış açısı edinmek için, bir konu hakkında kendininkinden başka fikir almak için bir olayı anlatır, tartışır. Ama bizler fikrimizi onaylaması gereken bir kuklaya dönüştürürüz arkadaşlarımızı. Arzu'nun hiç tanışmadığım sevgilileri için gece yatmadan önce beddua ettiğimi bilirim. Belki karşı tarafı dinlesem Arzu'dan nefret edeceğim, belki hatalı olan taraf Arzu, kim bilir? Ama yok, Arzu benim arkadaşım ve arkadaşı olarak, onu aldatan sevgilisi beni de aldatmış sayılıyor. Erkeklere de yazık, bir kadını aldatıp çevresindeki en az on beş kadının ahını alıyorlar.

Durum böyleyken, Bora'dan Arzu'ya hiç bahsetmeyince içimde volkanlar patlamaya başladı. Böbreklerim yer değiştiriyor, dalağım ağzıma geliyor. Sakinleşip normale dönebilmem için yaşadıklarımı acilen Arzu'ya anlatmam lazım. Hoş daha ortada anlatmaya değer bir şey de yok ama Bora'ya karşı olan hislerimi kendisine anlatamadığımdan, içimi birisine dökme ihtiyacı duyuyorum. Gerçi ikili ilişkilerde üçüncü kişinin fikrinin ortamı her zaman bok ettiğini defalarca en acı şekilde test edip onaylayarak bilsem de, kendimi durduramadım bir türlü. Aradım Arzu'yu.

"Arzu çok acil buluşmamız lazım. Anlatacak neler neler birikti, hem seni çok özledim."

"Aynen kızım, asıl bomba haberler bende, bir saate çıkarım ben Cadde'de buluşuruz."

Bi dakka. Ne bombası şimdi bu? Umarım öğlen yediğin kuru fasulyenin karnında yarattığı gaz bombasıdır ve osurarak içinde patlar manyak Arzu. Ne bomba haberi olabilir kızım sende? Hayatının aşkıyla tanışan, gece gündüz evinden çıkmayan, daha ilk görüşte adama pijamalarıyla yakalanan ve üstüne üstlük sevgilisi olan bir erkeğe köpekler gibi âşık olan benim. Benimkinden bomba ne haber olabilir lan sende? Ortalama üç günde bir erkeğe âşık olan bir kızda benimkinden bomba ne haber olabilir, sinir oldum.

Yakın arkadaş falan ama bir yandan da insanın hevesini en çok kaçıran arkadaş cinsi de Arzu gibi kızlardır. Sen hayatın boyunca belki de bir elin parmaklarını geçmeyecek kadar erkeği beğenirsin (bak sevgili olursun demiyorum), Arzu gibiler ise bindikleri dolmuşta bile üç gün anlatacak kadar flört macerası yaşarlar. Senin kırk yılda bir yaşadığın gönül macerasını da şöyle bir üstünkörü dinleyerek geçiştirip, binlerce kez yaşadığı, on binlerce kez hissettiği şeyleri sana saatlerce anlatırlar. Belki de bu bir işarettir. Bora'yı ona anlattığım an kuracağı cümleyi biliyorum çünkü: "Pelin saçmalama çocuğun sevgilisi var." Arzu'nun fikri bir müddet sonra benim fikrim olacağından belki de Bora'yı ona anlatmamak en iyisidir. Bora'yla aramızdakileri saçma toplumsal kuralların değil, zamanın belirlemesini istiyorum çünkü.

Çok geçmeden Arzu'yla liseden beri geldiğimiz, favori kafemizde buluştuk. Eh Arzu gibi ayaklı bir flört makinesiyle sürekli aynı yere gidince mekânın garsonları arasında bile eski sevgilisi olması da kaçınılmazdı. Eski sevgilisi (üç kez buluşup bir kere el ele tutuşmuşlar, çocuk bunu belediye otobüsüne bindirip sahile götürmeye çalışınca da ayrılmışlardı) kafede mi diye beni önden gönderip içeriyi süzdürdükten sonra, Arzu'ya başımla "mekân temiz" hareketi yaptıktan sonra, tam biz kız içeceği olan, bol kremalı, bol soslu, kahveden başka her şeye benzeyen, ismi İngilizce-İtalyanca bir karışım olan süslü kahvelerimizi söyleyip konuşmaya başladık. Ben zaten Bora olayını anlatmayacaktım da, insan nezaketen bir sorar, "Telefonda bahsettiğin önemli olay neydi?" diye. Yok, bu ayı direkt anlatmaya başladı kendi olayını. Yine internetten biriyle tanışmış! Ulan Bill Gates bile internetin ekmeğini bu kız kadar yememiştir.

Bizim saf Arzu sürekli *çok yakışıklı* biriyle tanışır internetten. Her defasında da gider buluşur, en fazla üçüncü buluşmada da hüsrana uğrar. Yıllardır öğrenemedi internette dolaşan erkeğin mutlaka bir kusuru, bir yamuğu çıkacağını. Beyaz atlı prensler internette takılmıyor, en fazla atın seyisi denk gelir belki sana, o kadar. Fazlası çıkmaz. Bu sefer çevresinde hafifçe popüler, gizemli sayılabilecek bir herifle tanışmış. Birkaç fotoğrafı dışında pek bilgi yok kendisi hakkında ama nasıl olduysa bazı sitelerde popüler olmuş. Yazmaktan başka numarası olmayan, işinde gücünde bir adamdır sanıyorduk kendisini. İnternette takılan, internetle haşır neşir olan her erkeğin mutlaka bir halt karıştırdığını senelerdir iddia etsem de Arzu'yu bir türlü inandıramıyorum. "Valla sadece kendi sayfasında yazı yazıp çıkıyor, kimseyle münasebeti yok, adını bile gizliyor" diyor başka bir şey demiyor.

Bizim salak, adamın tipini pek beğenmese de internetteki popülerliği cazip gelmiş, tutturdu buluşacağım diye. İnternetten birisiyle buluşma söz konusu olduğunda yaşım otomatik olarak elli yaş yükseldiğinden başladım, "Ya seni kaçırırsa, ya tecavüz ederse, ya böbreğini çalarsa?" diye felaket senaryolarını sıralamaya. Şu memlekette toplasan elli tane böbrek çalındıysa elli milyon kere konusu açılmıştır bu konunun. Ne desem dinletemedim, bir kere aklına koymuş, bu herifle buluşacak. Ama bir yandan da korkuyor. Günlerce konuşmalar, flörtler, tam buluşmayı kabul edip iptal etmeler derken ilk telefon görüşmelerini benim nezaretimde yaptılar. Tabii hoparlör açık, her konuşulanı duyuyorum. Daha adam "alo" der demez bizimkinin kaşı gözü ayrı oynamaya başladı. Koca kız bir anda on üç yaşındaki Justin Bieber hayranı kızlara döndü. Bu ikisi karşımda ve bütün kafenin ortasında neredeyse telefon seksi yapacak duruma geldiklerinde, bu gizemli adam gözümde çoktan bitmişti. Aslında daha üçüncü cümlesinde bitmişti. Tam bir klişe, tam bir fiyasko: "Sesin çok tatlıymış."

Bu cümlenin ne anlama geldiğini aklı biraz başında olan herkes bilir. "Tatlılık Kavramı" diye bir şey var hatta. Erkekler beğenmedikleri bir kadına kesinlikle "çok tatlısın" derler. Beğense güzelsin der. Ama, "Sesin çok tatlıymış, üzerindeki elbise çok tatlıymış" falan diyorsa anlayın ki o adam tatlı diye tanımladığı şey için hiç hoş şeyler düşünmüyor. Resmen beğenmemiş. Hem koskoca kıllı kılçıklı adam tatlı der mi? Cüssesine, karizmasına aykırı bir erkeğin "tatlı" demesi. "Sesin çok tatlıymış" demesiyle bir anda kız meslek lisesi önünde bekleyen pedofil sapıklara döndü gözümde. Bence öncesinde de internetten tanıştığı kızların böbreklerini çalan bir sapıktı.

Derin düşüncelere dalmış, "Bu kahvenin içine ne koyuyorlar da böyle köpürüyor, böyle güzel kokuyor" diye düşünürken bir baktım bunlar sohbeti ilerletmiş, hatta bizimki hoparlörü kapamış, bir sümüklüböcek gibi top olmuş karşımda, kikir kikir gülüyor. O an Arzu'dan da feci halde soğusam da bu adamla macerasının hangi kötü sonla biteceğini çok merak ettiğimden sesimi çıkarmadım. Baktım konuşmaları bitmiyor, "Siz rahat rahat konuşun, ben şuradaki terziye bir şey sorup geliyorum" diye trip atıp kalktım masadan. Arzu oralı bile değil. Kaşıyla gözüyle şimdi kapatıyorum işaretleri yapıyor ama yemezler. Yarım saate yakın oyalandım dışarıda, ta beni uzaktan görünce kapadı telefonu haspam. Zaten internette uzun süre konuşulan, flört edilen biriyle yapılan ilk telefon görüşmesi genelde bu civarlarda sürer, bir saatten önce kapatıldığı da görülmemiştir. Adam kekeme ya da angut değilse yaklaşık bir saat boyunca dangalak dangalak, "Ay senin sesin ne güzel, ay ne güzel güldün öyle" diye flörtleşilir. Arzu'ya da çok kızmamak lazım. Bir geldim Arzu'nun yüzü bembeyaz. Tabii telefonu kulağına tuttuğu taraf alev gibi kıpkırmızı olmuş. Koca bulacağım derken aşırı radyasyondan geberip gidecek salak.

"Eee n'oldu, buluşacak mısınız?"
"Bilmiyorum."

Ben bu "bilmiyorum"u duydum ya, Allaaah, başladım felaket senaryosunu yazmaya. Kesin adam bizim kızı eve çağırdı, o da kabul etsem mi etmesem mi diye düşünüyor. Ama Arzu o kadar saf bir kız ki, defalarca internetten tanışıp ilk kez buluştuğu kişinin evine gitmişliği var, şimdi niye tereddüt ediyor olabilir? Bence adam kesin para teklif etti, ahlaksız teklif yaptı buna. E onu bile uça uça kabul edecek bir kız Arzu. Kendi içinde şoku atlattıktan sonra anlatmaya başladı.

Adam buna, çorap fetişisti olduğunu söyleyip, Arzu'ya hediye olarak çorap almak istediğini söylemiş. Ve bu hediyesini kendi evinde verecekmiş, aldığı hediyeyi üzerinde görmek istermiş.

Oha, bir dakika. Bu ne? Nasıl bir sapıklık bu daha ilk dakikadan? Hayatım boyunca çok adam tanıdım, karı kız peşinde telef olanı çok gördüm de böylesini ilk kez Arzu sayesinde tanıdım. Hayır, sapıklığını yapacaksan ikinci buluşmada yap, bir hafta sonra yap, hatta ilk buluşmada kızı eve davet et, o bile kabul edilebilir. Ama daha buluşulmamış, buluşmaya karar bile verilmemiş, kıza "tek amacım seni yatağa atabilmek" mesajını doğrudan veriyorsun, hem de bu kadar saçma sapan bir numarayla.

Bir defa çorap fetişisti nedir? Hayatımda hiç duymadım. Ayak fetişisti olur, büyük göğüs takıntılı olunur, hatta dalgıç kıyafeti fetişi olan bir insan bile tanıdım ama çorap gibi ezik bir objeye takıntılı olmayı anlayamıyorum. Adam hem sapık hem de beyni fakir. Bir liralık şeye karşı fetişist duygular beslenir mi ya? Al pazardan on tanesi beş liraya bir tomar çorap, giyin giyin gez evin içinde. Ne diye elin kızını alet ediyorsun sapıklığına? İnternetten tanıştığın kız daha ilk buluşmada evine geliyorsa zaten meyillidir, bunu da mı anlamadın kerkenez? At kızı eve, sonra çorap mı çıkarıyorsun çekmeceden, iç don mu çıkarıyorsun, üzerine aşure mi döküyorsun, ne bok yersen ye. Hem sapık hem de salak. Değil böylesine çorap giyip defile yapmak, yanında sutyen askısı bile gösterilmez.

Bunun gibi, internette üç-beş kişi tarafından umursanıp, gerçek hayatta, ikili ilişkilerde bir dağsıçanı kadar başarısız olan erkeklerden Allah bütün kadınları uzak tutsun. Hoş suç bunda da değil, üç-beş salak peşinde dolanıyor diye bu adamı bir bok sanıp yüz veren kadınlarda. Arzu'yu yolun başından döndürdük döndürmesine de, bu başarısız abazanın beş liralık çoraplarını giyen oldukça fazla kadın olduğuna eminim.

Bizim Arzu'yu hiç tanımadığı bir evin salonunda, rezalet bir külotlu çorap içinde hayal edip dakikalarca gülerken, Bora'nın evine ikinci kez kahve içmeye gittiğimde, "Yerler soğuktur, basma oralara" deyip ısrarla ayağıma kendi çoraplarından bir çift vermeye çalışmasını hatırladığımda gerçekten şanslı bir kadın olduğumu anladım. Belki yaptığı bu hareket aşktan, tutkudan çok uzak, sadece koruma içgüdüsüyle yapılmış bir hareketti fakat, yeryüzünde onun gibi erkeklerin olduğunu bilmek –henüz– sevgili olamasak da, en azından hayatımda olması benim en büyük şansımdı.

Kendime not: İnternetten tanıştığın bir erkeğe asla güvenme. Bugün seninle tanışıp flörtleşen, yarın seninleyken bir başkasıyla yapar aynı şeyi. Mümkünse eli klavyeye değmemiş koca bul.

Ya O, Ya Ben

3 ay sonra...

"Canım sıkıldı" diyen genç kızlara, "Evlenince geçer" deyip sinsince gülen şişko mahalle teyzelerini çok daha iyi anlıyorum. Evlenmeye hiç gerek yokmuş, âşık olunca da vakit su gibi geçiyormuş. Bir bildiği varmış bu teyzelerin.

Aylardır can sıkıntısından patlayacak hale gelen ben, Bora'dan sonra bambaşka bir insan oldum, artık hiç canım sıkılmıyor. Gündüz o işteyken bir şekilde vakit geçirip tüm akşamlarımı da kendisiyle geçiriyorum. Gündüz vakit geçirmek dediğim onun işten dönmesine kaç saat kaldığını hesaplamak olsa da, akşamları geçirdiğimiz birkaç saat yetiyor da artıyor bile. Sanki bütün evren el ele vermiş, bizim flört etmemiz için önümüze taze gül yaprakları seriyor.

Her yaz başladığında kolumdan tuttuğu gibi beni yazlığa sürükleyen annem bu sene, "Yeni okul için kayıt işlerim var" bahaneme diyecek bir şey bulamadığı için bütün yazı koca evde tek başıma, daha doğrusu Bora'yla geçirmeme istemeden de olsa izin verdi. Anne yok, baba yok, daha okul yok ama karın kaslarının minik bir baklava tepsisini aratmadığını tahmin ettiğim Bora var. Tabii bir de yoğurt leğeni götlü sevgilisi.

Sevgili olmasak da, iyi bir arkadaş gibiyiz Bora'yla en azından. Hemen hemen her akşam birlikte yemek yiyoruz, tavla oynuyoruz, en saçma dizileri bile birlikte kahkahalar atarak izliyoruz; dışarıdan bakınca her şey mükemmel ama, Bora sevgilisinden bir türlü ayrılmıyor. Allahtan kızın annesi benimkinin on katı beter manyakmış da, kızı olmadan yaşayamıyormuş da, beraber yazlıklarına gittiler. Bora da bütün yaz bana kaldı böylece.

Bora teorik olarak ve hatta pratikte de hâlâ sevgilisi olan bir erkek olduğundan, bizim aramızda da resmi hiçbir şey yok. Mesela o kadar fırsatımız olmasına rağmen daha bir kere öpüşmedik bile. Kardeş kardeş yemek yiyip, masumca televizyon izliyoruz. Halimiz sevgililik döneminin başında olan, cicim aylarının doruğunu yaşayan bir çiftten çok, liseli iki en iyi arkadaşın üniversitenin ilk senesinde birlikte eve çıkmalarını andırıyor. Her akşam o işten geliyor, yarım saat sonra ben yanına gidiyorum, yemek yiyoruz, birlikte televizyona bakıyoruz, sonra ben içtiğimiz kolaların bardaklarını lavaboya bırakıp evime dönüyorum. O da ben salonun ışığını yakana kadar arkamdan bakıyor. Yaklaşık üç aydır tek yaptığımız bu.

Bir de hayatımda –Bora yüzünden önemsiz gördüğüm– koca bir değişiklik oldu. Şu aralar pek umurumda olmasa da, yeniden üniversiteye başlayacağım birkaç hafta içerisinde. Bora gözümü o kadar kör etti ki, kampüsün ta anasının amında olduğu gerçeği aklıma, kayıt olduktan iki hafta sonra dank etti. Sabahları derse gitmek için o kadar erken çıkmam gerekiyor, o kadar çok yol gitmem gerekiyor ki, yarım saat daha yol gitsem Ankara'ya varırım.

Bora'nın aşktan kör ettiği gözlerimi şöyle bir aralayıp adamakıllı düşününce durum gerçekten de hiç iç açıcı görünmedi gözüme. Ya bu okulu da başlamadan bırakacaktım ya da şu an ailemle oturduğum evden taşınıp kampuse daha yakın bir yerde ev tutacaktım. Yeni bir ev demek Bora'dan uzaklaşmak demekti. Zaten başlayıp başlamadığı belli olmayan garip ilişkimiz de sona erecekti ben taşınınca. Bora için sıkıcı yazını renklendiren bir komşu kızı olarak kalacaktım.

Zaten bir kere, salak bir erkek yüzünden okulu yarım bırakıp hayatımı altüst etmiştim, daha altı ay geçmeden aynı hatayı ikinci kez yapamazdım. Aslında yapardım, âşık olduğu erkeği hayatının merkezine koyup, o erkek gidince dımdızlak ortada kalan, fakat bir yandan da o acıyla güçlenen kadınlardandım, bunu biliyordum, ama bu sefer düşersem muhtemelen düştüğüm yerden biraz zor kalkardım, çünkü Bora'ya daha önce kimseye duymadığım türden hisler besliyordum içimde.

Günlerce düşündüm, en sonunda gelecek kaygım ağır bastı ve yeni bir eve taşınmamın daha doğrusu olacağına karar verdim. Belki ileride on dakikada okula gidip gelirken bu kararım beni oldukça mutlu edecekti ama o an tek düşünebildiğim Bora'dan uzaklaşıyor olmaktı ve ona –nedense– bir türlü ayrılamadığı sevgilisi Gizem'le ellerimle bir gelecek sunuyormuşum gibi hissediyordum.

Bu kararı bir de Bora'ya söylemek vardı tabii. Henüz bana söylememişti ama belli ki onun da bana karşı birtakım hisleri vardı. Belki Türk filmlerindeki gibi sonsuz bir aşkımız ola caktı, belki Gizem onu bu yaz aldatmıştı, kim bilir? Akşam Bora'ya gittim.

"Neyin var senin, hiç tadın yok gibi bugün?"
"Yok bi şeyim."
"Pelin, bari beni kandırmaya çalışma Allah aşkına, hadi söyle ne oldu?"
"Ben taşınıyorum Bora. Kampuse daha yakın bir yere..."
"Sizin kampus Yeşilköy taraflarında değil miydi? E benim işyerim çok yakın oraya, gelir giderim ben sana. Bu mu yani üzüldüğün şey?"

Ne? Gelir gider misin? Tamam Bora. Peki gelip, hiç gitmesen olur mu? Salaklık bende asıl, senin çocukla aylardır yediğin içtiğin ayrı gitmesin ama bir kere bile adamın çalıştığı yeri sorma. Annem anlar diye bizim eve değil atmak, apartmanın kapısından bile içeri sokamadığım Bora'yı gece gündüz kendi evime atacağım haberini alınca beni sardı bir coşku, bir neşe.

Bora'yla –bir nevi– ayrılmayacağımızı öğrenince bu coşkuyla, "Sanırım öpüşmenin zamanı geldi" diye düşünüp, kendi kafamdaki minik bir tabuyu yıktım. Geriye bir tek uygulaması kaldı. Sürekli dip dibe olduğumuzdan öpüşme fırsatı her an doğuyordu zaten. Ama biz kullanmıyorduk, kullanmak istemiyorduk. Hoşlanmasam da ondan; Gizem'e karşı ikimizin de sorumluluğu vardı.

Şimdi konuşurken ben kafamı geri çekmeyince, ters tarafa hamle yapmayınca, Bora öküz değilse anlayacaktı artık öpüşmek istediğimi. Fakat o gece ne olduysa, basiretim mi bağlandı, dilime inme mi indi, heyecanlandım mı anlamadım ama bir türlü istediğim sinyali veremedim. Tam öpüşecek kadar yakın oluyoruz, kafamı üç santim daha yukarı kaldırsam dudaklarımız buluşacak, kalbim kuş gibi çarpmaya başlıyor, ama bir türlü o istenen hamleyi yapamıyorum.

Sonunda ayrı bir evim olacak ve Bora da o eve istediği gibi girip çıkacak diye düşünüp sevinmekten fazlaca şapşallaşmış olacağım ki, akşam artık kendi evime geçerken ayakkabımı ayağıma sokmayı bir türlü beceremedim. Komşu teyzeler gibi ayağımın şişmiş olma ihtimalini düşünmek bile istemiyordum aslında.

"Bir dakika dursana, taş falan vardır belki içinde, dur bi, ben bakayım."

"Ya yok bırak ne taşı ben giyerim..."

"Bırak dedim Pelin, elleme pis ayakkabıyı elinle sen, bak altına değdiriyorsun elini."

Bora elimin yanlışlıkla ayakkabının altına değmesine bile izin vermeyecek kadar düşünceli bir erkek olsa da, biz o anda masaya hesap geldiğinde ödemek için yarışan, birbirlerinin elini itip kakan abilere dönmüştük farkında olmadan. O da ben de eğilmiş, yerdeki ayakkabıyı çekiştiriyorduk birbirimizin elinden. Tamam samimiyiz ama, ayakkabımı eline verip içine elini sokturacak kadar da değil!

Bütün gece plan yaptım, öpüşmek için uygun ânı kolladım, Bora'yı bir türlü öpüşme pozisyonuna getiremedim ama ayakkabım, kapının önünde ikimiz de yere çömelmişken bu ânı yakalattı bize. Elimizde içinde taş mı, sümüklüböcek mi her ne halt olduğu belli olmayan bir ayakkabı, sürekli sönen bir apartman ışığı, bir de karşı daireden bizi izlediğine emin olduğum dedikoducu bir teyze...

İşte beklediğim o an geldi, en narin güllerden bile pembe dudakları, kusursuz boynu, derin okyanuslardan yeşil gözleri, hafif biçimsiz ama kendine has bir karakteri olan burnuyla yanı başımdaydı. Bir nefes kadar yakın ki, nefesini yüzümde hissedebiliyorum. On saniyede bir sönen apartman ışığı tam bu anda yine söndü. Şimdi sadece evin içerisinden dışarıya doğru sızan cılız bir ışık ve Bora'nın gözlerinin alevi aydınlatıyordu ortalığı. Aldığı nefesi kendi ciğerlerimde hissetmeme saniyeler, hatta saliseler kalmıştı. O karanlıkta sadece gözlerinin içinde kendimi görüyordum ve ben gözümü kapadığım an beraber nefes alacaktık. Zaman yavaşladı, her şey durdu. Biz durduk. Evet... Şimdi...

Ama lanet olsun ki ben bir kadınım. Çenemi istesem de tutamıyorum. Yaratmak için aylardır sabırla, nakış gibi işler gibi beklediğim bu ânı yine o kopasıca dilim, kırılasıca yamuk çenem bozuyor.

"Gizem'le ne zaman ayrılacaksınız?"

Sana ne? Sana ne Pelin? Sen, "Ne zaman?" dedin diye eşek kadar adam sevgilisinden ayrılır mı hiç? Ayrılacağı varsa zaten düşünüyordur onu. Hoş bu dayatmadan sonra, varsa bile artık bu düşünceyi tamamen silmiştir kafasından. "Daha ilk romantik anımızın içine böyle sıçan bu kız, kim bilir ileride neler çektirir bana, Gizem en azından bildiğim biri, böyle de manyaklıkları yok" diye düşünüp ölene kadar ayrılmayacak o kek saçlı karıdan.

Kadınlığın adı yazılmamış kuralı: **İçinde tutamamak**.

Erkekler hep bu özelliğimizi eleştirir, hatta aklımıza her geleni söylememizi, onlarla paylaşmamızı "dırdır" olarak görür, fakat bir kadın olarak en gurur duyduğum özelliklerimizden biridir bu benim. İçimde kalacağına, kendi kendimi yiyip bitireceğime, kafamdaki sorunu karşımdakiyle paylaşır, fikrini dinler, düşüncesini öğrenirim. Ama sonuç olarak yine de kendi bildiğimi okurum.

İçimi aylardır yiyip bitiren bu soruyu günlerdir beklediğim öpüşme gerçekleşmek üzereyken şak diye söylemeseydim iyiydi de, oldu bir kere. Ben bir hayvanlık edip içimde tutamadım tamam ama, yine de bu eşekliği bir şekilde düzeltme şansını ona verdim... Ben batırdım, o temizlesin. Bora'nın vereceği cevap belki de hayatının geri kalanını belirleyecekti.

Cevap vermedi. Ayakkabıyı elinden bıraktı, sensörlü ışığı yakmak için anlamsız birkaç hareket yaptı, kafasını önüne eğip o lanet ayakkabıya bakmaya başladı ve tek kelime etmedi. Kanımın vücudumda gitgide katılaştığını, içimde adeta bir zehir olduğunu hissetmeye başladım. Ya şimdi yerden kalkıp bir daha yüzüne bakmamak üzere çekip gidecektim ya da yine içimde tutamayıp sayıp sayıştıracaktım. Her zamanki gibi mantıksız olanı, yani ikinciyi seçtim.

"Cevap versene, bu kadar zor bir şey sormadım."

"Bilmiyorum."

"Nesini bilmiyorsun ya? Bunda bilinmeyecek bir şey yok, gayet basit. Ya ayrılır benimle olursun, ya ayrılmaz onunla olursun."

"Haklısın..."

"Ben haklı olmak istemiyorum Bora, ben seninle olmak istiyorum."

"Ben de."

"O zaman ayrıl."

Yine ses yok. Bozuk bir televizyona döndü Bora, görüntü var ama ses yok. Ses bir anda gidiyor. Bana cevap veremeyince kafasını önüne eğip put gibi kalıyor. Hareket etmesini sağlayan tek şey apartman lambası. O da olmasa Bora put mu, insan mı belli olmayacak. Taş kesiyor herif işine gelmeyen bir durum olunca. Oracıkta biraz kum olsa neredeyse başını bir devekuşu gibi içine sokacak. Bir avuç kum... Allahtan karanlıktan biraz korkuyor da, ha bire lambayı yakmak için elini kolunu oynatıyor.

Ben üzerime düşeni yaptım. Bir kadının belki de yapabileceği en zor şey olan, "ya o, ya ben" restini çektim ona. Şimdi sıra onda. Belki hiç beklemiyordu benden böyle bir şey, belki de bu konu günlerdir uykusunu kaçırıyordu, belki iki kadın arasında kaldığı için şu an kendinden nefret ediyor. Belki babası gibi olduğu için; bir kadını, diğer bir kadınla mutlu olmak uğruna üzeceği için kendisine lanet ediyor ama ben de bunu ona söylemeyip içimde tutsaydım ben, ben olamazdım. Bir erkek uğruna karakterinden, görüşlerinden vazgeçen, kendisini karşısındaki erkeğe göre şekillendiren karaktersiz bir kadın olurdum. Belki bu soruyla, çektiğim bu restle kendi sonumu hazırladım, güzel yürüme ihtimali ufak da olsa mevcut olan bir ilişkiyi başlamadan bitirdim ama şu anda en azından içim rahat, kafam temiz.

Fakat belli ki biraz erken bir restleşme oldu bu. Uzun yıllardır sevgilisi olan, deli gibi âşık olmasa da bir şekilde hayatının içinde yer alan bir kadından ayrılmasını istedim Bora'dan. Büyük ama alınması gereken bir sorumluluktu bu. Korkmuyordum, üzülüyordum.

Kendime not: Cevabın, "Tabii ki sen" olacağından emin değilsen, "Ya o, ya ben" diye rest çekme.

Öpüşmek ya da Öpüşmemek

Öpüşmek ya da öpüşmemek. Bir ilişkinin belki de bütün meselesi bu.

Shakespeare sözlerini bu şekilde çarpıttığımı gördükçe mezarında ters dönüyor olabilir ama, benim de kendime göre haklı sebeplerim var. O gece, o kapının önünde Bora'yla öpüşsem belki de şu an, "Bir sevgilim var" diye geziniyor olacaktım ortalarda. Başka bir sevgilisi olan bir sevgili. Ona da ne kadar sevgili denebilir? Denemez, denmemeli.

Bora'ya çektiğim "ya o, ya ben" restinden sonra kendisiyle uzunca bir süre görüşmedik. Ben onun eve giriş çıkış saatlerinde gözlerimi ısrarla karşı apartmandan uzak tuttum, o da ben evde olduğunu anlamayayım diye karanlıkta oturdu vampir gibi. Zaten sevgilisi Gizem de uzunca bir süredir eve uğramıyordu. Araları nasıldı acaba? Gizem'di, Bora'ydı derken nihayet okul zamanı yaklaştı ve annemin suratının taşınma meselesi yüzünden kömür kadar kararmasına, kilolarca limon yalamış gibi ekşimesine aldırış etmeden ailemden ve tabii ki Bora'dan uzak bir eve taşındım.

Evim okula yakın, küçük bir giriş katıydı, bir oda bir salon ve eşyalı. Benim yaşımda bir kadın için ideal... Taşındıktan iki gün sonra da okul başladı zaten. Üniversiteye ikinci kez başlamanın verdiği tecrübeyle ilk gün dersleri, hocaları, kampüsü öğrenmeye çalışmak yerine oturduğum yerden etraftaki yakışıklı erkekleri kesip, bütün sene yazılabileceklerimin yıllık planını yaptım. Bu sefer Ankara'dakinden çok farklıydı. Kendi topraklarımda, kendi bildiğim insanlarla, daha da iyisi kendime ait bir evdeydim. O yüzden sadece avıma odaklandım.

Ama sınıfımın büyük çoğunluğu benden ufak olunca, bu konuda da hevesim kursağımda kaldı. Liseyi yeni bitirmenin verdiği coşkuyla yüzündeki tüm kılları ne yöne uzadıklarına bakmadan uzatmaya başlayan, hormonları coşmuş gitmiş bir ergen sevgili şu aralar isteyeceğim en son şeydi.

Okulda kafasına ve göz zevkine uygun manita bulamayan her genç kız gibi ben de derslerime odaklanmaya karar verdim. Ancak henüz girdiğimiz sonbahardan mıdır, Bora'dan mıdır bilemiyorum, bir türlü istediğim verimi alamadım okuldan. Henüz ikinci haftada, *Hababam Sınıfı*'ndaki, yatakhaneye taht kurup, herkese sigara karşılığı elini öptüren İlyas Salman'a dönüverdim okulda. Kendilerinden iki yaş büyük olunca bile "abla" tribine girmeye başlıyordu hormonlu salatalık suratlı bebeler. Bu kadar "büyük" görüldüğüm bir ortamda, üşütürüm de karnım ağrır diye yere bastırmayan, ayaklarıma çorap giydiren Bora'yı iki kat özlemeye başladım.

İki ders boş mu oluyor, haldır haldır otobüse binip, karşıya annemlerin evine gidiyorum. Hafta sonu mu geldi? Cuma dersten sonra eve bile uğramadan direk annemlere. Okulda istediğim ortamı kuramamam beni Bora'nın yanına, yani annemlerin evine sürüklüyordu.

"Ben biliyordum senin böyle yapacağını zaten."

"Ne yapmışım anne yine?"

"Ev ev diye tutturdun, başımızın etini yedin, kendi evine uğradığın yok, hep buradasın maşallah."

"Tamam anne, buraya gelmesem daha iyi öyle mi? Hemen giderim rahatsız olduysan, tamam."

"Saçma sapan konuşma be, bana kalsa hiç gitme, ne diye ayrı ev tuttun sen onu anlamıyorum ben, evse al burada da ev var, biz mi fazla geldik sana?"

Ulan Bora'yı göremediğime değil de, en çok annemin gözünde şu hale düştüğüme yanıyorum. Yine Bora'yı belki görürüm umuduyla annemlere geldiğim iki günlük hafta sonu tatilinde annemin dur durak bilmeyen istekleri her zamanki gibi yine baş gösterdi ve kapıcımız da hafta sonları servis yapmadığı için bakkala gitme görevi bana kaldı. O hafta sonu gazetelerden birinin ekinde sağlıklı yaşam uzmanı bilmem kim hanımın haftada üç kilo ödem attıran bir diyet listesi verdiği röportajı olduğunu öğrenen annem beni evin sözleşmeli servis elemanı yapmakta bir sakınca görmedi.

"Anne, boş ver Allah aşkına şimdi ya, senin üçten fazla kilo vermen lazım zaten."

"Dünkü boka bak adam olmuş da annesini beğenmiyor."

"Anne ben seni çok beğeniyorum ama, kilo vereceğim diye tutturan sensin."

"Sus terbiyesiz, bu göbek durduk yere olmadı, seni doğuracağım diye oldu, senin yüzünden. Git gazeteyi al bakim, hadi."

Evet anne evet, göbeğin de benim yüzümden, gece yarısı yarım ekmekle yediğin soslu patlıcan kızartması yüzünden değil. Onun da suçlusu, onun da sorumlusu benim. Kadın sanki dünyada sadece beni suçlamak, her şeyden beni sorumlu tutmak için yaşıyor. Babama bir kez daha helal olsun, bunca dırdıra gıkı çıkmadan katlanıyor. Umarım ben de ileride benim çeneme böyle katlanacak bir adam bulabilirim.

Kendi kendime söylene söylene aşağıya indim. Karısının kendisini terk etmesinden sonra kendisinde yukarı mahallelerden iki kez talip çıkan bakkal efendi kendisini oldukça toparlamış görünüyordu. Artık dile gelmiş, sipariş edilenleri gözüyle işaret etmek yerine, "Süt karşı rafta, kahve alt dolapta" diye tarif ediyor ve her zamanki gibi ne olursa olsun müşterisini dükkânında bir köle gibi çalıştırma keyfinden ödün vermiyordu.

Gazeteler arasında, doğuştan iri kemikli, işsizlikten kendisine sağlıklı yaşam koçu diyen, yüzünde başarısız bir botoksun izlerini taşıyan kadının röportajı olan gazeteyi ararken, "Bir Malboro Light." cümlesini duymamla kafamı kaldırıp Bora'yla göz göze gelmem bir oldu.

"Aaaa Pelin... N'aber?"

"İyidir, senden?"

"İş güç işte, ben de seni arayacaktım, ne kadar iyi oldu seni görmem."

"E arasaydın tutan mı oldu? Öyle görünce yutkunamamalar, başını öne eğmeler, ben de tam seni arayacaktımlar bana sökmez. Dur dur, bal gibi söker. Aramış mısın diye telefona bakmaktan gözlerim şaşı oldu, hatta kendimi telefonun bozulduğuna inandırıp bir tamirciye göstermeyi bile düşündüm. Hep seni düşündüm Bora. Gizem'den ayrılıp ayrılmadığını daha çok düşündüm ama. Şimdi hiç kusura bakma, elde etmesi zoru oynayacağım birazcık sana" demek istesem de diyemedim. Cümleler boğazıma takıldı.

"Arasaydın keşke."

"Yemeğe çıkalım mı yarın akşam? Uygun musun?"

"Hmm yok herhalde, bilmiyorum şu an. Ben bir bakayım sana haber veririm."

"Tamam çabuk haber ver ama, çok önemli."

Çok önemliymiş, bakkal köşesinde mi söylenir çok önemli şey, arayıp söyleseydin bu kadar önemliyse. Hem şunu bil Bora: Hayır hiçbir işim yok benim akşam falan, tek işim sensin. Tek düşündüğüm sen, aklımda, kalbimde tek hissettiğim sensin. Ama ben sonuçta bir kadınım ve beni haftalarca aramamanın cezasını bu şekilde, en azından on dakikacık bekleyerek çekeceksin. O yemeğe çıkmak için yanıp tutuşsam da çok da hevesli görünmemek için on dakika yerine birkaç saat sesimi çıkarmamaya karar verdim. Aslında daha sonra düşününce ne kadar büyük bir hata yapmışım! Yine kadınca planlar, içinden geldiği gibi değil de taktik uygulayarak hareket etmeler. Zaten bu düşünceler kafama üşüşünce çok fazla da dayanamayıp aradım ve bir sonraki akşam yemeğe çıkabileceğimizi söylendim. Sesindeki saklayamadığı sevinci hissetmek beni oldukça iyi hissettirdi.

Bora'yla ilk romantik akşam yemeğimize çıkarken özenle hazırlandım. Gecenin alternatif sonlarını da düşünerek beni annemlerden değil, kendi evimden almasını istedim. Çünkü annem o kuğu gibi uzun boynunu ben sokağın sonundan kaybolana kadar camdan içeri sokmaz ve ben gece eve dönene kadar o boyun o camda kalır. Bora'yla bir öpüşme veya romantik bir an yaşanacaksa da bu annemin bulunduğu beş yüz kilometrekarelik alanda asla mümkün olamaz!

Çok sabırsızdım o gece için ve o kadar tatlı bir heyecan vardı ki içimde kuaföre bile gittim! Ben bu çocuğu gerçekten seviyordum demek ki. Bir kadın bir erkek için kuaförlerin "cık cık cık, saçlarınız çok yıpranmış" muhabbetini bile çekiyorsa, işte onu gerçekten seviyor demektir.

Bora kararlaştırdığımız saatten tam on dakika önce kapıma geldi. Ben de bir kadından beklenmeyecek bir davranış sergileyip dediğimiz saatten yarım saat önce hazırlanıp camda kendisini beklemeye başladığımdan arabasını kapının önüne park ettiğini görür görmez telefonumu elime aldım. "Hadi gel" diye aramasını bekliyorum. Bir dakika geçti yok, beş dakika geçti yok, hindi gibi oturuyor arabanın içinde, "Ben geldim" diye aramıyor. Acaba biz kadınlar kapıdan çıkarken, asansörde, apartmanın çıkışında, yansıyan her yüzeyde oramızı buramızı kontrol ediyorsak erkekler de bu işi arabada bizi beklerken mi yapıyor? Ama o kadar sürede ne son kontrolü ki bu? Damat tıraşı olsa arabada bu kadar uzun sürmez. En sonunda dayanamayıp ben aradım.

"Bora nerdesin, evi falan mı bulamadın?"

"Geç mi kaldım, geç kalmadım ki, daha beş dakika yok mu buluşmamıza?"

"Yok geç kaldın demedim de, merak ettim evi bulabildin mi diye."

"Buldum buldum, çoktan geldim ben, evin önündeyim, buluşma saatimizi bekliyordum arabada, seni erkenden sıkıştırmayayım dedim."

"Yok ben hazırım zaten, iniyorum şimdi."

Allahım Bora kadar düşünceli bir erkek yarattın da niye sevgilisi yokken tanıştırmadın bizi? Bora kadar duygusal, sadece karşısındakini mutlu etmeyi hayatının amacı edinmiş bir erkeğe nasıl âşık olmayayım ben? Oldum da zaten. Konuşurken gözlerinden başka hiçbir yere bakamıyorum. Araba kullanırken direksiyonu tutuşunu, vitesi değiştirişini, başını hafifçe kaldırıp dikiz aynasına bakışını bile hayran hayran izliyorum. Sanki Tanrı'nın cennetten buraya yanlışlıkla yolladığı ufak oğlu Bora.

Her şeyi en ince ayrıntısına kadar düşünmüş. Daha restoranın kapısına yaklaşır yaklaşmaz valeler tarafından karşılandık, içeriye girer girmez masamıza yönlendirildik. Sanki beş yıllık bir ilişkimiz var ve Bora bu gece bana evlenme teklif edecek. Her şey o yönde ilerliyor. Zaten, "Çok önemli bir şey söyleyeceğim" demesinden belliydi. Hop Pelin yavaş. Sağda dur bakalım. Bu kadar abartılı hayal senin için bile çok.

Masamıza oturduk, yemekten önce Bora'nın seçtiği şarabımızı içmeye başladık. Bu şık atmosfere hiç yakışmayacak lakaytlıkta muhabbet ediyoruz ama olsun, yine de her şey güzel gidiyor. Zaten önemli olan insanın sevgilisiyle birlikte gülebilmesi. Bir ilişki koyun koyuna, "Aşkım, bebeğim, koyunum, boncuk boklum" diyerek geçmez. İlişki dediğin hayatı paylaşmaktır. Bu kısa ömrün güzel anlarını birlikte yakalamaktır, birlikte bir geçmiş oluşturmaktır, birlikte gülebilmek, ağlayabilmektir.

Bora'yla, aslında kötü olduğunu sonradan anlayacağım bir duruma gelmişiz hiç farkında olmadan. Galiba biz sevgiliden önce, çok iyi bir arkadaş olmuşuz! Mum ışığında şarap içerken, gözlerimizi birbirimizden alamasak da konuştuğumuz konular hiç de romantik, hiç de bir flört dönemine uygun konular değil. Allah aşkına, kim ilk buluşmasında pidenin yanında aslında kolanın değil, ayranın daha iyi gittiğini konuşur ki?

Gerçi yediğimiz, daha doğrusu yiyemediğimiz yemekler o kadar kötüydü ki, kebaptan, pideden konuşmamız gayet normaldi. Bora entel görüneceğim diye beni Kuzey mutfağıyla ün salmış bir restorana götürünce haliyle aç kaldık. Kaliteli bir yer olmasına rağmen yemekleri berbattı. Sanki iki ay boyunca birlikte sadece et, köfte, pilav, makarna yiyen biz değilmişiz gibi seçtiği şu lokantaya bak. Garibim de ne yapsın, beni kendi çevresindeki kızlardan sandı herhalde. Benim yirmi birinci yüzyıl prensesi gibi yaşayıp, içimde ayran sevdasından güç bulan bir Anadolu köylüsü yaşadığını nereden tahmin etsin.

Aç da olsam, karnımda askeri bando konser vermeye başlamış olsa da, bakkalda söylediği o "çok önemli" konuya gelmesi için sabırsızlanıyorum. "Ee hadi anlat" diyemeyeceğime göre ha bire derin sessizlikler yaratıyorum, konuyu açması için pas atıyorum. Ama Bora nuh diyor, peygamber demiyor, ayranın köpüğünden karbonata kadar saçma sapan bir ton şeyden bahsedip o "çok önemli" konuya bir şişe şarabı aç karnına devirene kadar gelemiyor. En sonunda konuştu.

"Pelin ben çok düşündüm."

"Neyi?"

"Seninle birlikte olmayı."

"İyi düşünmüşsün."

"Seninle sevgili olmayı, sabahları bir kolum vücudunun altında uyuşmuş bir şekilde uyanmayı, kahveni sıcak içemediğin için üzerine soğuk su eklemeyi, dokunamadığın ıslak havluları sana çaktırmadan değiştirmeyi, gece geç yattığın için sabah derse geç kaldığında söylenerek hazırlanmanı dinlemeyi her şeyden çok istiyorum. Seninle sevgili olmak, sadece seni sevmek istiyorum."

"Çok güzel şeyler söylüyorsun da, sanki cümlenin sonunu amayla bağlayacaksın gibime geliyor Bora."

"Müsaade et, bir dakika. Evet, çok düşündüm. Ama bana biraz zaman ver. Durumumu biliyorsun. Gizem'i bir anda terk edemem. Biraz kafamı toparlayayım, tamamen senin olabileceğimde sana haber veririm, şu anda, bu kafa karışıklığımla hem sana hem ona haksızlık yapmış olacağım."

"Tamam Bora sen bilirsin."

"Seni seviyorum."

"Tatlı yesek mi?"

Beni bu kadar düşünüp umursayan bu erkek, elbette ki sevgilisini de aynı şekilde umursayıp, kolluyordu. Kendi tarafından bakınca o da haklıydı aslında. Hangi kadın, bir diğeri uğruna terk edildiğini bilmek ister ki? Şahsen ben istemezdim. Yıllar sonra aynı Bora'nın beni, benimle sevgiliyken başkası için terk edeceğini nereden bilebilirdim ki? Bilsem hiç ister miydim şu anki kız arkadaşını bırakıp benimle olmasını?

Bora'nın bana söylediği ilk "Seni seviyorum"una karşılık "Tatlı yiyelim mi?" dememin ardından zehre dönen ağızlarımızla tatlılarımızı yedik. Aç midenin üzerine saçma bir ekşi kremalı tatlı midemi iyice ekşitti. Bu da yetmezmiş gibi dönüş yolunda, yol çalışması yüzünden saatlerce trafikte kaldık. Tıkalı trafiği fırsat bilen sokak satıcıları arabaların arasında, "Çengelköy hıyarı, beş kilosu üç lira" diye delice çığlıklar atarken, Bora usulca arabanın camını açıp satıcıdan aldığı hıyar torbasını kucağıma koydu.

Bora'dan nefret ediyordum o an ama işin fenası bu hareketi hoşuma gitti. Sanki bir inekmişim gibi kucağıma bir kırmızı gül buketini koymasındansa, kütür kütür dalından yeni koparılmış minik salatalıklar beni o an çok daha mutlu etti. İşte o an hayallerimizin, ideallerimizin, damak tadımızın, espri anlayışımızın, hatta nefret ettiğimiz şeylerin bile aynı olduğu bir erkeği bulduğum için onu ne kadar isterse o kadar beklemeye karar verdim.

Bu masalın sonunda belki bir kadın mutsuz olacaktı ama biz çok mutlu olacaktık. Fakat çok geçmeden aynı şeyin başıma geleceğini, başka mutluluklar uğruna mutsuzluğa terk edilen kadının bu sefer ben olacağımı o sıralar bilmiyordum.

Kendime not: "Neden ben?" diye sızlanmadan önce başına gelen her şeyin mutlaka bir sebep-sonuç ilişkisi içinde olduğunu unutma. Eden buluyor, bunu da unutma.

Başka Dudaklar

Bir insana tam olarak ne zaman güvenebilirsin? Birlikte olmaya başladıktan on dakika sonra mı? Belki iki ay sonra? Ya da bir yıl sonra? Yoksa beraber tatile çıktıktan sonra mı? Karşıya geçerken elini sıkıca kavramasından sonra peki?.. Demek istediğim şu ki; birisine güvenmenin ölçütü, somut bir birimi veya belli bir zamanı yok. Bir insana ya güvenirsin ya da sonsuza kadar güvenemezsin. Güvenmezsin değil, güvenemezsin. Karşısındakine güvenmeden yaşamayı hiç kimse istemez ama bazen istesen de beceremezsin işte. Çevreden sık sık duyduğumuz, "Ben kimseye güvenmem" cümlesinin altında yatan hayal kırıklıklarını, yenilmiş kazıkları anlamak daha kolay böyle düşününce.

Yeni bir ilişkiye başladığında önce karşındakini çok sevip, sonra da koşulsuz güveniyorsun. Tabii bu olay, iki taraftan biri ilişkide çok büyük hatalar yapmazsa gerçekleşiyor. Daha ilişkinin başında karşı tarafın güvenini sonsuza dek yok edecek bir hareket yaparsanız o ilişkinin temeli maalesef V. Göçer'in Yalova'da yaptığı evlerin temelinden bile daha çürük oluyor ve en ufak sarsıntıda siz ne kadar ayakta tutmaya çalışırsanız çalışın un ufak olup dağılıyor.

Biz kadınlar erkekleri öküz diye, hayvan diye hep genelleriz ama Bora'yla olan ilişkimde bu hayvanın ben olacağı hiç aklıma gelmezdi. Hayatım boyunca hem deliler gibi âşık olacağım tek erkeğin o olacağını hem de hayatım boyunca aldatacağım tek erkeğin o olacağını nereden bilebilirdim ki? Bilsem o gece Okan'ı çağırır mıydım buluşacağımız bara? Hoş yaşayacağım şeyleri önceden bilebilsem daha neler neler yapmazdım da, yine de sonumu, Bora'nın önümüzdeki dört yıl boyunca bana bir kere bile güvenemeyeceğini bilsem gerçekten o geceyi en başından yaşamazdım.

Kucağımda beş kilo salatalıkla sonlanan o yarı romantik, yarı trajik gecemizin ardından Bora birkaç hafta sessizliğe büründü. Zaten aylardır o kızdan ayrılamamasını, aynı zamanda benimle flört etmesini bir türlü hazmedemiyordum. Evet, beni çok sevdiğini biliyordum ama bana yetmiyordu; kime yeter ki zaten? Bora sadece beni sevsin istiyordum. O da bunu yapamıyordu ya da yapmak istemiyordu. Beni bu kadar uzun süre beklettiği için çok kızgındım ona. O yüzden aradığında pek yüz vermedim ama yine de tamamen reddetmedim.

"Pelin nasılsın?"

"İyiyim Bora sen nasılsın? Sesin soluğun çıkmıyor hiç, nerelerdesin sen?"

"İş güç işte, değişiklik yok, aynı hep. Bu akşam iş çıkışı buluşalım mı? Bir şeyler içeriz, konuşuruz biraz."

"Tamam da, ben bi arkadaşıma söz vermiştim, istersen önce seninle buluşalım sonra onunla görüşürüm ben."

"Tamam nerede buluşacaktınız siz? Ben oraya geleyim, sen hiç yorulma."

"Kadıköy'e gel. Masal Evi'ne, ben dokuz gibi buluşacaktım arkadaşla, biraz erken gelirim."

"Saat sekiz gibi oralarda olurum ben, uygun mu sana?"

"Uygun uygun, görüşürüz o zaman."

Nedense şu sıralar bakkalda gördüğüm günkü gibi hissetmiyordum Bora'ya karşı. Aslında nedenini biliyorum. Aylardır beni oyaladığını hissettiğim için, kendime engel olamadığım bir şekilde soğuyordum ondan. Ama tüm bu soğumalarıma rağmen onu tekrar gördüğümde de emindim ki eriyip bitecektim karşısında. Acaba bu akşam ne yumurtlayacak Bora efendi? Sanki on beş yıllık nişanlısından ayrılamıyormuş gibi koca götlü bir kız uğruna aylardır sefil etti beni. Artık öğreniriz akşam derdini.

Sekizi biraz geçe gittim Masal Evi'ne. Benden önce gelmişti. En dipteki masalardan birinde, üzerinde takım elbisesi birasını içiyordu. Üstünü değiştirmemiş, yani eve bile uğramadan buraya gelmiş. Bu kadar acele etmesinin nedeni neydi acaba? Direkt konuya gelsin diye hal hatır sorma faslını kısa tutmak istedim:

"N'aber Bora?"

"İyidir, okul falan işte. Senden n'aber?"

Cevabını verirken ses tonundan çok heyecanlı olduğunu anlamıştım da, açıkçası bir anda dudaklarıma yapışmasını hiç beklemiyordum. Tahmin etmediğim, hazır olmadığım bir anda avına sinsice yaklaşıp ardından ensesini ısıran bir kaplan gibi kaptı dudaklarımı. O kısacık anda aklımdan bir sürü düşünce geçti, siyah-beyaz Türk filmlerindeki gibi kendimi hızla geri çekip, "Küstahhhhh" diye bir tokat atmayı düşündüm ilk olarak ama bir türlü pamuk helva kadar yumuşak dudaklarından ayıramadım kendimi. Ben gelmeden art arda devirdiği biralar yüzünden oluşan hafif serinlik hissediliyordu dudaklarında. O kadar tanıdık bir tadı vardı ki. Sanki yıllardır sadece bu dudakları öpüyormuş gibiydim. Dudağı, benim dudağım gibiydi. İkimiz de nefessiz kalıncaya kadar öpüştük, durmadık, saniyeler dakika, dakikalar saat, saatler gün oldu adeta o sessiz, sakin sadece ikimizin olduğu köşede. Fakat daha sonra, "Evet, senden bir açıklama bekliyorum?" der gibi bakmayı biraz abartmış olacağım ki, hafiften ürktü çocukcağız. Korkma ayol, sen söyleyeceğini söyle, sonra öpüşmemize geri döneriz.

"Pelin ben Gizem'den ayrıldım."
"Gerçekten mi? Niye? İyi gidiyordunuz?"
"Bırak Allahını seversen alay etmeyi benimle, ben sana ne anlatıyorum, senin cevabına bak."
"Ne diyecektim Bora? İyi yapmışsın, artık mutluluğumuza kimse engel olamaz mı diyecektim Lale Belkıs ses tonumla."
"Anlıyorum seni ama, bu kadar da alay eder gibi cevap verilmez insana."

Aman Bora boşver, dur şimdi hem keyfimi kaçırma, sana her ne kadar öyle cevap versem de, sevinçten içim içime sığmıyor. Biz en iyisi öpüşmemize geri dönelim. Çölde kaybolup günlerce susuz kalan Bedevinin çölün ortasında vaha bulup suya saldırması gibi birbirimizin dudaklarına saldırdık tekrar. Bu çok hoşumuza giden, dudaklarımızın tadını, yıllar sürecek bir alışkanlık haline getirmek için ilk adımlarımızı attık. "Gizem'den ayrıldım" demesinin ardından Masal Evi'nde zaman adeta masal gibi geçmeye başladı. Kadıköy'de dandik bir sokağın içindeki dandik bir barın, dandik bir masasının tek ayağı kısa dandik sandalyesinde içtikçe içtim, midemin, bünyemin kaldıramayacağı kadar mutluluk ve alkolle doldum. Bora da benim kadar mutlu olmuş olacak ki, evinde ikinci biramı içerken kaşını gözünü oynatan adam fıçıyı ağzıma dayamama ses çıkarmadı. Aşkımızın resmiyet kazandığı ilk gece başka bir randevum olması hiç de hoş bir durum olmasa da Bora'nın ağzının içine düşmekten vakit bulup diğer buluşmamı iptal etmeyi unutmuştum. Biz patlamış mısır, çerez ve litrelerce bira eşliğinde el ele, göz göze, diz dize otururken, bir anda Okan yanımızda bitiverdi.

"Aaa merhaba, hoş geldin Okan, tanıştırayım. Erkek arkadaşım Bora, okuldan arkadaşım Okan."
"Memnun oldum."
"Ben de."

İkisinin de yüzlerinden memnun olmadıkları o kadar belliydi ki. Hele Okan. Okan'ın bana karşı hissettiği nefreti o an gözlerinde gördüm. Sanki Okan sevgilim, Bora da onu aldattığım, büyük malikânemizin yakışıklı uşağı. Ama çocuk da haklı. Okan'ı da Bora yüzünden haftalarca oyalamış, en sonunda ne olacaksa olsun, Bora'dan artık nasılsa ümit yok diye bu geceye randevu vermiştim. Şimdi çocuğu, erkek arkadaşımla tanıştırıyordum. Aynı şeyi bir erkek bana yapsa o barı kafalarına yıkardım.

Garibim Bora, Okan'ı gerçekten sadece arkadaşım sanmış olacak, aramızdaki flört durumunu tahmin etmemişti, beş dakika sonra kalkmayı teklif etti. O kafayla ben de hemen kabul ettim. Etmez olaydım!

Bora'yı Masal Evi'nin kapısına kadar uğurladım. Bora'nın aklı, dışarı yürüyene kadar başına gelmiş olacak ki, son bir ümitle Okan'la buluşmam bitinceye kadar kapıda bekleyip, beni eve götürmeyi teklif etse de kabul etmedim. Ben sarhoşsam, Bora da benden on kat sarhoştu. Arabasını otoparkta bırakarak sokaktan çevirdiği bir taksiyle atlayıp evine doğru gitti. Gitmeden önce son bir kez arkasını dönüp, gözlerimin içine bakarak, "Seni seviyorum. Sen benimsin artık" dedi. Cevabımı dinlemedi, taksi hareket etmişti bile. Sessizce, "Ben de seni" diyerek bara girdim.

Okan bana hiç sormadan biraları tazeletmişti bile. Merdivenlerden zar zor çıkıp yanına oturdum. Sarhoş olduğumun farkındaydı, ama ben de onun bana garip baktığının farkına varacak kadar ayıktım.

"O takım elbiseli süt oğlan mı şimdi senin erkek arkadaşın?"

"İşten çıkıp gelmiş yaa, normalde öyle giyinmez."

"Evet demedin?"

"Ha? Evet evet, sevgilim o benim."

"Ne zamandan beri berabersiniz ki?"

"İki saat falan oldu."

Söylediğim laftaki komikliği ben de fark ettim de, Bora aramızda olmasa da gülmeyeyim diye tuttum kendimi. Ama Okan kendini tutmadı, iki saatlik ilişkimi çok komik buldu, ben de o kafayla tutamadım kendimi, gülmeye başladım. Alkolün etkisiyle biraz fazlaca sesli gülmüş olacağım ki eliyle ağzımı kapatıp, "Şşşttt biraz sessiz ol, herkes bize bakıyor" dedikten sonra elini yavaşça boynumda gezdirmeye başladı. Okan boynuma dokunmasına rağmen karnımda, ayak bileklerimde, sırtımda garip bir ürperme oldu. Suratıma doğru yavaşça yaklaşıp, ağır ağır konuşmaya başladı.

"E siz şimdi sevgili sayılmazsınız ki daha."

"Yaa, ne sayılırız peki?"

"İnsan sevgilisini daha ilk geceden başka bir erkekle bırakır mı?"

"Biz sevgili olacağımızı bilmiyorduk ki bu akşam, sana ayıp olmasın diye gitti o."

"İyi ki de gitmiş."

Çok sarhoştum ben. Yavaşça gözlerimi kapadığımı hatırlıyorum. Ağzıma Bora'nın dudaklarından çok daha farklı iki dudak değdi. Daha sert, daha başka işte. Bora'nınki gibi değil hiç. Yabancı sanki. Zaten de öyle. Peki bu yabancı dudakların ne işi var benim dudaklarımda? Neden buna izin verdim? Neden karşı koymadığım gibi, karşılık bile verdim sorgusuz sualsiz? Bu soruların cevabı sadece çok sarhoş olmam mıydı? Değildi muhakkak, ama kim verecekti bana bu cevabı?

Bora?

Okan?

Gizem?

Öpüşmeye devam ediyorduk, Okan'ın dudakları bütün ağzımı dolaşıyordu. Benimkiler de onun. Aklımdan o kafayla bin bir düşünce geçiyordu. Bu yaptığım suç mu? Cezasını Bora mı çekecek, yoksa ben mi? Kafamda milyonlarca soru kıvıl kıvıl. Kanımda litrelerce alkol. Beynimi kurtlar kemirirken hâlâ devam ediyordum öpüşmeye. En sonunda kafamı geri çektim, dayanılmaz olmuştu sesler. Biraz oturduk, kafam biraz netleştiğinde de Okan'a midemin kötü olduğunu söyleyip, beni eve bırakmasını rica ettim. Okan Kadıköy'de işleri olduğunu söyleyip, beni bir taksiye bindirip yolladı.

O gece eve nasıl geldim, nasıl yattım, ne ara salondaki ikili koltukta kıyafetlerimle sızdım hiç hatırlamıyorum. Aşktan mı sarhoş olmuştum? Yoksa ihanet pişmanlığı aklımı yitirmeme, kendimden geçmeme mi sebep olmuştu? Hiçbir şey hatırlamıyordum. Sabah dayanılmaz bir baş ağrısıyla uyandığımda nedense Bora'yı aldattığım için o kadar da pişman olmadığımı fark ettim. Galiba tek pişmanlığım Bora'yı Okan'la aldatmış olmaktı. Böyle büyük bir salakla aldatılacak insan değildi Bora. Aslında kimseyle değildi ama yine de bu salakla hiç değildi işte. Sen git, seni eve bile bırakmayan, saçma sapan bir adamla aldat âşık olduğun herifi. Tam bir salaklık abidesiyim galiba.

Kadınlar ilişkide aldatmaya meylediyorlarsa durumları erkeklerinkinden çok daha farklı gelişiyor. Biz onlar gibi çükümüzün keyfi için, bir anlık hevese kapılıp aldatmıyoruz karşımızdakini. İlişkide bir eksik, bir noksan varsa buna haftalarca, aylarca canımızı sıkıyor, o eksiği gideren ilk erkeğe de tutulup, kapılıyoruz bir anda. Yine haftalarca süren çelişki sonrası "belki" birlikte oluyor, çoğu zaman ise cesaret edemeden mevcut ilişkimize tıpış tıpış geri dönüyoruz. Kadın mantığı işte, risk almaktan, düzenimizi, alışkanlıklarımızı bozmaktan çekiniyoruz. Mesela anlık tutkularına yenilip erkeğini aldatan kadın sayısı çok azdır. Herhalde bir Bihter Ziyagil, bir de ben varız bu türün örneği. Bari Behlül olsaydı karşımdaki erkek, zerre pişmanlık duymazdım. Okan gibi muhtemelen adını bile hatırlamayacağım bir erkekle, sevgilimi kıytırık bir bar köşesinde aldatmış olmayı yediremiyordum kendime. Yoksa aldatmaktan çok pişman falan değildim. Her şey insanlar için sonuçta.

Niye pişman değildim peki? Aslında ahlak anlayışı oldukça yüksek olan, etik kuralları bir Rahibe Teresa'yı aratmayacak biri olsam da, nedense bu yaptığımdan bir türlü pişmanlık duyamıyordum. Bunu çevremde kime anlatsam anında "Orospu" damgası yerdim. Aylardır peşinde olduğu erkek nihayet sevgilisinden ayrılıp ona geliyor, fakat o yarım saat arayla iki farklı erkekle öpüşüyor ve bundan pişmanlık duymuyor! Bu kızı bana kim anlatsa demediğim kalmazdı hakkında. Kendi tarafımdan düşününce ise hiç de suçlu göremiyordum kendimi. Sanırım içten içe Bora'yı cezalandırdığımı, artık durumlarımızın eşit olduğunu düşünüyordum.

Hem Bora benimle flört edip, aylarca Gizem'den ayrılmadığı süre içerisinde kaç kere öpüşmüşlerdi kim bilir? Kaç geceyi birlikte geçirmişlerdi? Kaç kez baş başa yemeğe çıkmışlardı? Kaç kez saçlarını öpmüştü Gizem'in, ben evde tek başıma onun ayrılmasını beklerken. O şimdi Gizem'i aldatmış sayılmıyor muydu? Biz hiç öpüşmemiş, hiç sevişmemiş olabilirdik ama Gizem'in yanında yatarken beni düşünmesi aldatma sayılmıyor muydu? Bal gibi de sayılıyordu işte. Aldatmanın sadece fiziksel olmadığını, aldatmanın sadece seks demek olmadığını bütün dünya kabul etti artık, Bora da kabul ediversin bir zahmet. Aylarca beni Gizem'den ayrılacağım diye oyalarken bal gibi de aldatıyordu o kızı benimle.

Mantığım, Bora bunu hak etmişti derken, kalbim nedense tuhaf bir şekilde kırılmış hissediyordu kendini. İntikamsa intikam, aldım işte. Ama kalbimdeki bu sıkıntı niye? Sanırım Okan'ın geri zekâlılığı yüzündendi bu kendimi kötü hissetmem. Yanılmışım! Suçluluktan bu şekilde hissediyormuşum. Birkaç hafta sonra Bora'nın da ısrarıyla ve yine alkolün etkisiyle dayanamayıp o geceyi Bora'ya olduğu gibi anlatacaktım. O gece bir anlık zaaf ve sarhoşluğunda verdiği cesaretle yaptığım hatanın bütün ilişkimizin temelini en başından çürüteceğini, Bora'nın birlikte olacağımız dört yıl boyunca bu travmayı hiçbir zaman atlatamayacağını, yıllar sonra beni terk ederken bir gram bile pişman olmamasının sebebinin bu olay olacağını bilmeden anlatacaktım hem de.

Kendime not: Aldatma.

Ağlamanı Hiç İstemiyorum,
Çünkü Ağlayınca Çok Çirkin Oluyorsun

2 gün sonra...

Yaşım itibarıyla pek de görmüş geçirmiş bir insan sayılmam ama şu kısacık ömrümde şunu anladım ki aldatılırken yakalamaktan daha kötü tek şey aldatırken yakalanmakmış. İşin aslı; düşüncesi bile korkunç aldatılmanın. İnsanın tüylerini diken diken eden, ayak serçeparmağını masanın kenarına hızlıca vurmuş hissi veren hastalıklı bir düşünce, insanı paranoyak olmaya sevk ediyor. Kadın ya da erkek olmak önemli değil, eminim ki hiçbirimizin kişiliği kaldıramaz aldatılmayı. "Acaba bende eksik olan neydi?" düşüncesinin yerini, "Onda bende olmayan ne vardı ki fazladan?" alır bir süre sonra. Bunları düşünmekten aldatılmanın delirtici ıstırabının farkına bile varamazsın. Hep aklına bilmediğin, tanımadığın o insan gelir.

Nasıl biriydi acaba? Güzel gülümsüyor muydu? İlk sevişmeleri nerede oldu, benim hakkımda hiç konuştular mı ve bunlara benzer bir sürü cevapsız soru.

O yüzden bir bok yiyorsan senin huzurun için bu işin tek bir çaresi var; yakalanmayacaksın. Ne yapıyorsan gizli saklı yapacaksın, hem kendinin, hem karşı tarafın iyiliği için. Bir seçenek daha var tabii: Aldatmamak. Ama bu, günümüzde pek geçerliliği olan bir şey değil, öyle ya da böyle, eğer bir ilişkinin içindeysen, aldatmanın ucundan da olsa tadıyorsun bunu. Ufak bir flört bile yeri geldiğinde aldatma olarak yorumlanabilir zaten. Sevgi sahiplenme değil midir?.. Birbirinizi sahiplendikten sonra, ufak flört de aldatmadır, pahalı bir otel odasında çatır çatır sevişmek de. Hem etraf bu kadar yakışıklı erkek doluyken ve *skinny jean* hâlâ modayken aldatmamak galiba biraz zor.

Bora'yı daha ilişkimizin başında bir kere aldatıp, güvenini bir kere kırdığımdan benim işim rahat aslında. Nasılsa adam ilişkinin başından beri huzursuz, en baştan beri güvenmiyor bana ve bu boku daha sevgili olmaya başladıktan iki saat sonra yediğimden garibim herhalde, "Daha beteri gelemez başıma" diye düşünüyor olmalı. Gerçi benimki de ayrı bir salaklık. Sen kalk, adamı neredeyse burnunun dibinde aldat, iki gün sonra da ağlayarak neredeyse itiraf ettirsin sana. Aslında olay tam olarak öyle gelişmedi. Tam itiraf sayılmaz, biraz tecrübesizliğimin kurbanı oldum. Hem yaşım kaç olursa olsun, bir erkeği aldattığımı kendim itiraf edecek kadar da aklımı yitirmedim henüz.

İlişki konusunda acemi olduğumdan bu konularla ilgili hiçbir taktik, kural bilmiyorum tabii. Aylardır peşinde koştuğum Bora'yla nihayet birlikte olmaya başlayınca sevinçten adımı bile unutmuş haldeydim. Aşktan yemek yemeyi unutup, yesem bile sıçmayı unutur bir haldeyken de e-mailimi temiz tutmam gerektiğini akıl edememişim. İlişkinin cicim aylarındayız ya, Bora'ya yaranacağım ya, istemeden şifre vermeler mi dersin, güvenini kazanmak için telefonu ortada bırakmak mı dersin, ne gerekiyorsa yapıyorum bu günlerde. "Nasılsa bir şey bulamaz, çünkü bir şey yapmadım" diye düşünüyorum sürekli. Zaten onu aldatma maceram o kadar salakçaydı ki ben bile unutmuşum.

Fakat asıl yaptığım salaklık Bora'yı aldattığım tıynetsizle mailleşmiş olmam. 2000'li yıllara gelmişiz, millet uzaya çıkıyor, cep telefonları dünyayı ele geçirecek, bilgisayarlar dile gelip, "Domal ulan" diye emir verecek neredeyse, ama ben emekli memur baba gibi hâlâ mail yazıyorum, cevaplıyorum. Bora'nın telefonumda bir mesaj görüp yakalamasına çok bozulmazdım da, böyle gerzekçe bir şekilde yakalandığım için kendime kızıyorum aslında. Sen adamı burnunun dibinde aldat, ama kalk Bill Gates'in bile artık yüzüne bakmadığı Hotmail'de yakalan.

Nereden bileyim Bora'nın hastalık derecesinde detay manyağı olduğunu. Nereden bileyim çöp kutusundaki mailleri bile okuyacağını? Bilsem hiç dangalak dangalak konuşur muydum o salakla? Girdiğimiz muhabbet de hiç öyle "sevgilisini aldattığı için pişmanlıktan geberen kız" muhabbeti olmadığından Bora yakalayınca iki kat sıçtı ağzıma tabii. Hayır sen madem adamı aldattın, sonrasında, "Sen hiç içme bi daha, kıçın başın ayrı oynuyo hahaha" yazan hayvan adama niye, "Niye öyle dedin, yoksa düzgün öpüşemedik mi lan?" diye cevap yazıyorsun ki? Bırak onun ayılığı olsun, sen hanımefendiliğini koru, aldatmanın pişmanlığıyla da ne bok yiyorsan ye.

Aldatıldığını öğrenen bir insan nasıl davranır? İkisini de öldürmek ister herhalde önce, sonra da üzüntüden kendini öldürmek ister, daha sonra ölümün çare olmadığını anlayıp kızgınlıktan kırgınlığa doğru uzun bir yolun içinde bulur kendini. Öyle oluyordur herhalde, Bora onu aldattığımı öğrendiğinde ben bunların hiçbirini bilmiyordum. O beni aldatınca öğrendim bunların hepsini.

Bora'nın onu aldattığımı öğrendiğinde verdiği tepki normalden de öte biraz garipti aslında. Ortalığı kırıp dökmedi, üzerime yürümedi, hatta bağırmadı bile... Tabii bu tepkisizliğin ilişkimiz boyunca bana asla güvenmemesi olarak geri döneceğini hiç mi hiç anlamıyordum. Seneler sonra anlayacaktım...

"Pelin, ben o gece yanınızdan ayrıldıktan sonra Okan'la ne yaptınız?"

"Şimdi niye soruyorsun ki bunu, ne alakası var anlamadım, hem ne yapıcaz, oturduk biraz kalktım ben sonra."

"Peki çok mu içtin o gece?"

"Yoo, hemen eve geldim zaten."

"Sarhoş değildin, ayıktın yani."

"Amma soru sordun, ayıktım, hemen eve geldim, çok oyalanmadım diyorum sana."

"Onu anladım, hemen eve geldin. Ama öpüşecek kadar vakit bulmuşsunuz?"

İşte o an anladım yer yarılması ne demek ve o yarığın içine balıklama atlamak nasıl oluyormuş... Zaten ben o an inkâr etsem gerzek hormonlarım inkâr edemiyor; yüzüm anında patlıcan gibi morardı, elim ayağım titremeye başladı. Ulan erkek milleti yatakta başka kadınla yakalanır, "Dur bir saniye, açıklayabilirim!" der ve o durumu bir şekilde açıklar. Ama kadın olunca hiçbir duyguyu saklayamıyorsun ki fiziksel olarak.

Ama yine de başkaları tarafından her suçlandığımda yaptığım gibi bunu da inkâr ettim. Hatta üste bile çıkmaya çalıştım beni böyle bir şeyle suçladığı için. Fakat Bora gayet sakin bir şekilde, suçluyu beyaz ışık altında sorgulayan kalpsiz dedektifler gibi sorularını art arda sıralamaya devam etti. Ve bir anda Amerikan filmi sahnemiz Bora'nın, "Annenin ölüsünün üzerine yemin et" demesiyle *Davaro*'daki mahkeme sahnelerine dönüverdi. Ulan sevgilisinin onu aldatıp aldatmadığını, "Yemin çek, iki gözüm önüme aksın de, kıçını kaşı, tahtaya vur, kurban kes" diye öğrenmeye çalışır mı insan? Bazen diyorum iyi ki aldatmışım şu salağı, bazen ama her zaman değil.

Dinle tek alakası kurban bayramında fazla fazla et yiyeceğim diye sevinmek olan biriyim ben, yani bu yemin işleri bana işlemez sanıyordum. Ama Bora işin içine annemi katınca nedense kaypaklığımdan eser kalmadı. İster din korkusu, ister *karma*, ister *secret*... Bunun adı ne olursa olsun annemin ölüsünü öpmeye içim hiç de elvermedi. Başta biraz tereddüt ettim ama baktım "evet seni aldattım" dersem daha başlamadan bitecek bu ilişki. Çocukken yaptığım gibi tek ayağımı havaya kaldırıp yemin edersem yeminin geçerli olmayacağına inanıp annemin üzerine yemin ettim.

"Bora yemin ederim aldatmadım seni. Ekmek Kuran çarpsın ki. Yapmadığım bir şeyi sana itiraf edemem."

"Bana annenin üzerine yemin ettin, ben başka bir şey söylemiyorum o zaman."

"Bora şuradan şuraya gitmek nasip olmasın, en sevdiğimin ölüsünü göreyim ki yapmadım. Neden inanmıyorsun bana?"

Onu, aldatmadığıma inandırmak için coştukça coştum, bir anda imana geldim. Bildiğim tüm Arapça kelimeleri art arda sıralayıp yemin ettim, secde etmeye bile çalıştım. Bir ara "maşallah!!" diye bağırmış bile olabilirim.

"Ulan Allah senin belanı versin hayvan karı. Gözümün içine baka baka annenin üzerine yemin ediyorsun, ikinizin de anasını sikeyim ben ya, nerden çattım ben sana, Allah kahretsin seni."

"Vallahi billahi ben bi şey yapmadım Bora, ekmek musaf Kuran her şey çarpsın, parmaklarım yapışsın birbirine bak."

"Yapışsın da o orospu çocuğuyla mailleşeme bir daha."

Öpüşecek vakit bulmuşsunuz derken tahmin etmiştim maillerimi okuduğunu ama açık açık söylememişti, blöf yapıyor sanmıştım; fakat o an maillerimi okuduğunu kesin olarak anladım. Gerçi anlamamak için öküz olmak gerekiyor, açık açık söyledi herif. Ama en kıl olduğum davranış biçimi de bu. Madem elinde kanıtın var, madem biliyorsun çık adam gibi, bağır çağır ne bok yiyorsan ye. İtiraf ettirmeye çalışmalar, sorgulamalar, kıstırmalar fazla alçakça değil mi? Bendeki yüzsüzlük de kimsede yoktur herhalde. Hem aldatmışım, hem yakalanmışım, üstüne bir de özür dileteceğim neredeyse. E ama o da girmeseydi mailime. Cehalet mutluluktur diye boşuna dememişler. Ne kadar az şey bilirsen o kadar mutlu olursun. Bora da ben de bunu köpekler gibi bilmemize rağmen bir türlü uygulayamayanlardandık işte. Herkes gibiydik yani...

Üste çıkıp kaypaklık yapmanın, bana bir şey kazandırmayacağı noktaya geldiğimi anlayınca ikinci silahımı kullanmaya karar verdim: Deli gibi ağlamak. Ağlayan bir kadın karşısında katılığını koruyabilecek erkek olmadığını bildiğimden sümüklerimi saça saça ağlamaya başladım.

Bu kadar ağladığımı gören Bora bu konuyu fazla dallanıp budaklandırmadı. Hayatımın en kısa ve net ayarını verdi sadece. Saçımı okşayarak "daha yaşımın küçük olduğunu, her insanın böyle hatalar yapabileceğini, önemli olan bundan sonra yapmamam gerektiğini" söyledi. Ve hemen ardından ekledi.

"Hadi sil şu gözünün yaşlarını. Senin hiç ağlamanı istemiyorum, çünkü ağlayınca çok çirkin oluyorsun."

Mutluydum o an. Bu berbat durumu az bir hasarla atlattığımı sandım o zamanki kafamla. Fazla patırtı gürültü kopmadığı, Bora da benden ayrılmadığı için şanslı olduğumu düşündüm. Keşke onu aldattığımı öğrenir öğrenmez ayrılsaydı benden. Ben de aldatmanın ne kadar kötü bir şey olduğunu o zaman öğrenseydim. Keşke Bora bu olayın ardından yanımda kalıp, bana bir gün bile güvenmeden ve bana asla güvenmediğini hissettire hissettire yaşamasaydı benimle. İki gün ağlar, üçüncü gün unuturdum ayrılsaydık.

Keşke Bora benden intikamını, beni, gözümün içine baka baka aldatarak almasaydı yıllar sonra. Keşke ben biraz daha salak olsaydım da anlamasaydım beni aldattığını. Ya da o birazcık daha akıllı olsaydı da yakalanmasaydı canım, her şeyi de kadınlardan beklememek lazım!

Kendime not: Sana sevgilini aldatma demiyorum. Aldat ama sakın yakalanma.

Iron Maiden

Her ne kadar aklıma getirmek istemesem de, hep inkâr etmeye çalışsam da Bora'dan önce maalesef bir sevgilim oldu. Bora ilk erkeğim değildi. Mehmet Emin'e ne kadar sevgili denebilirse artık... Ama ne olursa olsun, Mehmet Emin ilişki tarihimin en başında, beyaz bir tişörtün üzerine sıçramış domates lekesi gibi duruyor işte. Aslında gerçek bir ilişki adına pek çok ilki Bora'yla yaşıyorum. Mesela ilk kez bir erkeğin beni makyajsız görmesine izin veriyorum, hayatımda ilk kez bir erkeğin karnını öpüyorum, ilk kez bir erkekle uyuyor, bir erkekle uyanıyorum. İlk kez dişlerimi fırçalamadan bir erkeğin ağzının içine kadar girip, "Günaydın" diyorum.

Uyuyoruz, uyanıyoruz dediğime bakmayın. Yatakta gerçekten de tek yaptığımız bu. Şimdilik! Karışan görüşen yok, rahatsız eden yok, işyerine de yakın diye Bora benim evi iyice mesken belledi kendine. Yaz aylarında yaptığımız gibi o işten, ben okuldan gelince birlikte yemek yiyor, televizyon izliyor, sonra da kardeş kardeş uyuyoruz. Çünkü ben demirden bir bakireyim!

Demirden olmasam da, bakireyim sonuçta. Bora da bunu en başından biliyor. Biraz ateşli bir öpüşme sırasında eli sutyenimden içeri doğru sızmaya çalışınca elini hızlıca tutmuş, bütün semtin duyabileceği bir şekilde, "Bora lütfen yapma... Henüz kendimi hazır hissetmiyorum ilişkiye girmek için" diye bağırdığımda anlamıştı bakire olduğumu. Efendi çocuk işte, o günden beri bir daha en ufak bir girişimde bulunmadı, en ufak bir baskı yapmadı bana. Bora, efendi olmasına efendi de de, ben pek değilim artık. Yavaş yavaş kafamda bu meselenin bir şekilde çözüme kavuşmasını istemeye başlamıştım.

Bütün yaşıtlarım lise sonda ya da üniversitenin ilk senesinde kaybetmişti bekâretini. Hepsi yaşadıklarını ballandıra ballandıra anlatırken ben sadece dinlemiştim. Yapmak istemediğimden değil, yapacak kişi bulamadığımdan hâlâ bakireydim aslında. İlk sevişmemin Mehmet Emin'le olduğunu hayal ediyorum da, kendimi Ankara'nın meşhur üst geçitlerinden birinden aşağı atıverirdim herhalde.

Çevremdeki bütün kızlar bekâretlerini tıkır tıkır kaybederken bir de bunu anlatmaları çok garibime gidiyordu. Lise döneminde kızların kafası bir garip çalışıyor sanırım. Sonrasında da bu garip düşünce tarzından kurtulamayan, kendine güvensiz kadınlar olup çıkıyorlar. O dönemlerde, bir erkeğin kendisine ilgi duymasını bütün dünyaya duyurmak istiyor ve bunu büyük bir başarı olarak görüyor bazı kızlar. Erkekler zaten o dönemlerde ve ondan sonraki tüm zaman dilimlerinde neredeyse nefes alan her dişiye aynı ilgiyi gösteriyorlar. Kızların bunu o yaşta anlamaları mümkün olmasa da, koca koca kadınların, iş güç sahibi olmuş, belli bir statüye gelmiş kadınların bile "erkek ilgisi"ni bir maharetmiş gibi saymaları gerçekten çok acıklı. Çevrende ne kadar erkek varsa o kadar popüler değilsindir, sadece bacak aran popülerdir.

Ben lise yıllarından beri Ankara'daki okula gitmeye kafayı taktığımdan bu erkek, aşk meşk işlerinde pek gözüm yoktu arkadaşlarımın aksine. Her gün birisi yanıma oturur, sanki kimse bana bakmıyormuş, kimse benimle bu tür şeyleri yapmak istemiyormuş diye düşündüklerinden olacak ki, hormonları aç bir kurt gibi azmış liseli erkeklerle ne haltlar yediklerini anlatırlardı. Okulun arka bahçesinde gizlice öpüşenler mi, okul çıkışı serviste sutyenini ellemesine izin verenler mi, neler neler. Hem okula odaklandığımdan hem de ilk cinsellik deneyimimin çok özel olmasını istediğimden gayet istikrarlı ve kendinden emin bir şekilde bu işlere hiç bulaşmadım.

Fazlaca Amerikan dizisi izlediğimden, ilk ilişkim mumlar ve düzinelerce kırmızı güller arasında olsun diye hayal ettim hep safça. İyi ki de öyle hayal etmişim. Sınıfımızda bizlerden bir yaş büyük Emel isimli kızın başına gelenlerden sonra bu yarım akıllı özenti halime çok şükrettim. Emel'in okul müdürünün yardımcısının oğluyla, bütün okulun bildiği bir ilişkisi vardı. Bizler üzerimize okul formasından başka hırka giyemezken Emel istediği hırkayı giyer, hiçbir hoca da sesini çıkarmazdı. Okulda öyle bir otoritesi vardı işte Emel'in. Okulda bütün kızları etrafına toplar, meşhur sevgilisiyle neler yaptıklarını ballandıra ballandıra anlatırdı. Emel'in meşhur taktiği "o şey haricinde her şey"di. Tam birleşme hariç her haltı yer ama övünerek bekâretini nasıl koruduğunu anlatırdı. O yaşta bile ona, "Ulan geri zekâlı, başka bir erkek vücudunun her yerini gördü, her yerine dokundu, her boku yediniz ve sen ileride kocanın koynuna 'bakire'yim diye gururla çıkacaksın değil mi? Yazıklar olsun senin kadınlığına" deyip tükürmek isterdim suratına. Zaten kısa bir zaman sonra Emel bu ikiyüzlülüğünün cezasını çok acı bir şekilde çekti.

Okulların kapanmasına kısa bir süre kala "Emel'in pornosu çıkmış" diye bir dedikodu yayılmaya başladı okulda. Tabii o zamanlar, ne herkesin evinde bilgisayar var ne de internet bu kadar hızlı. Sınıftaki üç-beş kız hemen sınıfın en boşboğaz erkeğini sıkıştırıp işin aslını öğrendik. Tam da bir erkekten beklenen çirkinlikteki elyazısıyla kargacık burgacık bir şeyler karaladı bir kâğıda. Pornonun olduğu internet sitesinin adresi. Öğle tatilinde üç salak liseli kız bir internet kafenin yolunu tutup kâğıtta yazan adresi acele hareketlerle yazdık bilgisayar ekranına.

O zamanlar hayat bir ergen için gerçekten zordu. Ne *Youtube*, ne *Porntube*, hiçbir şey yok. Gerçi şimdiki gibi yasak da değildi porno siteler, o avantajımız vardı. Ama bağlantı yavaş olduğu için sadece resimlere bakardık, videoların yüklenmesi büyük meseleydi. Çocuğun verdiği adresi girer girmez en sapık Çinlinin bile girmeyeceği kötülükte bir porno siteye girdik. Ama ne kadar kötü bir site! Sağından solundan reklamlar fırlıyor, internet kafe bilgisayarı zaten yavaş, sağdan soldan insanlar geçip duruyor, bir masaya üç kişi oturmaya çalışmışız, porno izlemek için gereken yalnızlık, sessiz bir ortam gibi hiçbir şart yerine getirilmemiş, baştan aşağıya rezalet.

Zor da olsa Emel'in pornosu olduğu iddia edilen videoyu açmayı başardık. Maalesef videodaki kız gerçekten Emel'di. Sevgilisinin evinde, eski, kırık dökük bir çekyat üzerinde iş çamaşırlarıyla duvara doğru eğilmiş duruyordu. Sevgilisi buna hallenmeye çalıştıkça, "Sülüüyyymaann, yapma Sülüyymannn" diye garip inlemeleri duyuluyordu Emel'in. Görüntü kalitesiz olsa da çiftin onlar olduğu gayet açıktı. Biz durumu iyice anlayalım derken sesi fazla açmış olacağız ki, internet kafenin sahibi amca utançtan kıpkırmızı olmuş bir şekilde, "Ahlaksızlar, kız başlarına yaptıkları şeye bak! Çıkın dışarı" diye bir hışımla bağırıp internet kafeden kovdu bizi.

Bizim bile gördüğümüz görüntülerden sonra olay büyüdü, kızın ailesinin kulağına gitti. Emel de okulda kalamadı tabii. Olayın ardından, önce bir süre okula gelmedi, sonra da bilmediğimiz bir yere taşındılar. Sırf erkeklerle olan ilişkilerini bizlere anlatabilmek için bu kadar cüretkâr olabilen Emel, gerçekten de "o şey haricinde her şey"i yapmıştı. O iş hariç, ama tüm hayatı yok oldu gitti.

Arkadaşlarınızdan duyup hayretler içerisinde kalabileceğiniz böyle bir hikâye tam yanı başımda gerçekleştiğinden, bu işlere karşı iyice mesafeli yaklaşmaya başladım. Bir gün benim de, süngerleri fırlamış bir divanın üzerinde, "Sülümaan Sülümaaan" diye inlerken çekilmiş görüntülerim ortaya çıkabilir diye, tüm lise hayatım boyunca değil cinsellik, ikili ilişkilerden bile uzak durdum.

Lise hayatımda bilerek, üniversite hayatımda ise özel olmasını istediğim için mesafeli durduğum cinselliği Mehmet Emin salağıyla da yaşayamayacağıma göre kendimi özel biri için, yani Bora için saklamış oldum. Emel durumuna düşmemek için de "o şey haricinde her şey" ikiyüzlülüğüne hiç girmedim. Zamanını bekledim. Ve Bora'yla bugüne kadar cinsellik adına yaşadığım tek şey öpüşmek oldu. Şimdi Allah biliyor ya, senelerdir de bir tek onu yapınca iyice uzmanlaştım öpüşme konusunda. Diğer konularda ise bilgi birikimim ise koca bir sıfırdı. Porno izlemekle cinsellik öğrenilir mi hiç? Dil bile dile değmeden öğrenilmez demiş atalarımız, et ete değmeden sevişmek öğreniliyor mu sanki?

Bora, bakire olduğumu bildiğinden veya hissettiğinden, doğası gereği de aşırı anlayışlı bir erkek olduğundan eksik olmasın hiç zorlamıyordu beni. Artık ilişkimize cinselliğin de dahil olmasını istesem yine de bu konulardaki bilgisizliğimden dolayı hafiften tırsıyordum. Neler neler duyuyoruz sonuçta. Hayır hayır, korkum Bora'nın çükünün içimde kırılıp beni öldürmesi falan değil. "Ya hoşuna gitmezse? Ya hoşuma gitmezse?" diye korkuyordum. Çünkü benim ilk ilişkim Emel'inkinden ve çevremdeki birçok kadınınkinden farklı olacak, çok özel olacak diye tasarladım durdum hep kafamda ama, ya daha kötüsü olursa? En iyisi bu konuda internete danışayım dedim ama biraz araştırma yapmaya kalkınca uçsuz bucaksız uçurumlara sürüklendim. Sanki ülkedeki tüm kadınlar yememiş içmemiş "ilk gece" hakkındaki deneyimlerini yazmışlar. Adı üzerinde "zevk" almaya dayalı bir olayı, neden sanki herkes aynı şeyleri hissetmek zorundaymışçasına tek bir düzene bağlı gibi düşünüp araştırmaya kalktım ki sanki?

İşin kötüsü bu konulardan uzak duracağım diye diye kimse de kalmadı etrafımda bu konuları konuşabileceğim. Yine derdimin dermanı olsa olsa internettedir diye çaresizce arama motoruna, "İlk gece çok kanar mı?" diye soru sorarken buldum kendimi. İnternet bu, doğru bilgi bir taneyse yanlış bilgi on beş tane. Yazılanlara göre kanamak ne demek, kan kaybından bile ölme ihtimalim varmış. Acır mı diye soruyorum, karnıma sabaha kadar kramplar girermiş. En son, ilk gecelerinde, gelinin karın deliğine çükünü sokmaya çalışıp kadının karnını parçalayan salak damat haberini okuduktan sonra bu işi güdülerime bırakmanın en iyisi olacağına karar verdim. Uzun süre düşünüp, bu işi Bora'dan başkasıyla yaşamak istemediğime kesin olarak karar verdikten sonra hazırlıklara başladım. Ayak parmaklarımın üzerindeki sinir bozan ufak tüycüklere kadar vücudumun her noktasına ağda yaptırdım, minik bir servet harcayıp en kalitelisinden seksi iç çamaşırları aldım. Eve de ufak çaplı bir yangın çıkarabilecek kadar mum, botanik bahçesine döndürecek kadar çiçek ve gevşememi sağlayacak şişelerce kırmızı şarap... Bora'nın doğum günü de yaklaşmışken planımı devreye soktum. Hem bundan uygun bir gece de olamaz. Bir taşla iki kuş vuracağım. Hediye almak zorunda da kalmam. Kendimi sunmuşum Bora'ya, daha ne hediye vereceğim?

Bora'nın doğum gününe kadar bu olay dışında hiçbir şey düşünmedim. Aslında bir hafta boyunca, "Acaba nasıl olacak?" diye hayal kurmak dışında hiçbir şey yapmadım desem yeridir. Doğum günü geldiğinde de bir gece önce yaptığım, "Doğum gününde benim evde sana yemek yapacağım" teklifimi kabul etti. O kadar iyi niyetli ki Bora, sevişmeyi gerçekten düşünmediğine eminim. Ama her ne olursa olsun sonuçta o da bir erkekti ve cinsellik olmadan bir ilişkiyi daha ne kadar götürebilirdi, bu konuda hiçbir fikrim yoktu.

Beklenen gece geldiğinde Bora bir çocuk kadar şen, kapımda belirdi. Doğum günü çocuğunu elimden geldiğince şımartmaya söz verdim içimden. Kapıdan girdiği andan itibaren daha gak bile demeden önünde her şeyi hazır ettim. Yemek, içki, müzik her şey mükemmeldi. Alkol beni rahatlatır, en azından kafam dağılır ümidiyle biraz çakırkeyif oldum o gece. Bora'nın elinden tutup, hediyesi için yatak odasına gitmemiz gerektiğini söyledim. Hiç itiraz etmeden kalktı, el ele yatak odasının kapısından girdiğimizde gece için özel olarak seçtiğim, sağ taraftaki fermuarını açar açmaz üzerimden yere dökülen siyah ipek elbisemi tek hamlede indirip yarı çıplak kaldım Bora'nın karşısında. Ağzını açıp bir şeyler söyleyecek gibi olduysa da ellerimle dudaklarına bastırarak susturdum. Bu gece biz değil, vücutlarımız konuşacaktı.

Bora'nın dudakları boynumdaydı. Eli omuzlarımdan yavaşça belime doğru geldiğinde ise bu iş için bu kadar zaman beklediğime bir kez daha şükrettim. Daha parmak ucuyla içimi titreten bu adamdan başkasına dokunmadığım, başkası da bana dokunmadığı için çok şanslı hissediyordum kendimi. Vücudumu Bora'nın güzel ellerinin parmak uçlarıyla keşfetmeye başlamasının zevki inanılmazdı. Yatağa geçtiğimizde tüm araştırmalarım, öğrenme amacıyla izlediğim pornolar aklımdan uçup gitmişti sanki. O an bütün dünya durmuştu, sadece ikimiz nefes alıyorduk, ikimiz öpüşüyor, ikimiz gülümsüyorduk birbirimize. Sanki yıllardır birbirimizi tanıyor, yıllardır sevişiyor, yıllardır birbirimizin vücuduna dokunuyormuş gibi hiç durmadan, saatlerce seviştik o gece. Ne anlatılanlar ne de korktuğum gibi oldu. Her şey o kadar doğal, o kadar olması gereken gibiydi ki, o kadar birbirimize aittik, o kadar tek vücuttuk ki o gece...

Bayağı bir zaman sonra baktım Bora'nın çükü içimde kırılmadı, acıdan da ölmedim, hatta çok zevk bile aldım, niye bu gece burada bitsin ki diye hamlemi tekrar yapmıştım ki Bora sımsıkı sarıldığı vücudumu bir anda bıraktı, yatakta yarı beline kadar doğruldu. Suratı gecikmiş aidatı isteyen apartman yöneticileri gibi ciddileşti, aha dedim şimdi sıçtık. Herif hiç zevk almadı, şimdi kalkacak gidecek yataktan, kendi kendime rezil rüsva olacağım çırılçıplak halimde. Korkudan ben de yerimde doğruldum ve o filmlerdeki meşhur hareketi yaptım. Çarşafla göğüslerimi kapadım! Hep dalga geçerdim dizilerde, filmlerde bu sahneyi görünce. Daha yarım saat önce çatır çatır sevişmişsin, ne diye şimdi saklıyorsun memişleri der, güler geçerdim. Ama insan gerçekten de o olay bitince kendini biraz saklama, hafif bir gizlilik istiyormuş. İlk sevişmemizin üzerinden beş dakika geçmeden Bora ciddileşince bir anda, ben de haliyle toparlanma ihtiyacı hissettim. Terk edileceksem de bunu memelerimin önünde yapmasın isterdim doğrusu.

"Pelin, ben sana bir şey söylemek istiyorum."

"Efendim sevgilim?" (Araya duygusallık katayım ki, terk edemesin beni.)

"Benimle evlenir misin?"

"Ne?"

"Evlenelim diyorum."

"Bora şaka mı yapıyorsun? Nerden çıktı şimdi evlilik?"

"Hayır, çok ciddiyim. Ben bu gece anladım ki senden başkasıyla olmak istemiyorum hayatımın sonuna kadar. Sanki... Sanki yıllardır seninleymişim gibi, sanki bütün hayatım boyunca seni beklemişim gibi..."

"Bora bir sakin ol, bakire olduğum için, ilk kez seninle seviştiğim için, suçluluktan mı söylüyorsun sen bunları?"

"Yuh Pelin ya, bunu mu anladın söylediklerimden?"

"E ilk bakışta öyle anlaşılıyor valla."

"Alakası bile yok. Zaten aklımdaydı bu söyleyeceklerim de, 'Erken mi acaba?' diye düşünüyordum. Ama bu gece yaşadıklarımızdan sonra, bu geceki mutluluğumdan sonra daha fazla içimde tutmak istemedim."

"Sabah konuşalım bunları, bence şu an sırası değil. Hadi uyuyalım artık."

"Uyumasak?"

Bora o gece ve ondan sonraki dört yıl boyunca hemen hemen her gece yatağa yattığımızda, dünyanın en şirin ifadesini suratına takınarak, "Uyumasak?" diye sordu. Ve biz de hiç uyumadık.

"Bekle. Senin bedenin sana aittir. Onunla ne yapacağına, kimin dokunmasına izin vereceğine çevren değil, sen karar verirsin. Yaşadığın şartlar ne gerektirirse gerektirsin, mecbur hissettiğin, statü kazanmak istediğin, zorunlu sandığın için değil, sen istediğin için, senin için gerçekten 'özel' olan bir insanla yaşamalısın cinselliği. Bekâretinden, vücudundan utanma, bilmediğin şeyler için de kendini hiçbir zaman sorumlu hissetme. Yaşayarak öğren."

Kendime not: İç çamaşırına bir servet yatırmana gerek yok. Zaten üzerinde maksimum 30 saniye bile kalmıyorlar.

Kaz Tüyü Yelek

Bir ilişkide iki tarafı birbirine sımsıkı bağlayan, yaklaştıran olaylar vardır ve bu olaylar iyi ya da kötü olabilir. Çok şükür Bora'yla bizi birbirimize bağlayan kötü değil, aksine çok iyi bir olaydı; ilk sevişmemiz...

Zaman zaman bakire olduğum için bu kadar üzerime düşüyor, bunun bedelini ödemeye çalışıyor diye düşünsem de Bora aslında sevişmemizden önceki Bora'ydı. Değişen ben olmuştum. Sevişmemiz rüya gibi, o kadar güzeldi ki, hiç bitsin istemedim. O gece bitmedi, ertesi gün hafta sonu olduğu için yine bitmedi, sonraki gün yine bitmedi. Mesai ve okul vakti geldiğinde mecburen çıktık yataktan. İşte hayatın acı gerçeğiyle o zaman yüzleştim. Normal hayat ne kadar da sıkıcıymış!

O günden sonra okulda, yolda, markette hiçbir yerde mutlu olamıyor, hep evde Bora'yla dudak dudağa, el ele yatmak, sevişmek istiyordum. Garibim de ben ne dersem itiraz etmeden yaptığından sesini çıkarmıyordu. Zaten bir erkek olarak yirmi dört saat sevişmek isteyen bir sevgilisi olunca nereye sesini çıkarıyor. Bora istedi bir göz, Allah verdi iki göz. Fakat tüm bu güzel anlara rağmen yine de bir süre sonra yemek yiyip, sevişmekten başka hiçbir şey yapmadığımızı fark edince bu durumdan biraz rahatsız olduğumu söyledim kendisine. Yoksa hakkımda filmlerdeki evde kalmış Ayşen Gruda gibi, "Aaaaaaaa seksomanyak ayol" diye konuşmaya başlayacaklar. Bora da beni şaşırtmadı; her zamanki gibi haklı olduğumu, hayatımızda biraz değişiklik yapmanın bize iyi geleceğini ve hafta sonu beni çok güzel bir yere götüreceğini söyledi.

Pikniğe!

Keşke hemen ayrılsam senden Bora. Keşke hemen şu an unutsam seni. Gördüğün gibi anında unutabilirim güzel sevişmeni. Merhaba baba, hoşça kal romantik sevgilim Bora. Ne işimiz var piknikte bizim, ne pikniği bu? Kendisine yumurta haşlamamı mı bekliyor yoksa? Pikniğe bir lise biterken gidilir sınıfça toplaşılıp, bir de yeni emekli olmuş baba çok zorlarsa gidersin. Gencecik bir adam, değişiklik niyetiyle niye pikniğe gitmek ister ki? Piknik manyağı mısın Bora ya? Neyse, demek ki Bora'nın eğlence anlayışı da buymuş, bu vesileyle öğrenmiş olduk. O da haklı aslında, herkesin ailesi benimki kadar çevreci olmuyor tabii. Yıllar boyunca oradan oraya taşınırken tutacağımız evlerin hep tek bir özelliği vardı: Bahçeli olması. Her hafta sonu o bahçede mangal yakar, dağa tepeye çıkmadan piknik, doğal ortam, barbekü ihtiyacımızı karşılardık. Babam emekli olana kadar da hiç pikniğe gitme ihtiyacı duymamıştık. Adam emekli oldu olalı bahçelere sığmaz oldu, şehir hayatı sıkmaya başladı. Her hafta sonu bizi arabaya tıkar, saatlerce yol gittikten sonra Allah'ın unuttuğu bir ormanlık bölgede, güçlükle akan boklu bir derenin kenarında piknik yapardık. Sinekler, böcekler, belki kertenkeleler eşliğinde yemek yemek bana işkence gibi geldiğinden hiçbir zaman sevmedim piknikleri. Ama şansa bak ki sevgilimin eğlenceden, değişiklikten anladığı ilk şey piknik çıktı. Büyük lokma yiyeceğim, bir buçuk kiloluk köfteyi ekmekle beraber ağzıma tıkacağım ama büyük konuşmayacağım bundan sonra.

Benim evde piknik sepeti olmadığından, olsa bile piknik için kılımı bile kıpırdatmayacağımı bildiğinden, Bora bütün hazırlığı kendisinin yapacağını söyledi. Piknik sevdalısı olan o, ben değilim. Evinde piknik sepeti bile bulunan, okumuş, işinde gücünde, hem romantik, hem iyi sevişen hem de yakışıklı bir sevgilim olduğuna inanamayarak hazırlandım piknik için. Normalde hiç giymeyeceğim kıyafetleri sırf pikniğe gidiyoruz diye giydim. Aynaya baktığımda kendime bile biraz rüküş gelsem de, pikniğe gidiyoruz sonuçta, defileye değil. Rahatlık ön planda olmalı.

Bora her zamanki gibi beni almaya, dediği saatten on dakika önce geldi. İnsan değil çalar saat. Bu kadar dakik nasıl olabiliyor, aklım almıyor. Neyse ki bu huyuna alıştığımdan, erkenden hazırlanıp beklemeye başlamıştım. Arabadan bir indi ki gayet normal giyinmiş. Kot pantolonu, üzerinde tişörtü, günlük ayakkabılarıyla gayet sıradan. Bir benmişim gittiği her yer için özel olarak kostüm belirleyen demek ki. Beni maratona çıkacak koşucu gibi takımlar içinde görünce, gülmesini tutamadı.

"Pelin, kutuplara gitmiyoruz, hava o kadar soğuk değil, çıkar o yeleği, ver bagaja koyayım, üşüyünce giyersin."

"E pikniğe gitmiyor muyuz, soğuk olur oralar diye giydim, biz tam olarak nereye gidiyoruz Bora?"

"Yok canım soğuk falan olmaz, piknik gibi düşünme aslında, babamın üye olduğu bir kulüp burası, çiftlik gibi bir şey."

"Ben gidip değiştireyim üzerimi o zaman."

"Yok hayatım boş ver, rahat edersin, iyisin böyle."

Kendimi zengin sevgilisinin ortamına ayak uyduramamış fakir bir kız gibi hissediyordum şu Allah'ın belası yelek yüzünden. Hayır ucuz bir şey olsa gam yemeyeceğim, boru değil kaz tüyü o yelek. Çiftlik, kulüp, babam kelimeleri beynimde dans ededursun, ben orman kenarında mangal yapıp köfte yiyeceğiz diye düşünerek Bora'nın yanında otururken, içeriye özel bir kartla girilen, gayet şık bir çiftliğe geldik. Ve benim üzerimde yeleğimin haricinde, "Biz yeniyiz, bizi daha önce hiç giymedi" diye çığlıklar atan eşofman takımım var! En büyük kabûslarımdan biri gerçek oldu. Gittiğim bir yerde benimle aynı kıyafeti giymiş biriyle karşılaşmak bir, gittiğim yerdeki herkesten farklı giyinmiş olmak iki. Herkes şu an beni işaret edip, "Hahaha kıroya bak, yeleğe bak, gıcır gıcır eşofmanlara bak" diye etrafımda halka oluşturup bana gülmeye başlayacaklarmış gibi geliyor. Nereden bileyim bu manyağın piknik dediği şeyin sosyete kulübünde ağaçların arasında ızgara köfte yemek olduğunu.

Aslında hakkını yememem lazım Bora'nın. Kulübün arka kısmında ağaçların arasında tahta masalar, hamaklar, mangalların olduğu bir bölüm de var. Alışkın olduğumuz pikniklerden tek farkı garsonlar tarafından yakılmış mangalın üzerinde etleri eğer istersen sen pişiriyorsun, istemezsen bu işi garsonlara bırakıyorsun. Cicim aylarında olduğumuzdan ve sanırım Bora, "Bak et bile pişirebiliyorum" mesajı vermek istediğinden garson içeriden özel olarak sipariş ettiğimiz etleri getiriyor o kadar. Canım sevgilim, bir tane bile tavuk söylememiş. Mangalda tavuk yemeyi, mangal kültürüne yakıştıramadığımı hemen sezmiş ve küçük bir orduyu doyuracak kadar et sipariş etmiş. Midemden önce gözüm doysun istedi herhalde. Kulüpte, bize herkese gösterilenden daha fazla ilgi gösterilince biraz işkillendim. Ya babası kulübün sahibiydi –ki o kadar ahım şahım zengin olduğunu sanmıyorum– ya da başka bir sebebi vardı bu kadar ilgi görmemizin.

"Vay, Bora... Buraya çok sık geliyorsun herhalde, herkes seni tanıyor baksana."

"Geliriz ya sık sık, severim ben burayı. İyi geliyor hafta sonları."

"Geliriz? Ailenle mi gelirsiniz? Onlar İzmir'de sanıyordum."

"Hı? Yok, annemlerle değil, arkadaşlarla gelirdik, hem dedim ya, babam üye buraya, İstanbul'a her geldiğinde de uğrar sık sık."

"Hangi arkadaşlarla, ben tanıyor muyum? Onlar da gelseydi keşke tanışırdım."

"Boş ver şimdi onları, önce köfte mi, pirzola mı atayım mangala?"

Bora'nın bu kadar kaçamak cevaplar vermesi şüphelerimi büsbütün artırdı. Sanki benden bir şeyler saklıyor gibiydi. Biraz üzerine gidince, on-on beş dakika trip atıp, surat yapınca, öğrendim ki, eski sevgilisi Gizem'in babası buranın sahibiymiş! Bora'daki pişkinliğe bak. Beni daha yeni terk ettiği sevgilisinin sahibi olduğu mekâna getiriyor. Peki ya Gizem beni gördüyse? O da buradaysa? Köftelerime fare ilacı katıp beni öldürmeye kalkarsa? Ya da garson kılığındaki kiralık katilleri beni tuvalette kıstırıp boğmaya çalışırsa? Bu Bora hiç mi film izlemedi, hiç mi pratik zekâsı yok bu çocuğun, çıldıracağım. İyi güzel âşık maşık, romantiğin önde gideni de, biraz safça galiba. Annesi bunu mağarada falan mı büyüttü herkesten gizleyip. Koskoca adam nasıl bilemez eski sevgilisiyle gittiği bir yere yeni sevgilisiyle gitmemesi gerektiğini. Hele de o yer kızın babasınınsa, on kilometre yakınına bile yaklaşmaması gerektiğini nasıl akıl edemez?

Çok bozuldum ancak yine de belli etmemeye çalıştım. Daha ilişkinin başında trip üzerine trip atıp adamı kendimden soğutmayayım dedim ama dayanamıyorum, suratım düştü, ifadem değişti. Sen görürsün, hele bu ilişki biraz ilerlesin, gerçek Pelin'le o zaman tanışacaksın. Bunları düşünmemeye, kendimi mangalda cızırdayan etlerin kokusuna teslim etmeye karar verdim bir süre sonra. Benim şapşal sevgilim, kırk yıllık ustabaşı edasıyla etleri çevirirken biz her zamanki gibi mangalda pişen etin yanında hangi yiyeceklerin iyi gittiğini tartışıyorduk. O patlıcan salatası derken, ben patates püresinde diretiyordum. Derken, pirzolanın kekiksiz asla yenmeyeceğine ortak karar verince Bora, kulübe kekik almaya gitti. Ben de elimden her iş geldiğini kanıtlamak istediğimden ustabaşının yamağı olarak, çevrilmesine hiç de gerek olmayan köfteleri çevirmeye başladım salak salak.

Köftelerin kokusunu böbreklerime kadar çekip, Bora'yı resmen kasap köftesiyle aldatırken, arkamdan tok bir kadın sesi, "Pelin sen misin?" diye bağırdı. Sese doğru yüzümü çevirdiğimde Gizem ve heybetli götüyle göz göze geldim. Kavga anında her zaman elim ayağıma dolaştığından, tek kelime edemediğimden yine cevap veremedim. Gizem iyice yaklaşıp etrafımızdaki herkesin duyabileceği şekilde, "Kızım sen benim sevgilimi elimden almaya çalışmaya utanmıyor musun?" diye üzerime yürüdü. Bir elimde maşa, üzerimde hareket alanımı iyice sınırlandıran kocaman bir kaz tüyü yelek. Ne diyeceğimi şaşırmıştım. Bu salak ve suskun tavrımdan iyice cesaretlenen Gizem çirkefliği tamamen ele aldı. Sesini daha da yükselterek deli gibi bağırmaya başladı.

"Ne fırsatçı karıymışsın sen ya? Biraz ara verdik sorunlarımızı halletmek için, zaman tanıdık birbirimize, hemen yapıştın sevgilime? Biz kaç senedir birlikteyiz sen biliyor musun? Biz bir ayrılır, bir barışırız, araya senin gibi iki-üç sünepenin girmesi hiçbir şey değiştirmez. Biz yine birbirimize döneriz. Aklın varsa bırak Bora'nın peşini, mahvederim yoksa seni."

Bora geber. Bora yok ol. Bora Allah kahretsin seni, düştüğüm duruma bak herkesin ortasında. Bora ben bunun hesabını sana sorarım. Bir yandan bunları düşünürken, bir yanda da cevap vereyim bari kıza dedim, ama aklıma hiçbir şey gelmedi.

"Ne saçmalıyosun sen ya? Git başımdan, manyak mıdır nedir?"

"Ooo bak bak, dil de pabuç kadar. Bırak sevgilimin peşini diyorum sana Allah'ın kırosu. Öldürürüm seni bak."

Bunları dedikten sonra iyice gözü dönen Gizem saçlarımdan kavradığı gibi mangalın üzerine doğru ittirdi beni. Kaz tüyü yeleğim olmasa cızır cızır ben pişecektim mangalda. Neyse ki yeleğim vardı, benim yerime o cızırdadı, yeleğin üzeri bir anda eridi gitti. Daha da üzerime geliyordu ama neyse ki sevgilisini kaybetmiş bu ruh hastasının elinden yan masanın mangalını yakan garson kurtardı beni. Zavallı garson bizi ayırıp bir yandan da üzerimdeki külleri temizlemeye çalışırken Bora'nın koşarak geldiğini, Gizem'i de iki kızın kolundan çekiştire götürmeye çalıştığını gördüm. Garson çocuk, "İyi misiniz? Bir yerinize bir şey oldu mu?" diye telaşlı telaşlı sorarken ben daha fazla dayanamadım ve gözümden yaşlar süzülmeye başladı.

Sanki kendi başlarına asla böyle bir olay gelme ihtimali yokmuş gibi, çevredeki herkesin hafif kınayan, alaycı bakışları arasında garsona sarılarak oturduğum yerden kalktım. Bora yanıma gelip, "İyi misin sevgilim, Pelin iyi misin?" diye sormaya başladığında o pislik yüzünü görmek bile istemiyordum. Hayatı boyunca duyabileceği en ciddi ses tonumla, "Sakın tek kelime etme, siktir git karşımdan" dedim. Bana yardım eden garsonun kolunda, çiftliğin mutfak çıkışından dışarı çıktım, halime acımış olacaklar ki, taksi beklememe izin vermeyip, personel servisiyle evime bıraktılar beni. Yol boyunca ağladım, hazmedemiyordum başıma gelenleri.

Herkesin içinde rezil olduğuma mı yanayım, dayak yediğime mi yanayım, Bora ve Gizem'in ayrılmayıp sadece "ara verdiklerini" öğrendiğime mi yanayım, kaz tüyü yeleğimin boydan boya yanmasına mı üzüleyim bilemedim. O gece, sabahlara kadar seviştiğimiz yatakta, sabaha kadar ağladım.

Kendime not: Erkeklere zaten güvenme de, kendi hemcinsine iki kat güvenme. Kadına en büyük acıyı yine bir kadın çektiriyor.

pink freud

Bardak Altlığı

Takvime göre bir ay, kalbime göre altı ay sonra...

Aldatmak...

Ne kadar çok kullanmışız bu kelimeyi, ağzımızdan düşürmeden ne kadar içini boşaltmışız. Aldatmanın sözlük anlamı, "Beklenmedik bir davranışla yanıltmak, birine verilen sözü tutmamak, oyalamak, yalan söylemek." Bizlerin kullandığı anlamından ne kadar da farklıymış aslında bu kelimenin bize anlatmak istedikleri. İnsan aldatılınca fark ediyor bunu. Çünkü Bora tarafından aldatılmış hissediyordum kendimi. Kandırdı beni. Kızgın olsam arar bir güzel söver telefonu kapatırdım. Hatta kapısına gider, iki katım irilikte olmasına rağmen Gizem'in benim üzerime saldırdığı gibi saldırırdım ona. Ama Bora'ya kızgın değilim. Bora beni kızdırmadı, Bora beni üzdü. İşte tam da bu yüzden içimden kızmak, bağırmak, öfkelenmek gelmiyor. Elimden üzülmekten başka hiçbir şey gelmiyor. Eğer üzerimdeki bu sıkıntı geçmezse devamsızlıktan bir dönem kaybedeceğim okulda da. Zaten şu sıralar hayatımda tamamen külfet olarak gördüğüm okulu bir dönem daha uzatmak hiç işime gelmiyor. O yüzden Gizem'le yaşadığım iğrenç olayı acilen unutup hayatıma devam etmem lazım.

Hayır, zaten sevgilin olmayan bir adamı elinden almama kız, benimle mutlu olmasını çekeme de, niye kıro diyorsun ki bana? O gün gerçek bir kıro olsam da, giyimime gösterdiğim özenle tanınırım çevremde. Bu memlekette boncuklu sandaletleri Eda Taşpınar'dan önce ben giydim be! Annem Güney sahillerinin ilk üstsüzlerindendir. Abarttım, ama babam izin verse kesin öyle olurdu. Şuraya bakın, içinin çirkinliğinden yüzü kararmış çingene bana "kıro" diyor. Ah basiretim bağlandı kızın karşısında şaşkınlıktan, dilim tutuldu, keşke bu aklıma gelenleri o an söyleyebilseydim. Gergin bir ortam olduğu an dilimi yutuyorum, hep sonradan aklıma geliyor bu laflar.

Öküz Bora da, o olaydan sonra bir kere bile aramadı. Anlıyorum, bana karşı yüzü yok, utancından yerin dibine geçti de, insan hiç mi merak etmez sevgilisini? Bu kadar da prensipli olunmaz ki. Kır gururunu, bir sor halimi hatırımı, öldüm mü kaldım mı diye bir merak et. Bu kadar utandığı yeter, artık karşıma geçip köpekler gibi özür dilemesi lazım. Çünkü bir ilişkide kavga sonrası protokol budur. En basitinden izlenecek iki yol vardır:

1– Kavga edilir. Taraflardan haksız olan sıcağı sıcağına özürler diler, pişmanlığını her dakika dile getirir, içip içip mesajlar atar, affetmen için yalvarır, köpeğin olur. Akabinde barışılır.

2– Kavga edilir. Taraflardan haksız olan utancından suratına bakamaz. Bir süre kendiyle baş başa kalır, bu utancı yenmeye çalışır ve gözünü karartıp elinde çiçekler, çikolatalar ya da benzeri şeylerle kendisini affetmen için yalvarır. Akabinde barışılır.

Bora'yla olan bu kavgamızda birinci yöntemi izlemediğimize göre ikincisini gerçekleştirmesi lazım. Hem kaç kişinin ortasında rezil olmuşum hem de yüzsüz gibi ben arayacak değilim herhalde. Tabii ki onun aramasını bekleyeceğim. Davasını kaybetmiş mağrur bir kadını oynamanın tam sırası. Herhangi bir şeyi oynamama da gerek yok aslında. Gitti güzelim kaz tüyü yeleğim, ne oyunu bu saatten sonra.

Bora beni o olayın üzerinden tam bir ay geçtikten sonra aradı. Gururumdan bir ay boyunca en ufak bir iletişim teşebbüsünde bile bulunmadım tabii ben de. O bir ay boyunca kim bilir ne haltlar yedi diye düşündükçe içim içimi kemirdi ama, bu kadar uzun süre geçince, ben de biraz yumuşadım haliyle. Kolumdaki sıyrıklar iyileştikçe, ruhum biraz kendini tamir ettikçe kalbimdeki sızı da yavaş yavaş yok oldu. Bu kadar iyileşen şeyin arasında hiç değişmeden yarasını koruyan sadece yeleğimdi galiba.

Bora arayıp, buluşmak istediğini söyledi. Aslında biraz duygu sömürüsü yapmak istiyordum ama trafik kazası geçirmedim sonuçta, alt tarafı bir kız kavgasına karıştım, azıcık hırpalandım o kadar. "Dışarıda buluşmayalım, kendimi iyi hissetmiyorum, daha tam iyileşemedim" bahanem hazırdı ama beyefendi haftalar sonra aradığı için hiç onu eve de çağıramazdım.

Şeytan kulağıma sinsice fısıldadı, "Yanmış yeleğini giy" diye ama bu sefer uymadım şeytana. Efendice gittim Bora'yla buluşmaya. Tabii bilerek yarım saat geç gittim. Beni kandırmasının, yediğim dayağın bedeli elbette bu yarım saat olamazdı fakat cezalandırmaya bir yerlerden başlamak gerekiyordu.

Gittiğimde Bora'nın yüzü kireç gibiydi. Kolay mı, bir aydır görüşmüyorduk. Kilo vermişti, özenle şekil verdiği saçlarından eser yoktu. Dağ gibi çocuk bir ayda çökmüştü resmen. Beni görür görmez ayağa kalktı, sıkıca sarıldı. Mısır mumyalarından daha katı kesildim o an, belki içimden gelmedi, belki şoka girdim ama bir türlü kollarımı kaldırıp sarılamadım ona. Bana uzun uzun sarılıp, kokumu içine çektikten sonra ellerimi avuçlarının içine alıp, özür dileyerek başladı konuşmasına.

Birkaç dakika sonra, ben daha tek kelime bile etmemişken Bora hâlâ konuşuyordu. Gizem'den ayrılmaya çalışmış ama bir türlü yapamamış. Gizem çok güçsüzmüş, onu terk ederse kendisine bir şeyler yapmasından korkmuş, o yüzden önce soğuk davranıp, sonra ara verelim diye uzaklaşmış ondan. Birkaç hafta sonra da buluşup, bir daha onunla olmak istemediğini söyleyecekmiş. Miş miş miş...

"Bora sen bana ne anlatıyorsun Allah aşkına ya, hem doğru olsa bile anlattıkların, neden inanayım ki sana? Düşüneceğim dedin, ayrıldık dedin, beni aylarca oyaladın, şimdi ara vermiştik diyorsun, bence daha fazla konuşup batırma kendini."

"Lütfen bana inan Pelin, yalvarırım inan. Kendisine bir şey yaparsa ne yapacağımı bilemedim, onun vicdan azabıyla yaşayamazdım."

"Bırak ya, neyine inanayım senin? Ben ne olacağım peki, beni hiç düşünmedin mi, gözümün içine baka baka yalan söylerken?"

"Sen güçlüsün, her şeyle tek başına mücadele edebilirsin. O yapamaz ama."

pink freud

"Nerden biliyorsun benim güçlü olduğumu, nasıl anladın? Madem anladın, defol git onunla yaşa o zaman, ben atlatırmışım ne de olsa. Üzülmesin Gizem hanım."

"Pelin sinirimi bozma benim, evlenme teklifime bile cevap vermeyen birisin sonuçta, dünden razısın herhalde ayrılmaya?"

"Ne yani, sen ciddi miydin ki evlilik konusunda?"

"Ne sandın, yalandan evlenme teklifi mi edilir?"

"Ne bileyim bu kadar erken beklemiyordum."

"Şimdi öğrendin ciddi olduğumu, şu an cevap ver o zaman."

"Vermiyorum cevap mevap, öyle zırt diye olmaz bu işler. Hem emin de değilim sana olan hislerimden, bu son olaydan sonra istesem de güvenemiyorum sana. Güvenmediğim biriyle de evlenemem. Biraz vakit ver bana. Birbirimize zaman tanıyalım."

O an biraz sinirden, biraz gururdan, biraz da gerçekten ona güvenemediğimden evlilik teklifini reddettim Bora'nın. Bu teklifin hayatım boyunca alacağım ilk ve son evlilik teklifi olacağını bilmeden, bir bardak bira, biraz da hafif yanmış patates kızartması eşliğinde reddettim.

Sinirlerim biraz yatışmıştı ama. Uzun uzun konuştuk sonra. Kaygılarımı, korkularımı, hayal kırıklıklarımı anlattım ona. Neden evlenmek istemediğimi anlattım. Bu teklifi kabul etmememin onunla olmak istemediğim anlamına gelmediğini söyledim. Onun korkularını dinledim, onun aşkını, onun kaygılarını dinledim. Bir ara ağlayacak gibi oldu. Âşık olduğum, yemek yerken çatalı tutuşuna bile hayran olduğum adam karşımda bir çocuk gibi duygusallaşınca ona daha fazla kızgın kalamadım. Saçından öptüm, elini tutup ayağa kaldırdım.

"Kalk hadi, üzülme, geçer her şey. Evimize gidelim."

"Evimize mi?"

"Evet, evet, hadi, ben çok sıkıldım buradan. Saat de çok geç oldu hem, yarın işe gideceksin."

Hay o gece dilim kopaydı, ellerim kırılsaydı da ona orada "evimiz" demeseydim. Yıllardır hayalini kurduğum kendi evime taşındım taşınmasına da bir türlü sefasını süremeyecektim galiba. Bir oda, bir salon, kutu kadar güzeller güzeli evimi istediğim gibi döşememe, her türlü toplu taşımaya, okula, kuaföre bile yakın olmasına rağmen cehennem olmaya başladı bana oturduğum ev. Pardon, evimiz.

Çünkü Bora işin resmen bokunu çıkarmaya başladı. Ulan, hani ben bunun evlenme teklifini reddetmiştim? Ne ara yerleşti yanıma? Bilsem başıma gelecekleri, teklifini kabul eder, "Daha büyük eve çıkalım burası yetmiyor" dırdırını yapma hakkına sahip olurdum en azından.

Zaten ben kendim eve zor sığıyorum, zaten kıyafetlerimi bile yazlık-kışlık diye ayırıp, bir kısmını annemin evinde bırakmak zorunda kalmışım, bir de dünyanın gelmiş geçmiş en kokoş insanı Bora çıktı başıma. Tamam çok seviyorum, tamam aşkından ölüp bitiyorum da, bu ne hız, bu ne şiddet bu ne celal? Her akşam işten sonra bana geliyor, birlikte yiyip içip sevişiyoruz, gece saat geç olunca da haliyle bende kalıyor, ona itirazım yok, gelmediği geceler deli gibi özlüyorum hatta. Fakat önceleri, ertesi gün işe giderken temiz bir gömleğim bulunsun burada, arabada buruşmasın boşu boşuna diye bir tane gömleğini astı dolabıma. İlk başta hoşuma bile gitti. Durup durup dolabın kapısını açıp, gömleğe baktım, kokusunu içime çektim. Ertesi gün, "İki gün üst üste aynı gömleği giyemiyorum" diye bir gömlek daha getirdi. "İşe her gün aynı çorapla mı gideceğim?" diye kalpli, kurdeleli, ayıcıklı çoraplarımın arasına kendi siyah çorabını koydu. Bir sonraki gün, "Tıraş olmam lazım, arabada takımlar var ama orada zor oluyor, çıkmadan işimi beş dakikada hallederim burada" deyip tıraş takımlarını yerleştirdi banyoya. Makyaj temizleme losyonlarımı, kremlerimi kaldırıp beyefendinin tıraş takımlarına yer açtım banyoda. Duştan sonra bendeki misafir havlusuna kurulanmayı sevmediğinden bornozunu da getirdi.

Bora bir hafta içinde resmen sinsice evime yerleşti. Tek kişi için cennet, ama iki kişi olunca cehenneme dönen evimde kendimi misafir gibi hissetmeye başladım Bora ve eşyaları yüzünden. Bu kadar kurallı, bu kadar düzenli bir insan tanımamıştım daha önce. Evine ilk gittiğimdeki temizliğin, titizliğinin nedeninin sevgilisi değil, kendisi olduğunu anladım böylece. Bir bardak kahve yapıyorum, ayaklarımı uzatıp keyif yapacağım, hop Bora'nın sesi: "Bardak altlığını mutfakta mı unuttun hayatım?" Hayır unutmadım Bora. Çünkü ben hayatım boyunca bardak altlığına ihtiyaç duymadım, duymayacağım da. Çünkü ben manyak değilim. Yeryüzünde annem ve sen haricinde bardak altlığını gerekli gören hiç kimse de yok zaten.

Bora'yla olan bu ev arkadaşlığı yüzünden, sevgililiğimizi yaşayamaz olduk. Elinde sürekli el bezi arkamı topluyor. Hayır, yerde duran tişörtün sana ne zararı var? Yarın yine ben giyeceğim onu, sen mi?

Bir erkekle yaşamaya başlayınca bir sürü şey de öğrenmeye başladım aslında. Hep derler ya kadınlar giyecekleri kıyafeti saatlerce seçemez diye, evet belki bu doğru ama erkeklerin de bizden aşağı kalır yanı yokmuş. En azından Bora'nın yok. Sanki podyuma çıkacak, alt tarafı saçma sapan bir plazada yöneticilik yapıyor. Etrafındaki binlerce adam da aynı takım elbiseyi giyiyor. Kim fark edecek ki onun kravatının açık mor mu, narçiçeği kırmızısı mı olduğunu? Bora bunu önemsiyor ama. Gece yemekten sonra saatlerce ertesi gün giyeceği kıyafetleri ayarlıyor. Gömleğini son bir kez ütüleyip zaten evde hepi topu iki tane olan sandalyelerden birinin üzerine asıyor giyeceklerini.

Artık o kadar sıkılmıştım ki Bora'nın bana yaşattığı temizlik ve düzenlilik teröründen... Bazı akşamlar seviştikten sonra aklıma gelen düşüncelerden utanmaya başladım. Sevişirken hiçbir sorun yoktu, tek bedendik sanki, ama sonra uyuma faslına geçince, aklıma gelen "Bütün özgürlüğünü adama kaptırdın, ne olacak şimdi?" düşüncesi beynimi kemiriyordu. Bir gece kavga çıkarıp evden kovmayı bile düşündüm. Fakat biz daha yeni sevgiliydik. Bu kirli düşünceleri aklımdan kovup onu nasıl sevdiğimi, onun beni nasıl sevdiğini düşünüp huzurlu bir şekilde, gülümseyerek uykuya daldım.

Kendime not: Özgürlüğünden, sevgilin için bile vazgeçme. Bir daha bulamayabilirsin.

Ben Aslında
Erkeklerle Daha İyi Anlaşırım

Uzun süreli ilişkilerin bir sürü avantajı olsa da, galiba insanı hayata karşı yabancılaştırıyor. Sanki ilişkiniz dışında başka bir dünya yokmuş gibi düşünmeye başlıyorsunuz. Kaçınılmaz olan, "birbirinin en yakın arkadaşı olma" durumu baş gösteriyor bir süre sonra haliyle. Ayrılıkların bu kadar can yakmasının, bu kadar insanın hayatını allak bullak etmesinin sebebi de bu. Uzun süren ilişkin bittiğinde sadece sevgilini değil, en yakın arkadaşını, dostunu, dert ortağını da kaybediyorsun.

Gerçi ben şimdiye kadar hiç sevgili kaybetmemiş olsam da, çok arkadaş kaybettim. İsteyerek ya da zorunlu nedenlerden dolayı. Babamın mesleği sebebiyle sürekli taşınma halinde olduğumuzdan hiçbir arkadaşlığım uzun yıllar sürmedi. Sonrasında da, "Nasılsa taşınacağız, nasılsa ayrılacağız" diye fazla samimi olmadım kimseyle. O yüzden de pek fazla arkadaşım yoktur, olanlarla da samimiyetim belli dereceye kadardır.

Çevremdeki insanlarla ilişkilerim bu kadar vasat bir düzeydeyken, Bora bir anda ortaya çıkınca, ve ben de ona bağlanınca, kendisi benim her şeyim haline geldi. Bora'yla alışverişe de birlikte gidiyoruz, sinemaya da, yüzmeye de, markete de... Tabii herkes benim kadar asosyal bir manyak olmak zorunda değil, bu bana özel bir durum galiba. Çünkü Bora hiç de benim gibi değil, otuzlarına yaklaşmış bir erkek. Okuldan, işten, oradan buradan bir sürü arkadaşı var. Var olduğunu tahmin ediyorum yani, daha bir tanesini bile göremedim. Mesela dizi izlerken bir anda telefonu çalıyor, bir arkadaşı bir yere davet ediyor, bu da, "Gelemem abi, işim var" diye geçiştiriyor telefondakini. Belli, kız meselesi falan değil, telefondaki erkek sesini gayet net duyabiliyorum. Aylardır aynı şekilde gelişiyor arkadaşlarıyla konuşmaları. Ve sürekli geçiştirdiğinden eskisi kadar sık telefon da gelmiyor. Benim yüzümden tüm çevresinden koptu, hafif bir sıkıntıyla karışık sorumluluk da hissediyorum ama evde bir gece bile onsuz geçirirsem ne yapacağım diye düşününce karnıma ağrılar girmeye başlıyor, o kadar alıştım ona, biz olmaya... Bende kalmasından zaman zaman şikâyet etsem de, hiç gitmesin. Yine böyle bir telefon konuşması sonrası, dayanamadım üzerimde hissettiğim bu sorumluluğa.

"Sevgilim git sen istersen, ben de duş falan alır uyurum."

"Yok ya istemedi canım gitmek. Sensiz ne işim var oralarda hem, boşver."

E beni de çağırsan Bora? Bazen ne kadar güzel bir kaz oluyorsun sen böyle. Vereceğim otunu suyunu, evde besleyeceğim seni sonsuza kadar. Hayır, birlikte gitsek nasıl olur?

Böyle de bir seçeneğinin olduğunu biliyorsun di mi? Bal gibi de biliyorsun. Ama gariptir, nedense beni ne bir arkadaşıyla, ne bir akrabasıyla tanıştırdı bugüne kadar. "Annenle tanışma vaktim geldi" diye tutturan aileye gelin gitme meraklısı kızlardan değilim de, ilişkiyi gerçekten en saf haliyle iki kişi olarak yaşıyoruz. Sosyal hayat, üçüncü kişiler kesinlikle yaşananlara dahil değil. Rahatsız değilim bu durumdan, sabaha kadar bar bar, parti parti gezmek yerine Bora'yla evde oturmak, dışarı çıktığımdaysa yine onunla çıkmak hoşuma gidiyor ama rahat da değilim. Beni kimden, neden saklıyor?

Çok düşündüm bu konunun üzerine, bir ara o kadar kafayı sıyırmış duruma geldim ki, benden utandığını, beni arkadaşlarıyla tanıştırmayacak kadar çirkin bulduğunu düşündüm. Arkadaşlarımın tanıştığım sevgililerini hatırlıyorum da, o kızları koluna sevgili diye takmaya utanmıyorsa arkadaşlarım, Bora beni tahta bindirip omuzlarında taşımalı. Espriyse espri, görgüyse görgü, sevimlilikse sevimlilik, hepsi bünyemde toplanmış, neyim eksik? Kendime Bora'nın arkadaşlarına layık olduğumu kanıtlamaya çalışırken gaza geldikçe geldim evin içinde... Utanmasam aynanın karşısında çırılçıplak soyunup hayranlıkla kendimi izleyeceğim... Tamam o kadar abartmayayım, omzuma bir öpücük kondurup, "Pelin çok tatlısın kızım!" diye dans etmek de yeterli olabilir pekâlâ.

Ben kendimi sevmekten evin içinde halay çekecek, salsa yapacak duruma gelsem de Bora'da tık yok. Hâlâ her gelen daveti reddediyor gözümün içine baka baka. Her şeyi sorun eden dırdırcı kızlardan olmamak için çenemi çok tuttum ama bu konu içimi fazlaca kemirmeye başladığından duramadım:

"Bora nedir sorun? Ben tam olarak anlayamıyorum seni. Sen niye gitmiyorsun arkadaşlarının çağırdığı hiçbir yere, ben varım diye mi?"

"Sorun yok Pelin, sadece seninle burada olmak çok hoşuma gidiyor, başka yerde olmak istemiyorum ki."

"Başka bir sebebi olmadığına emin misin?"

"Ne olacak Pelin, kuruntu yapıyorsun."

"Sen benden falan mı utanıyorsun yoksa, doğruyu söyle bak."

"Bebeğim ne saçmalıyorsun sen? Ne alakası var, hepsi çok eski arkadaşlarım zaten. Kaç yıldır yüzlerini gördüm de ne oldu? Hem neyinden utanayım senin, çok güzelsin. Kafana taktığın şeye bak, bir daha duymayayım."

Bora'yla aylardır her an yan yana olsak da, bana sürekli bu tür şeyleri söylese de, hâlâ en ufak bir iltifatında heyecandan eriyip bitecek gibi oluyorum. Tartışmanın tam orta yerinde, "Güzelsin," dedi, bende bütün şalterler kapandı. Ne diyeceğimi, neye kızdığımı, hepsini o anda unutuverdim. Bu iltifattan sonra, "Belki de bu kadar şüpheci, bu kadar osuruktan nem kapan biri olmamak lazım," deyip bu konuyu boşverdim. Bora belki de bir erkeğin olabileceği en mükemmel seviyededir; gerçekten sadece benimle olmak istediği için dışarı çıkmıyordur, kim bilir? Ben bilirim tabii. O yüzden güzel sözlerinin etkisi geçince bu anlayışlı halimi bir kenara bıraktım, yarım saat sonra yine onu didiklemeye, sıkıştırmaya başladım. Baktı benden kurtuluşu yok, döküldü ağzındaki baklalar teker teker. Gizem'le çok uzun süre birlikte olduğundan bütün arkadaşları ortakmış. Şimdi beni yanında görüp de ters bir şey söyleyen olur, canımı sıkacak bir şey yapan olur diye beni onlarla tanıştırmaktan kaçınıyormuş canımın içi.

Evet, sanırım gerçekten de bir kadının âşık olabileceği en mükemmel erkeğe âşık olmuştum. İçimde kalacağına söyleyeyim benden çıksın kafasıyla bu ilişkiyi durmadan baltalayan bendim. Durup dururken kuruntu yapan, sadece ve sadece beni düşünen Bora'yı ha bire bir şeylerle suçlayıp sorguya çeken bendim. Demek sorun bendeymiş.

Aramızda çıkan her tartışma gibi, yine benim çıkardığım bu tartışma Bora'nın alttan almasıyla sona erdi. Birkaç gün sonra iki kişi tabu oynamaya çalışırken (ben bütün yasak kelimeleri kullanırken Bora yine kuralına göre oynuyordu) telefonu çaldı. Hal hatır sorma, biraz hoş beşten sonra anladım bir yere çağırıyor arkadaşları. Üç gün su içmemiş minik bir kedi yavrusu gibi gözlerinin içine bakınca bana sormak zorunda kaldı. Bir arkadaşının kız arkadaşının doğum günü partisi varmış, sevgilisi kıza sürpriz parti hazırlıyormuş ve Bora'yı da davet ediyormuş. Gitmek ister miymişim?

"Millette ne sevgililer var, neredeyse İstanbul'un yarısını toplayıp sevgilisine sürpriz parti yapıyor, benimki de akşam işten gelirken hediye olarak haşlanmış mısır getiriyor" diye düşünüp, nankörce iç geçirerek, bu güzel partiyi bir müddet kıskandıktan sonra Bora'nın o meşhuuuur arkadaşlarıyla tanışma fırsatını tepmedim.

"Alo, abi cumartesi akşamı parti var demiştin ya biz geliyoruz ona bir arkadaşla, iki kişi yaz sen bizi."

O anda kafamda dev bir uçurum oluştu. İçinde Bora'nın sesi yankılanıyor. Bir arkadaş, bir arkadaş, bir arkadaş... Aylardır aynı evi paylaşıyoruz, iş ve tuvalet dışında bir anımız bile ayrı geçmiyor ama pezevengin arkadaş çevresine "bir arkadaş" olarak takdim ediliyorum. Ulan yolda önümü kesseler Bora için kalbimi yerinden çıkarıp vereceğim, adamdan hayatımın anlamı, başıma gelen en güzel şey diye bahsediyorum, o benden "bir arkadaş" diye bahsediyor.

Sürekli sorun çıkaran, kavga çıkaran bir kadın gibi görünmemek için susmaya çalıştım ama mümkün değildi bu "bir arkadaş" meselesini içimde tutmam. Açtım ağzımı, yumdum gözümü yine. Başıma ne geldiyse şu içimde tutamamam, aklıma ne geldiyse o an karşımdakinin suratına saymam yüzünden geldi zaten. Kısa süren tartışmanın ardından Bora beni yine, benim iyiliğim için öyle dediğine inandırdı. Şimdilik böyle takdim edecekti beni çevresine, arkadaşları bizim ilişkimizin uzun sürdüğünü anlayınca zaten kendileri susacaktı. Öyle dedi. Ya gerçekten inanıyorum bu çocuğa ya da inanmak istiyorum. Bir insan hep mi iki adım ilerisini düşünür, hep mi planlayarak, ben üzülmeyeyim diye yaşar? Bora yaşıyor işte. Başıma daha önce gelmediğinden, hatta çevremde kimse mükemmel bir erkek tanımadığından aylar geçse de alışamıyorum bu kadar düzgün bir erkekle sevgili olduğuma. Hep mutsuz olacağıma, her mutluluğun ardından bir sorun çıkacağına inandırılmışım çünkü ömrüm boyunca.

Bora istemeye istemeye de olsa beni arkadaşının sevgilisinin doğum gününe götürdü. Sürpriz yapılan kızın benden çirkin olması içimi rahatlatsa da, o ortamda bir türlü kendim gibi hissedemedim. Partideki kızların hiç de gizleme ihtiyacı duymadan birbirlerini dürtüp benim hakkımda konuştuklarını gayet iyi anlayabiliyordum. Zaten bir ortamda ikiden fazla kadın varsa üçüncüsünün çekiştirilmemesi mümkün değil. Hele bir de kaç yıllık arkadaşlarının yerini almış kara bir cadı olarak görüyorlarken beni, bunu gözümün içine baka baka yapmakta hiçbir sakınca görmediler. Ben de ortamdaki tüm kadınlar tarafından dışlanınca, "Bütün gece sevgilisine yamandı kaldı sünepe, kimseyle konuşamadı bile" demesinler diye mecburen erkeklerle kaynaşmak zorunda kaldım.

Ve o gece bir anda **"ben aslında erkeklerle daha iyi anlaşırım"** kızlarından biri oluverdim. Bu tip kızları kendimi bildim bileli sevmemiş, hep antipatik bulmuşumdur. Ben kadınlarla anlaşamam, kadınlar beni kıskanır, kadınlar beni kendilerine rakip olarak görür, kadınlar dedikoducudur ama ben farklıyımdır kafasında dolanan kadınları hangi kadın sever ki zaten? Hepimiz bokuz, bir sen mükemmelsin, değil mi? Kadının kadından başka düşmanı yoktur evet, ama kadından başka dostu da yoktur. Bu tip "erkeklerle anlaşırım"cı kadınların asıl amacının kendini pohpohlatmak, bacak araları sayesinde yaptığı popülariteyi katmerlemek, egolarını okşatmak olduğunu bilmiyor muyuz? Bir erkek bir kadının ne kadar arkadaşı olabilir ki hem? Sutyenini görene kadar. Ama kadınlar öyle mi, bir kadın bir arkadaşı için gerekirse böbreğini feda eder, yine de arkadaşını zor durumdan kurtarır, hiçbir karşılık beklemeden hem de. Evet biraz fazla dedikodu yapıyor, birbirimizi çekiştiriyor olabiliriz ama, kadının kadından başka kimsesi yoktur. Kimsesi olmasa bile, annesi vardır her zaman. O bile yeter insana.

O gece mecburen erkeklerle kaynaşınca diğer kızlar iyice gıcık olmaya başladılar bana. Hatta bir tanesi tuvalette yanıma gelip terbiyesizliğini cümlelere döktü.

"Selam Pelin, nasılsın, ben Açelya, Gizem'in en yakın arkadaşlarından biriyim, belki farkında değilsindir diye benden duy istedim; sen olmasan evleneceklerdi onlar."

"Merhaba Açelya, ama bak görüyorsun şu anda beni, ben varım işte."

"Nereye kadar var olacağını hep beraber göreceğiz canım. Umarım başkalarına çektirdiklerinin aynısı senin de başına gelir."

"İşine bak Açelya. Senin için en iyisi bu sanırım. Başkalarının ilişkisine burnunu sokarak kendine ekmek çıkaramazsın, bunu da bil."

"Terbiyesiz, ben Gizem için konuşuyorum bir kere."

"Evet, hep öyle derler zaten."

Açelya'nın bedduasının yıllar sonra tutacağını bilsem tahtaya vurmadan kaçar mıydım o kızın yanından? "Gizem'le papaz olduk, bir de arkadaşıyla aynı şeyleri yaşamayalım" diye düşünerek hızlıca çıktım tuvaletten. Bora gerçekten haklıymış, yine benim için en doğrusunu gerçekten de o düşünmüş her zaman olduğu gibi. Gerçekten de kendisi gibi densiz arkadaşları varmış Gizem'in.

Bütün gece boyunca kızlardan birinin pede ihtiyacı olacağını, kimsede ped bulamayıp en sonunda onun zor anında yardımına ben koştuğum için hepsinin beni çok seveceğini falan hayal ettim. Öyle bir şey olmadı tabii ki de. Gerçek hayat hiç de filmlerdeki gibi olmuyor. Hatta bütün gece benimle konuşmadıkları için ben de erkeklerle muhabbet edip gülüşmek zorunda kaldığımdan, grubun diğer erkeklerini de ayartmaya çalışıyorum sanıp bana iyice gıcık oldular.

Benden o kadar nefret etmişlerdi ki, doğum günü pastasının en kıyı kısmını bana verdiler. Ben de bana pastanın kötü kısmını kakalamaya çalışmalarının cezası olarak, gruptaki üç ayrı erkeğin telefon numarasını aldım kızların gözlerinin içine baka baka. Kadınlık damarıma asla basmamaları gerektiğini o gece anlamışlardır sanıyorum.

Telefonunu aldığım erkeklerden biriyle muhabbeti ilerletip Bora ve Gizem'in ilişkisinin tüm detaylarını öğrenmek için saatlerce telefonda konuşacağımı, Bora'nın, arkadaşıyla saatlerce telefonda konuşmamı telefon faturasında fark edip büyük bir kavga çıkaracağını, bu kavga esnasında hayatı boyunca parmağında taşıyacağı bir kesik izi oluşacağını bilsem o numarayı almazdım ama.

Hoş bilsem daha neler yapmazdım da...

Kendime not: Sevgilinin eski sevgilisinin tüm arkadaşları, her zaman şeytan kadar kötüdür. Bu değişmez.

pink freud

The Big Big Bang

Bora'nın arkadaş çevresiyle ilk tanışma çabamın korkunç bir fiyaskoyla sonuçlanmasının ardından, iyi niyetli sosyalleşme çabalarımızı bir süreliğine ikimiz de rafa kaldırdık. Bora bana şimdilik hissettirmese de ben içten içe biliyordum ki, bu adam gece gündüz, sabah akşam, ikindiden kuşluk vaktine, sıçmadan yatmaya, her dakika benimle olunca bir gün muhakkak benden sıkılacak. Robot değilse sıkılır yani. Biliyorum ki bir ilişkide geri dönülemez tek nokta karşı tarafta "sıkılma" hallerinin başlaması. Sevgilin bir kere birlikte bir şeyler yapmaktan zevk almamaya, sıkılmaya başlıyorsa, sen onun karşısında gece gündüz amuda da kalksan, palyaço kıyafetiyle de sevişsen o ilişki eskisi gibi olamıyor.

Bora da benden sıkılır korkusuyla sürekli yeni bir şeyler bulmaya çalışmaktan beynim çatladı artık. İkimizin de en sevdiği şey koltukta uzanıp sezon sezon dizi izlemekken, içimi yiyip bitiren bu korku yüzünden dünyanın en sosyal insanı haline dönüverdim. Hatta biz Bienal'e bile gittik! On gün önce bana, "Bienal ne?" diye sorsalar, "Isıtılıp da mı yeniyor?" diye sorardım. Elime tutuşturulan saçma bir etkinlik takviminde görüp değişik bir şeydir herhalde diye tuttum kolundan Bora'yı götürdüm Bienal'e. Şimdi Bienal neymiş diye sorsalar, hâlâ bilmiyorum. Tek hatırladığım çıkışında uğradığımız entel bir kafede kahveye çok para verdiğimiz, anlamsız sanat eserlerine bakıp –bakar gibi yapıp– eve dönerken markete de uğrayıp, makul bir fiyata otuz ikili tuvalet kâğıdı alıp eve döndüğümüz.

Bazı insanların hayatı düz bir çizgi gibidir, ne yaparsa yapsın değişmez. Bienal'e gitsem de, Bora'yı peşimden adı sanı duyulmamış Singapurlu grupların konserlerine sürüklesem de, evde, televizyonun karşısında, birbirimizin kollarında gerçekten mutlu olduğumuzu kabullenemiyordum. Bu da ikimizin düz çizgisiydi. Değişmiyordu evde baş başa otururken mutlu olma halimiz. Yaklaşık bir yıldır birlikteydik ama ben hâlâ Bora'nın gözlerine baktıkça inanamıyordum bunun gerçek olduğuna.

Bir insanın, başka bir insanı bu kadar sevmesi gerçekten mümkün müydü? Biz seviyorduk işte. Bu sevgi için, "Aşkın ilk zamanlarının mucizesidir" diye düşünmeme rağmen, çevremdeki ilişkilere baktığımda bizim gibi kimseyi göremiyordum. Birbirimize olan sevgimizden ziyade asıl şaşırdığım nokta, yeryüzünde benim kadar uyuşuk, benim kadar evde oturmayı seven, benim kadar mıymıntı başka bir insanın tam yanımda olabilme ihtimaliydi. "Ruh eşi" dedikleri şey galiba gerçekten varmış. Bora da benim uyuşukluk eşim. Tuvaleti gelmese yataktan kalkmayacak, bir bütün oluyor yattığı yerle.

Baktım ki Bora'yı bıraksam adam işe güce gitmeyi bile bırakıp, sabahtan akşama kadar benimle yatacak, kontrolü elime aldım. Kontrolü elime aldım dediğim de, her zamanki gibi normal giden bir düzeni bozup, sorun çıkardım. Galiba adamın benden sıkılacağı yoksa da, dırdırımdan, bir türlü memnun olamamamdan bunalıp tekmeyi basacaktı bana. Aklıma gelen, başıma dört yıl sonra geldi ama beni daha ilk yıldan bunun korkusu sardığından, bu telaşlı ruh haliyle, mutlu olduğumuz anları bile çok güzel bok edebiliyordum.

Bora'ya dönerek, Mustafa Kemal'e, "Senin adın da Mustafa, benim adım da Mustafa, seninkisi Mustafa Kemal olsun" diyen matematik öğretmeni edasıyla, "Senin de arkadaşların var, benim de arkadaşlarım var, gel bari hep beraber dışarı çıkalım" dedim. Dışarı çıkmak bir sorun değildi belki ama, Bora gibi evcimen bir erkek için sorun olabilirdi. Bora rutinine sokulan her türlü çomaktan nefret ederdi. Fakat yine de önerimi hiç sesini çıkarmadan kabul etti. Ben çok fazla arkadaşım olmadığından mecburen Arzu'yu, o da Gizem'le ilgili bir iğneleme yapmayacak olan, en güvendiği arkadaşını çağırdı.

İstanbul'da yaşayan tüm insanların adeta delirmiş gibi kendini dışarı attığı bir cumartesi gecesi, kalabalık ve popüler mekânlardan birinde buluştuk dördümüz. Hoş cumartesi gecesi İstanbul'un her yeri kalabalık ya. Büyük çoğunluk hafta içi okula gidip, işte yorulduğu için hafta sonu dinlenmek, eğlenmek istiyor olabilir de, cumartesi gecesi asla evde oturmamalıyım, dışarıda olmalıyım diye düşünen o kadar çok insan var ki. Benim de hayatım boyunca dışarıya çıkmayı en sevmediğim gece cumartesi gecesidir. Yaşıtlarımın, ellerinde yarısı su olan ucuz biralarla sarhoş olup, hiç tanımadıkları adamlarla flört edip, hatta o geceyi birlikte geçirip, akmış makyajları ve ağrıyan başlarıyla uyandıkları gecelerde ben Bora'nın tanıdık kollarında, bilindik kokusunu içime çeke çeke uyuduğum için, bir türlü sevemedim şu cumartesi çıkmalarını, içip içip dağıtmaları.

İkimizin de bu gürültülü müzikten, gereksiz kalabalıktan, karmaşadan sıkıldığımız o kadar belliydi ki, alnımda, "Ne işim var benim burada?" dövmesi olsa bu kadar belli edebilirdim sıkıldığımı. Benim teklifimle dışarı çıktığımızdan dolayı pek sesimi de çıkaramadım. Yine de Bora'nın benden sıkılmasındansa, bu ortamda canının sıkılması daha iyiydi. Böylelikle kıymetimi, evdeki huzurlu ortamımızın ona neler ifade ettiğini daha iyi anlardı.

Bora ve ben her zamanki gibi diğerleriyle buluşacağımız saatten daha erken bir vakitte oraya gitmiştik. Bora'nın arkadaşı Çetin bizden kısa bir süre sonra, yani tam buluşma vaktinde, Arzu ise her zamanki gibi yarım saat geç gelmişti. Bora birkaç kez beni arabayla okula almaya geldiğinde, Arzu onu uzaktan görmüştü. Arzu'nun huyunu, patavatsızlığını bildiğimden inatla tanıştırmamıştım onları. Bu akşam da ortamda Bora'dan başka bir erkek olursa saçma tavırlarını o çocuk üzerinde gerçekleştirir, sevgilimi rahat bırakır diye düşünmüştüm. Kısmen de olsa haklı çıktım. Kısmen diyorum çünkü, o gece Arzu ve Çetin'in konuşmasına pek fırsat vermedik Bora'yla. Her buluşmada konuşulan konular olan, havalardan, kalabalıktan, bu memlekette artık yaşanmayacağından, vesikalık fotoğraflarımızın ne kadar çirkin olduğundan bahsettikten sonra konu nasıl tanıştığımıza geldi. Biraz da alkolün etkisiyle Bora da ben de tüm hikâyeyi detaylarıyla baştan sona anlattık.

Ama ne anlatmak. En son, bakkalın karısının kaçtığı adamın oturduğu semti bile söylediğimi hatırlıyorum. Bora o günü kendi gözünden, ben kendi gözümden anlatırken bu bize göre tatlı, Arzu ve Çetin'e göre dünyanın en sıkıcı hikâyesini, arada gaza gelip birbirimizin dudağına kondurduğumuz öpücükler bölüyordu sadece. Bora benden sıkılmasın diye korkarken dehşetle fark ettim ki, galiba biz dünyanın en sıkıcı çiftlerinden oluvermiştik! Sürekli aralarında geçen komik ve romantik, üçüncü kişiye hiçbir şey ifade etmeyen olayları nefes almadan anlatan iğrenç çiftlerin en önde gideni, bayrak sallayanıydık o gece. Dünyada bizim bu yaptığımızdan daha sıkıcı tek insan türü, yeni doğmuş bebeğinin, yeğeninin fotoğraflarını herkese gösteren, "Ayyy canım çok tatlıymış yaaa" demenizi bekleyen yeni anneler ve teyzelerdir. Bir de bebek çirkinse çirkin de diyemezsin, mecburen çok tatlı, çok şirin, bokunu yerim ben onun diye diye sevmek zorunda kalırsın uzaylı yavrusuna benzeyen sevimsiz bir bebeğin fotoğrafını. Kim bir bebeğe çirkin diyebilecek kadar gaddar olabilir ki zaten? Evet evet, bu kadınlar bize göre iticilik yarışının galibi.

Herkes onların bebeklerine agugugu derken kimse bizim saatlerce anlattığımız tanışma hikâyemize, "Ne kadar da romantikkkkk" diye iç geçirmiyor. Hikâyemiz gerçekten romantikti oysa ki. Garibim Çetin, Bora gibi olduğundan sesini çıkarmadan dinleyip, arada zorla da olsa tebessüm ediyordu. Ama cadı Arzu öyle mi, öfleyip pöflemelerini hiç saklama ihtiyacı bile duymuyordu. Biraz uyarayım, biraz kulağını çekeyim diye tuvalete gidelim dedim Arzu'ya. Hemen kabul etti. Liseden beri, yıllardır tuvalete birlikte giderdik Arzu'yla.

Her Türk kızı gibi Arzu da, ben de tuvalete asla yalnız gidemeyenlerdendik. Ne olur ne olmaz, yolda ejderhalar, tek gözlü devler falan çıkar karşımıza, tuvalet bu, hiç yalnız gidilir mi? Yapışık ikizler gibi kalabalığı yara yara zor da olsa tuvalete vardık. Hiçbir yere dokunmadan işimizi halletmeye çalışırken Arzu'nun sesini çişi bile kesemedi.

"Pelin aşkolsun ya, bana layık gördüğünüz adam bu mu?"

"Ne diyorsun sen be, ne adamından bahsediyorsun?"

"Ay bu Çetin midir, Metin midir, Allah'ın sünepe bankacısını mı bana uygun gördünüz, o kadar mı çaresiz ve yalnız gözüküyorum gözüne?"

"Arzu delirdin mi, hiç de öyle bir niyetimiz yoktu. Sana ayarlamak için çağırmadık ki onu, oturur iki muhabbet ederiz diye düşündük. Nerden çıkarıyorsun şimdi bunları?"

"Ya bırak, bana bakışından anladım herifin, bütün akşam süzdü beni."

Bunları dedikten sonra Arzu hışımla tuvaletten çıktı, bar tuvaletinde hiçbir yere dokunmama kuralımızı deldi geçti sinirden. Pis tuvaletin kapısını hızla çarpıp bağırmaya başladı bana. "Pelin farkında mısın, sen bu Bora'yla birlikte olduğundan beri kendinden bahsedemez oldun. Düşündük, yaptık, Bora dedi, Bora bunu giymemi istedi, Bora'yla oturuyoruz. Sen neredesin? Her şeyin, her yanın Bora olmuş, sen yok olmuşsun, kendine gel biraz!"

Arzu gibi aklı bir karış havada, sevgililerinin kulu köpeği olan, onlar için herkesi, her şeyi bir saniye içerisinde düşünmeden satan Arzu bendeki bu değişimi fark etmiş. Onun bile diline düştüğüme göre demek ki son zamanlarda gerçekten çok değiştim ben. Sevgilisi uğruna tüm hayatını hiçe sayan, onunla mutluluğunu her şeyin önünde tutan kadınlardan olmuştum.

Olsun. Nesi kötüydü ki bunun? Ben mutluydum, Bora mutluydu. O an için her şey mükemmeldi ve Arzu da haksızdı. Fakat daha sonra Bora beni terk ettiğinde hayatımın neden bu kadar altüst olduğunu elbette anlayacaktım. Bir erkeği hayatının merkezi, hatta tüm hayatın yaparsan o gittiğinde kanın çekilmiş, her nefes alıp verdiğinde ciğerine dikenler batıyor gibi hissedersin elbette. Daha bunları yaşamama uzunca bir

pink freud

süre olduğunu bilmeden Bora'yı her şeyden, herkesten öte görmeye devam ettim. Öyle ki Arzu'yla bile aramı soğuttum. Ne de olsa Bora vardı. Yalnız değildim. Hiçbir ilişkisinde dikiş tutturamamış olan Arzu'nun beni kıskandığını düşündüm. Mutluluğu cumartesi geceleri, fazla yüksek sesle müzik çalan mekânlarda arayan biri elbette ki yaşadığım bu huzuru hiçbir şeye değişmememi anlayamazdı. Bora beni terk ettikten sonra mutluluğu değil barlarda, kurban bayramında bir mezbahada arayacağımı bilsem hiç bu kadar büyük konuşur muydum?

Arzu'yla o gece birbirimize biraz fazla sert çıkışınca en ve tek yakın arkadaşımın gönlünü almak istedim. Arzu'nun gönlü nasıl alınır? Ona birini ayarlayarak tabii. Bora'nın hiç görmediğim arkadaşları içinden onun anlattığı kadarıyla Arzu'ya uygun olabilecekleri listeledik biz de. Bu iş Bora'nın ağırına gitti biraz ama olsun, belki de evlenip ömür boyu bize dua edeceklerdi.

"Pelincim saçmalıyorsun ya, bırak kendileri bulsunlar kısmetlerini."

"Ne alakası var Bora, ikisi de bekâr işte, belki de sayemizde hayatlarının aşklarını bulacaklar."

"Pezevenk miyim ben Pelin? Adamlara kız bakıyoruz resmen."

"Pezevenklikle ne alakası var, görücü usulünü duymadın mı sen hiç?"

"Haklısın hayatım, tamam. Bak Oktay var, ne dersin ona? Tanışmıştın sen."

Ah ben Bora'ya âşık olmayayım da, onu pamuklara sarıp sarmalamayayım da ne yapayım? Her tartışmanın en fazla üçüncü cümlesinde, "Haklısın, tamam, sen bilirsin, doğru söylüyorsun" gibi cümleler kuruyor Bora. "Bir beyaz gelinlik, bir de Bora gibi bir erkek her genç kızın hayali" sloganıyla reklamını yapmak istiyorum onun. Arkadaşlarının içinden detaylı karakter analizi yaptıktan sonra seçenekleri ikiye indirip bu sefer beş kişi buluştuk. Arzu kesin affedecek beni, bir değil tam iki tane kısmet birden sunuyorum ona.

Bora'nın isimlerini şu an bile hatırlamadığım arkadaşları masaya gelince aslında ne kadar da yanlış bir tercih yaptığımı anladım. "İyi çocuktur o ya, zarar gelmez ondan" diye bahsedilen bir erkeğin Arzu'yu asla memnun etmeyeceğini bilmem lazımdı. Bir insandan, "Çok iyidir o ya" diye bahsediliyorsa anla ki hafif salak ve biraz da saftır. Hele kadınlar o "çok iyidir" olan adamlarla hiç ilişki yaşamak istemezler. Heyecan yoktur çünkü. İyidirler işte. Kadın ömrü boyunca o "çok iyi" adamı arar, ama bulunca da sıkılır bırakır gider. Bora hem "çok iyi" adamlardan hem de aşkından ciğerlerini parçalayan adamlardan olduğu için çok şanslıydım.

Arzu taliplerini beğenmese de, masada iki erkeğin onu etkilemek için çaba sarf etmesi hoşuna gitti. Kalabalık bir grupta daha fazla kurlaşamayacakları için konu yine döndü dolaştı Bora ve bana geldi. Arzu, hoşlanmak için kendini zorladığı çocuğun bize, "Eee siz nasıl tanıştınız?" sorusunu yöneltmesinden sonra ondan ölene dek nefret etti diye tahmin ediyorum.

Biz yine Bora'yla dünyanın en itici çifti olarak tanışma hikâyemizi baştan sona anlattık. İtici bir çift olmaktan ziyade itici bir insan olmuştum aslında. Komik olmadığının farkında olmadan komiklik yapmaya çalışan bir salağı kim sevebilir Allah aşkına? Belki dünyanın en çirkin kıyafetiyle hoşlandığın çocuğa yakalanma hikâyesi rezil olduğu kadar komik de olabilir ama bunu cümlenin başını o, sonunu ben getirerek anlatınca hiç de komik gelmiyor insanlara.

Zaten o gece ne Arzu ne de Bora'nın arkadaşları pek sallamadılar bizi. Adamlar Arzu'yu hangisi götürecek diye düşünmekten, Arzu da hangisi daha zengin diye kestirmeye çalışmaktan, ultra mega sıkıcı hale getirdiğimiz tanışma hikâyemizi kimse umursamadı. Gecenin en güzel ânı ise, Bora'nın kulağıma yavaşça eğilip, "Seni o bakkalda gördüğüm anda âşık olmuştum aslında" demesiydi. Sonradan öğrendiğime göre, Arzu için ise o gece, "dünyanın üç milisaniyede boşalan ilk ve tek erkeğiyle seks yapmak" olarak hafızasına kaydettiği bir gece olmuş. Tabii yine bana söylene söylene bitiremedi. Bora'nın penis büyüklüğüyle nam salmış diğer bir arkadaşıyla tanıştırdık Arzu'yu bir sonraki sefer, gönlünü almak için. Aslında kendim meraktan çatlıyordum da deneyemeyeceğim için Arzu'yla tanıştırdım, selefim Arzu'ya denettirdim. Öğrendiğime göre dedikleri kadar varmış!

Nedense erken boşaldığını öğrenince Bora'yı bir daha görüştürmedim o arkadaşıyla. Sağından solundan bulaşır mulaşır. Büyük pipili arkadaşıyla ise yüzüne bakıp bakıp gülmeme engel olamadığım için aynı ortamda asla bulunmadım, bulunamadım.

Acaba ne kadar büyüktü?

Kendime not: Bir daha kimseye çöpçatanlık yapma. Adam erken boşalsa bile sen sorumlu hissediyorsun kendini milletin çükünden.

Katil Balina

2 mevsim sonra...

Hani bazı arkadaşlar vardır insanın hayatında, yanınday-
ken her hareketine gıcık olur, oradan hemen uzaklaşmak ister,
ama uzakta olduğunda da deli gibi özlersin. Mevsimler de be-
nim için o arkadaşlar gibi. Her kış kalın montlarıma tiksintiy-
le bakıp yazın gelmesini ister, yaz geldiğinde ise her ne kadar
dondurma gibi *roll on* sürsem de, *roll on*'u bile dinlemeden
terleyen koltukaltlarıma bakıp kışı özlemle anarım. Bu yaşı-
ma rağmen hâlâ öğrenci olduğumdan yazı kıştan daha çok se-
verim aslında. Çünkü yaz demek, hiçbir şey yapmamak, yani
tatil demek. Ama insanın sevgilisi yılda sadece yirmi gün izin
yapan bir beyaz yakalı olunca üç aylık koca yaz tatilini, klı-
masız ve göt kadar bir evde geçirince yaz mevsiminden de
nefret ediliyormuş onu anladım. Hoş yaz okuluna kaldığım

için annemlerle yazlığa gidemedim ama olsun, Bora'yı İstanbul'da aylarca yalnız bırakmak da hiç işime gelmezdi doğrusu. Okuduğum bir araştırmaya göre erkekler eşlerini en çok yaz tatilinde aldatıyorlarmış. Çocuklar ile hanımı yolla yazlığa, tak boynuzu sonra da. Oh ne âlâ memleket. Bunu okuduktan sonra, sevgilimi değil şehirde bırakıp yazlığa gitmek, bakkala ekmek almaya bile tek başına yollamam. Allah'tan Bora'nın o taraklarda bezi yok. En azından şimdilik!

Bora'yla tam anlamıyla sevgili olmaya biraz geç başladık. Yaz vakti tanışmamıza rağmen, kışa doğru sevgili olduk. O yüzden bu yazı tatilde hem beraber geçirecek hem de gayri resmi birinci yıldönümümüzü kutlamış olacaktık. Biraz zor anlaşılıyordu ama Bora, o koca götlü Gizem'den vakitlice ayrılsaydı böyle yarım yamalak bir birinci yıl kutlaması yapmıyor olurduk.

Yıllardır okuduğum kitaplardan, izlediğim filmlerden öğrendiğim tek şey var: "Sevgilinizi en iyi tatilde tanırsınız." Daha önce uzun süren bir ilişkim olmadığından, kimseyle tatile de çıkmadım. Arzu ve birkaç arkadaşımın bizim yazlığa gelmesini, annemin hepimizi zorla öğle uykusuna yatırıp, geceleri yazlık balkonunda okey oynamamızı kız kıza yapılmış sevimli bir tatil olarak değerlendiremiyorum maalesef. Bu tatil benim de ilk yalnız tatilim sayılacak. Sevgiliyle gidilen tatilde neler yapılır bilmiyorum, tam olarak kestiremiyorum da. Neyse ki Bora'yı çok iyi tanıyor, nelerden hoşlanıp nelerden hoşlanmayacağını az biraz kestirebiliyorum. Hissediyorum, bu tatil bizi birbirimize daha da yaklaştıracak.

Nah yaklaştıracak, bekle. Daha gideceğimiz yeri seçmeye çalışırken bile üç kez küstük birbirimize. Yani ben küstüm, Bora gelip gönlümü aldı her zamanki gibi. Adamın senede sadece yirmi gün izni olunca, bunu en verimli şekilde değerlendirmek istiyor haliyle. Benim gibi haftada üç gün okul, dört gün evde inek gibi yatarak geçmiyor ki hayatı.

"Pelin? Prag'a mı gitsek, çok görmek istiyorum ben oraları, çok güzel bir şehirmiş, ne dersin?"

"Aman Bora yaa, bu sıcakta ne işimiz var oralarda, Bodrum'a gidiveririz, çok uzak oralar şimdi."

"Paris'e gidelim, sen seversin entel kuntel Fransız havalarını falan."

"Ya yurtdışı çıkarma benim başıma durduk yere, hem pasaportumun süresi bitti, yetişmez senin iznine kadar yenisi. Gidelim işte Bodrum'a."

"O zaman Kapadokya'ya gidelim, balona falan bineriz?"

"Delirdin mi sen? Bora elli beş bin derece sıcakta Kapadokya'da işimiz ne ya, Bodrum'un nesi var, anlamıyorum?"

"Bak ne güzel işte, Asmalı Konak'ın çekildiği yerleri de görürdük, hadi hadi."

"Allah aşkına sus Bora sinirleniyorum."

Gideceğimiz yer konusunda Tekirdağ'dan Edirne'ye, Gaziantep'ten, Urfa'daki balıklı göle kadar her yeri önerdi, bir türlü Akdeniz'e, Ege'ye yanaşmadı. Ben de haklı olarak oralarda Gizem'le birbirinden güzel anıları olduğunu, bu yüzden de benimle bir daha gitmek istemiyor diye düşünüp huzursuz oldum.

Günler süren tartışmalardan sonra Çeşme'de karar kıldık. Gideceğimiz yer gayet güzel, konforlu, beş yıldızlı bir oteldi. Benim için tatil lüks bir otelde, havuz başında, elbette gölgede, hafif alkollü kokteylimi yudumlarken sevdiğim moda dergilerini kurcalamak, sıcak basınca havuza girip türlü türlü şebeklikler yapıp, serinledikten sonra şezlonguma dönmekten ibaret. Hiç öyle küçük bir pansiyonda kalayım, ormana yürüyüşe çıkıp doğayla bütünleşeyim, deli gibi sarhoş olup sahilde sızıp kalayım triplerine girmeyi sevmem. Burjuvaysam burjuvayım, kıçımın arasından kum ayıklayacağıma, havuza karşı renkli içkimi yudumlar, çingene gibi de kararmadan dönerim evime. Allahtan Bora da benim gibi çıktı. Beni pikniğe götürdüğünde doğa âşığı bir manyak galiba diye korkmuştum ama tatil anlayışı benimkiyle hemen hemen aynıymış.

Fakat o kadar da beyaz tenli olmamasına rağmen anlamadığım bir şekilde havuz başına benimle gelmekten ısrarla çekiniyordu Bora. Havuz başına gelmeyip, oradaki bikinili kızları kesmeye çalışmaması güzel bir şey ama beni orada tek başıma bırakması hiç hoşuma gitmiyordu. Dahası ben yanında değilken odada tek başına saatlerce ne yaptığını hayal bile etmek istemiyordum. İnsan sevgilisiyle ilk kez tatile çıktığında kendini odaya kapatır mı hiç? Kendimi ergenlik dönemini geç atlattı sanırdım da, benden beter çıktı Bora. O odada öyle tek başına yatınca kendimi rahatsız hissetmeye başladım ben de. Sap gibi tek başıma havuz başında yatmaktan da sıkıldım, Bora'nın o lanet odada ne bok yediğini düşünmekten de sıkıldım, canı sıkılmasın diye onun yanında yatmaktan da sıkıldım.

"E Bora sen böyle yatacaksan evde de yatardın, niye geldik ki o zaman buraya, aşağıya niye hiç gelmiyorsun?"

"Boş ver sen beni hayatım, klimalı falan iyi böyle burası serin, sıcağa pek fazla gelemiyorum ben."

"Benden mi sıkıldın bak doğru söyle? Böyle tek başına kalmalar sürekli, bozuluyorum ama."

"Ne alakası var bebeğim ya, yapma böyle. Tamam hadi çok istiyorsan geleyim seninle, hadi... İnelim aşağıya."

Bora her kadının yanında gururla gezdirebileceği bir erkekti. Uzun boyu, yapılı vücudu, ideal uzunlukta deniz şortu, her şeyiyle kusursuzdu. Tatilde slip mayo giyecek diye çok korkmuştum ama valizini hazırlarken deniz şortunu görünce derin bir oh çekmiştim. Zaten slip mayo giymeye kalksa buna asla izin vermezdim. Tatile gelmiş azgın turist kadınların sevgilimin pipisine bakıp bakıp gülmesini kaldıramazdım işin aslı. Slip mayoyu vücudunu sergilemek, onları arzuladığımızı sanarak giyen erkekler varsa üzülerek yanıldıklarını söylemeliyim. Erkekler slip mayo giydiklerinde sadece ve sadece komik oluyorlar, başka bir şey değil, kimse onların mayoların içinde top olmuş, büzüşmüş pipilerine bakarak tahrik falan da olmuyor.

Bora yanımda bir kere bile başını kaldırıp diğer bikinili kızlara bakmamasıyla takdirimi yine kazandı. Başka kadınlarla o kadar ilgilenmiyordu ki, sevgilim olmasa bu çocuk kesin eşcinsel diye düşünürdüm. Bir erkeğin hem bu kadar yakışıklı, hem bu kadar komik, nazik, centilmen, iyi sevişen biri olması mümkün değil gibi geliyordu bana. Belki de tecrübesizliğimden. Yanımda yarı tanrı gibi vücuduyla yatıyor işte ama, hâlâ inanamıyordum Bora'nın sevgilim olduğuna. Önümüzden geçen kızların gözünü ondan alamadığını hissettikçe içten içe gurur duyuyordum onunla. Bu cadıları biraz daha kıskandırmanın hiçbir zararı olmaz diye düşünüp Bora'yı havuzda yüzmeye, yani birazcık oynaşmaya davet ettim. Suyun kaldırma kuvvetine her zaman inanmışımdır!

"Hadi aşkım, havuza girelim, bi dalıp çıkalım serinleriz."

"Sen gir, ben yeni krem sürdüm, canım istemiyor."

"Bora kremini kaç saat önce odada sürmedik mi, niye gelmiyorsun suya?"

"Klor falan gözümü yakıyor benim, sen gir işte, istemiyor canım, uzatmasana."

Verdiği sert tepkiye şaşırmıştım. Acaba bu salak regl oldu da bana mı söyleyemiyordu? Havuzdan bu kadar kaçmasının başka bir açıklaması olduğunu düşünemiyordum. Biz girelim, girmeyelim, yok sen gir tartışması yaparken havuz başında bir hareketlilik oldu ve ufak bir çocuğun havuza sıçtığı dedikodusu kulaktan kulağa yayılırken, minik bok parçaları su yüzünde görünmüştü bile.

Çocuklardan niye nefret ettiğimi o kadar iyi anlıyorum ki bazen. Nasıl ki sigara içilen ve içilmeyen bölüm olarak ayırıyorlar mekânları artık, çocuklu ve çocuksuz diye de ayırmalılar. Sırf olimpik havuzu var diye bir ton para döktüğümüz otelin havuzunda midemiz bulandığından bir daha asla yüzemeyecektik. Anne babasının terbiye veremediği bir velet yüzünden bütün tatilimiz altüst olmuştu. Nedense bu duruma bu kadar sinirlenen bir tek ben oldum, Bora bir gram tepki göstermedi bu içinde bokların ve çocukların cirit attığı ufak çaplı skandala.

Havuzu bir saatliğine kapatıp, suyu olduğu gibi devir daim yapsalar da, havuzun ortasında gezinen iğrenç kaka parçalarını unutmak mümkün değildi. Tatilimizin geri kalan on iki günlük kısmında bir daha değil havuza girmek, havuz başında oturmayı bile midem kaldırmayacaktı.

Ertesi gün mecburen, hiç istemesem de deniz kıyısına indik Bora'yla. Deniz, otelin biraz dış kısmında kaldığından Bora beni oraya tek başına göndermek istemeyince lütfedip yanımda geldi beyefendi. Allah'tan kumla çok fazla muhatap olmak zorunda kalmadan iskeleye geniş minderler, dev şemsiyeler koymuşlar da, havuz başı konforunu aratmayacak şekilde deniz kıyısında geçirmeye başladık günümüzü. Bora'ya bir-iki kez denize girmeyi teklif etsem de, deniz suyunun gözünde alerji yaptığını söyleyerek yine suya girmek istemedi.

Hani deniz ya da havuzda hep eşek şakaları yapan bir densiz olur ya. Suda boğma şakası yapar, olmadı boğulma numarası yapar, hiçbir şey yapamasa suya girmeye hazırlanan birini arkasından sinsice yaklaşıp suya ittirir. Hah işte, ben hiç o densizlerden olamadım. Çok zayıf olduğumdan hemen suya ittirildim, annem suyla şaka olmaz dediği için boğulma numarası yapamadım. İnek bir havuz, deniz hayatı geçirdim yani. Artık o gün şeytan mı dürttü ne olduysa, güneşte kalan terliklerimi gölgeye çekmek için kalkan Bora'yı bir anda ufak bir omuz darbesiyle iskeleden denize ittiriverdim. Hop, güm, ne oluyor derken Bora bir güzel denizi boyladı. Kafası su yüzüne biraz geç çıksa da sonunda Bora'yı yüzdürdüğüm için mutluydum. Ta ki Bora suyun içinde çırpınmaya başlayıp, "Yardım edin, boğuluyorum, Pelin yardım et" diye bağırana kadar sürdü bu mutluluğum. Hâlâ gerçekten boğulduğuna inanmayıp salak salak gülüp, "Yemezler Bora, atlamayacağım işte suya, hahaha, ben kuru kalacağım sen ıslan, nasıl su soğuk mu bari hahaha?" diye ısrarla salak salak espriler yapmaya devam ettim. Ama birkaç saniye geçince baktım Bora'nın gözleri eşek gözü gibi büyümüş korkudan, panikten kulaklarından bile su çıkıyor, yardım çığlıkları, benim tecavüzcü Coşkun kahkahalarımı bastırmaya başladı, gerçekten boğuluyor, o zaman çok korktum.

Hemen suya atladığım gibi onu su yüzünde tutmaya çalıştım. Zaten iki katım irilikte, bir de boğuluyorum diye kendini iyice salmış, ayı beni de batırmaya başladı. Allah'tan çevredekiler durumun şaka olmadığını benim kadar geç kavramadılar da, hemen suya atlayıp ikimizi birden kurtardılar. Bu harala gürele sırasında Bora kendinden geçip bayılmıştı bile. Tabii ben o panikle öldüğünü sanıp ağlamaya, çığlıklar atmaya, saçımı başımı yolmaya başladım.

Hemen *Sahil Güvenlik* dizisindeki kadar yakışıklı bir cankurtaran gelip Bora'ya suni teneffüs yapmaya başladı. Gözlerimin önünde adonislerine bal döküp yalanası bir cankurtaran, yarı çıplak vücuduyla, Bora'nın dudaklarına yapışıp hayat öpücüğü verdiğinde biraz bozuldum. Galiba Bora'nın gözümün önünde ölmesini, bu ateşli öpücüğü görmeye tercih ederdim.

Bora gözlerini açana kadar ambulans çoktan sahile gelmişti bile. Bora'yı sedyeye yatırıp ambulansa bindirdiler. Ben de potansiyel bir katil olarak, gözyaşları ve korku içinde bindim ambulansa. Bora ölürse muhtemelen tutuklanacaktım zaten. Bu kısacık hayatımda daha hiçbir şey yaşamadan zindanlarda çürüyecektim. Allah belanı versin senin Bora, kazık kadar adamsın, insan koluna kolluk, götüne simit takar, yine de yüzmeyi öğrenir be.

Ben bikiniyle, Bora şortla olunca haliyle yanımızda ne kimlik, ne para, ne herhangi bir resmi belge de olmayınca, bayağı mağdur olduk hastanede. Ben doktor önlüğü giyerken Bora'yı hasta odasına alıp kıçını açıkta bırakan bir hasta önlüğü giydirdiler. Telefon rehberinden otelin telefon numarasını bulup, sahildeki eşyalarımızı istettik. Eşyalar gece yarısı hastaneye gelene kadar ben yarı çıplak, Bora da tamamen çıplak öylece kaldık ortada.

Hoş eşyalarımız yanımızda olsa da, sabah olmadan çıkamazmışız hastaneden. Bora ufak bir boğulma tehlikesi geçirse de çok fazla su yutmuş! Salak o panikle denizin bütün suyunu içerek boğulmasını engellemeye çalıştı galiba. Hayatım boyunca âşık olduğum tek erkeği de ellerimle öldürdüm korkusuyla ben de ufak çaplı bir korku krizi atlatmıştım aslında. Ama nereden bilebilirdim ki koskoca adamın yüzme bilmeyeceğini. Hiç mi söylemez insan, hiç mi çaktırmaz. Utanmış işte zavallım, benim dilime düşmenin bok çukuruna düşmekten beter olduğunu anlamış ve hiçbir şey söylememiş bana yüzme bilmemesiyle alakalı.

Havuzdaki bok, Bora'nın hastaneye yatması, benim pişmanlıktan kendimi yiyip bitirmem derken, tatili burada kesip İstanbul'a dönmenin en doğrusu olduğuna karar verip, pılımızı pırtımızı toplayarak evimize döndük. İnsan sevgilisini en iyi tatilde tanır derler ya hakikaten öyleymiş. Biz, birbirimiz hakkında her şeyi biliyoruz sanıyorken adamın yüzme bilmediğini onu az daha öldürerek öğrenecektim.

Kendime not: Bir daha eşek şakası yapmadan önce şaka yaptığın kişinin hayatının aşkı olup olmadığına iyice bak. Yoksa hem hapislerde çürür, hem de ölene kadar bekâr kalırsın.

Babalara Gelmek

Bora'yı neredeyse yanlışlıkla öldürmeme ramak kalmasının hemen ardından kelimenin tam anlamıyla onun kulu, köpeği oldum. Bilerek yaptığım bir şey değildi sonuçta fakat bu sorumluluğu almalıydım, sonuçta durup dururken yaptığım bir eşekliğin sonucuydu. Bora da rezil olduğu için oldukça utandı, bu yüzden de bana bir hayli bozuldu fakat yine de o her zamanki kibarlığını elden bırakmadı. Ama başını, "Önemli değil, nereden bilecektin ki..." diye hafifçe öne eğdiğinde gayet de bozulduğu belli oluyordu halinden hareketinden. Bu tribi en iyi annemden bilirim ben.

Annem ve babam evlendiklerinde iki kez düğün yapılmış. İki taraf da burunlarından kıl aldırmadıklarından, her ikisinin de memleketinde birer düğünleri olmuş. Baba tarafında olan düğünün ardından babaannemlerin evinde kalınmış o gece ve anneme düğünde takılan tüm takılar nasıl olduysa o evden çalınmış. Annem yirmi beş senedir nasıl başarırsa başarır, konuyu her defasında o gece takılarının çalınmasına getirir ve imalı bir şekilde babama bakarak, "Önemli değil canım..." diyerek uzaklara dalar. Bora da aynı annemin bu yaptığı, "Aslında çok önemli ama oldu bir kere, yoksa Allah belanı versin senin" bakışını atıyor bana. Nereden tahmin edeyim ben rugby bile oynamış adamın yüzme bilmeyeceğini. Annesi maşallah, küçükken her boka bulaştırmış çocuğu, bir yüzmesi mi eksik kalmış?

Yaşadığımız bu sevimsiz olaydan sonra tatili yarıda kesip eve dönmeye karar verince ben iyice suçluluk hissetmeye başladım. Hem benim yüzümden tatili yarıda kaldı hem de az daha ölüyordu, daha ne olsun. Bu suçluluk duygusuyla İstanbul'a döndüğümüzde bambaşka bir Pelin olmaya karar verdim. Aslında Pelin değil, Bora olmaya karar verdim. Her şeye karşı aşırı anlayış, çok fazla ilgi, karşındakini gereksiz yere şımartmak gibi şeyler... Ama Bora olmak ne kadar da sıkıcıymış! Anlayışlı olacağım diye gavat gibi hissetmeye başladım kendimi. Annesine yaptığı haftalık rutin ziyarete giderken bu sefer bozulmadım, yollarken sırtına bir havlu koymadığım kaldı. Bakirelik derdine sevgilisiyle beraber olamayıp, "Senin de ihtiyaçların var biliyorum, bunları ben karşılayamam, o konuda istediğini yapmakta özgürsün" diyen salak kızlar gibi hissettim kendimi o gece.

Bora eve döndüğünde ise kendimi affettirme çalışmalarına tam gaz devam ettim.

"Boracım, annen nasılmış, geç geldin bu sefer biraz?"

"İyiymiş ne olsun, televizyonun uydu alıcısı bozulmuş onunla uğraştım."

"Yapabildin mi bari? Benim becerikli, elektronik mühendisi sevgilim." (Bak bak yalakalığa bak, adam daha ampul değiştiremiyor, ben gitmiş uyduyu soruyorum.)

"Yok, çok işi var onun, tamirci bir tanıdık var yarın götüreceğim, annemden uğrar alırım."

"Yarın da mı gideceksin yani? E hafta sonu yarın, ben de geleyim bari. O taraflarda yemek yeriz işin bittikten sonra."

"Yok tatlım hiç gerek yok şimdi, ben arabayla gidip gelirim hemen. Geldiğimde başka bir şey yaparız."

"Beni de çağırsan Bora? Annenle artık tanışsam nasıl olur? Her cuma akşamı saçlarını tarayıp, tıraşını olup gittiğin anne ziyaretlerden birine artık ben de gelsem nasıl olur? Hayır, o çok kıymetli anneciğin bu gerçekle yıkılacak belki ama son bir senedir aynı yatakta yatıyoruz. Annenin ondan başka bir kadını sevdiğini bilmeye hakkı yok mu sence?" demek istesem de içime atıp sustum.

Ama anlamıştım, açık açık söylemese de annesi benimle tanışmak istemiyordu. Çünkü benimle tanışması, ilişkimizi resmen kabul etmesi demek olacaktı. Annesinin Gizem'le hâlâ görüştüğünü, Bora'nın gizli gizli konuştuğum arkadaşı sayesinde biliyordum. Neredeyse senesi gelecekti ama Gizem hâlâ Bora'dan vazgeçmemişti. Helal olsun, iyi sevmiş sevgilimi. Ama artık bittiğini kabullenmesi ve Bora'nın sadece fotoğraflardan tanıdığım sıska annesini tanıma zamanım geldi diye düşünüyordum. Ailesinin Gizem'i unutma zamanlarının geldiğini, son bir yıldır buralarda benim borumun öttüğünü anlamaları lazımdı artık. Bora her zamanki gibi orta yolu bulmak için yine çırpınıp dururken içim çok da üzerine gitmeye elvermedi. Daha sonra tekrar denerdim şansımı. Ne yapalım? Annesi beni istemiyorsa istemiyor, ilişkimizi onaylamasına gerek yok, biz yeterince mutluyuz. Tabii maalesef şimdilik aileye resmi olarak "kız arkadaşım" olarak tanıştırılmanın zevkini de tadamamış olacağım, muhakkak çok güzel olurdu. Hiç yaşamadığım için bilemiyorum.

Fakat bir kere yolda yürürken kuzeni ve teyzesiyle karşılaşmış ve Bora'nın ilk aile büyüğüyle orada tanışmıştım. Ayaküstü de olsa teyzesiyle beni "sevgilim" diyerek tanıştırması Bora için küçük fakat benim için büyük bir adımdı. Teyze anne yarısı sayılır derler. Teyzesi hemen gidip annesine yetiştirecek, "Seninki boylu poslu, manken gibi kız bulmuş" diye beni övecek diye sevinirken annesi ve teyzesinin senelerdir konuşmadığını öğrenmemle tüm hayallerim suya düştü. Şansıma tüküreyim. Cenabet miyim neyim anlamadım, sen kalk ailenin yıllardır düşman olan iki kişisinden biriyle tanış. Kendi öz kardeşini hayatından silen kadın beni hiç sikine takmaz diye düşünüp annesiyle tanışmayı o kadar da istemediğimi fark ettim daha sonra.

Bora da bendeki bu burukluğu, kafamdan geçen bu düşüncelerin, suratıma yansımasını sezmiş olacak ki, sanıyorum, kendimi çok dışlanmamış hissetmemi sağlamak için beni babasıyla tanıştırmayı teklif etti!

"Sevgilim daha benim bir haftalık iznim var, İzmir'e gidelim istersen, babamın yanına?"

"İkimiz mi?"

"Kaç kişi gitmek istiyordun? Birkaç kişi daha al istersen yanına."

"Of Bora dalga geçme, babanla mı tanışacağım yani, onun evinde mi kalacağız?"

"İstemez misin?"

"İsterim tabii, istemez olur muyum?"

Bora'nın annesi ve babası ayrıldığından bu yana annesi her ne kadar vaziyeti belli etmemeye çalışsa da babasına hâlâ kırgındı. Ayrılıklarının üzerinden yirmi küsur yıl geçse de annesinin hâlâ babasını affetmediğini, Bora ondan bahsettiğinde, "Anma şu uğursuzun adını" diye terslediğini biliyordum her ne kadar tanışmamış olsam da. Annesi hem beni hem babasını sevmediğine göre, bu durumda düşmanımın düşmanı dostum oluyordu. Daha tanışmamama rağmen Bora'nın babasına hemen kanım kaynamıştı. Zaten geleceğimizi öğrendiğinde çok sevinmiş, İzmir'e gidene kadar da, "Vardınız mı?" diye beş kez telefon etmişti.

Bora babasını senede birkaç kez görse de onu çok sevdiğini, onunla olmaktan çok mutlu olduğunu biliyordum. Ama bilmediğim şey Bora'nın babasının hayatında bir kadın olduğuydu. Bol virajlı İzmir yolunda öğrendim ki, Bora'nın babası hâlâ uğruna annesini terk ettiği kadınlaymış. Vay be! Böyle şeyler sadece filmlerde olur sanıyordum. Başka bir kadına âşık olan adam... Ben hiçbir adam, başka bir kadın uğruna eşini ve çocuklarını terk etmez sanırken, "öteki kadın"ın gerçekten mutlu olduğu bir hikâyeyle burun burunaydım.

Sonunda eve varabildik. İzmir'in biraz dışında, müstakil bir evdi. Girer girmez hissettim ki Bora'nın babası ile o kadın nerdeyse yirmi yılı aşkın beraber olmalarına rağmen kadıncağız hâlâ suçluluk duygusu içeren gözlerle bakıyordu Bora'ya. Ben de Bora'yı başka bir kızın elinden aldığımdan dolayı birazcık da suç ortağı sayılırdık. Üvey kayınvalidemi orijinalinden çok daha fazla sevmiş, kendime yakın hissetmiştim.

Bora İzmir'e varmadan babası hakkında uyarmıştı. Biraz fazla samimidir dikkat et demişti ama abartıyor sanmıştım. Muhteşem İzmir manzarasına karşı balkonda keyif yaparken hepimiz biraz çakırkeyif olunca gayet iyi anladım Bora'nın ne demek istediğini.

"Eee Pelin kız, sen şimdi okuyor musun ne yapıyordun anlat bi bakalım."

"Evet Halis amca, son senem bu sene mezun olacağım inşallah."

"Ahahaha ne amcası? Halis de sen bana, bu ne mesafe."

Lütfen bu diyalogdaki korkunç yanlışı bulunuz. Hayır hayır, alttan bir ton dersim olmasına rağmen adama "mezun oluyorum" yalanını söylemem değil. Bu diyalogun, "Bana amca deme, baba de" şeklinde ilerlemesi gerekmiyor muydu? Kontes anası bitti, yaş kompleksli andropoz babası çıktı bir de başıma. Bu çocuk bu iki manyak ebeveyn arasında nasıl bu kadar normal, nasıl bu kadar doğru bir insan olmuş hayret ettim.

Adamın sevgilimin babası olmasını geçtim, kendi yaşıtım olsa bile her yeni tanıştığı insana siz diye hitap eden biri olarak, koskoca adama Halis demeyecektim elbette. Baba dememi istese biraz zorlanarak da olsa derdim de, yabancı filmlerdeki gibi koca göbeğiyle, "Lütfen bana John de Samantha. Biraz daha yabanmersini soslu hindi alır mıydın?" muhabbetleri hiç de bana uygun değildi.

Babası içtikçe tombul yüzü kızardı, tombul yüzü kızardıkça da adam raydan çıktı. Bora daha fazla içmesini istemeyince, "Hep o anan öğretiyor sana bunları" diye bir güzel çıkıştı Bora'ya. Ayrılmış bir çiftin çocuğu olmanın zorluklarını karşımda kızarıp bozararak yaşayan Bora'yı gördükçe daha da bir üzüldüm. Ama her şeye rağmen babasıyla olmaktan mutlu olduğunu gözlerinden anlayabiliyordum.

Konu nasıl olduysa Bora'nın kısacık tatilinin büyük bir kısmını İzmir'de geçirmek istemesine geldi. İzmir manzarasından bile güzel kafamla Bora'nın minik boğulma macerasını anlatıverdim babasına. Bora hariç hepimiz, gözümüzden yaşlar gelene kadar gülünce Bora resmen çocuk gibi küstü gitti içeriye.

Babasının dediğine göre annesi de yüzme bilmezmiş, küçükken boğulma tehlikesi mi atlatmış ne olmuş, sudan hep korkmuş ve Bora'yı asla suya sokmamış. Ee koca adam olunca da, yüzme bilmediğini söylemeye, birisinin ona öğretmesini istemeye utandığından öylece kalmış garibim. Ben boşuna erkek annelerine düşman değilim. Dolaylı da olsa onun yüzünden ölüyordu sevgilim. Ne olur yüzmeyi küçükken öğrense, Bora'yı resmen bir prenses gibi yetiştirmiş. Şaka değil, gerçekten prenses sanıyormuş Bora kendisini. Beş yaşına kadar hiç saçlarını kestirmemişler. Her yeni doğan gibi saçları sarı ve uçları lüle lüle olduğundan kıyamamış anacığı, ortalarda Huysuz Virjin gibi gezdirmişler çocuğu. Vah benim gariban sevgilim, ne travmalar atlatmış.

Halis (amca) o gece balkonda oturduğu yerde sızarken hâlâ, "Hep bu anası yaptı bunu böyle, hep o anası yüzünden" diye mır mır mır söyleniyordu. İçimden, "Haklısın Halisciğim hem de çok haklısın, o anası beni de yiyip bitirecek, hissediyorum bunu" diyerek uyumak üzere balkondan içeri geçtiğimde Bora ve bana ayrı odalarda, ayrı yataklar yapıldığını fark ettim. Bora hepimize küsüp uyumaya giderken bana yapılan yatağı görmemişti demek ki.

Çocukluğumdan beri yabancı evlerde tek başıma uyuyamadığım gibi bu evde de uyuyamadım. Önce deprem olacağını, sonra hırsız gireceğini ve en sonunda da burada yapayalnız öleceğimi hayal ede ede uykuya dalmaya çalıştım. Tam daldım derken odanın kapısı tıkırdamaya başladı. Bora'nın babasının ağır sapık olduğunu düşünüp, o sarhoş kafasıyla bana hallenmeye çalıştığı geldi aklıma. Gözlerimi sımsıkı kapatırsam, düşünce gücüyle onu kapıdan uzaklaştırabileceğimi düşündüm. Baktım sesler azalmıyor kalkıp kapıya yanaştım, bir de ne göreyim, kapıyı fare gibi tıkır tıkır zorlayan benim salak, Bora!

"Ne yapıyorsun be tıkır tıkır bu saatte, ödümü patlattın ayı."

"Seni çok özledim, burada yatıyım mı?"

"Gel tabii, delirdim burada tek başıma, çok ses çıkarmayalım ama, biri duyarsa rezil olurum bak, kimsenin yüzüne bakamam."

Yabancısı olduğumuz bir evde yasak bir şey yapmanın verdiği adrenalinle hiç olmadığı kadar tutkulu sevişip uyuyakaldık. Sabah Bora'nın tombalak babasının hararetli sesiyle uyandım. Adam resmen duyar mıyız, duymaz mıyız diye umursamadan dedikodumuzu yapıyor! Şişkoların kendine has densizliğiyle, ne yapsam makul görürler tavrıyla langır lungur, bağıra bağıra konuşuyor.

"Ben demiştim sana, onlar ayrı yatmaz diye, bak bizimki odasında yok işte."

"Halis Allah'ını seversen sus şimdi uyanacaklar, karışma sen her şeye öyle."

"Hey aslan oğlum benim be, babasının oğlu işte."

"Bak hâlâ konuşuyor."

Adama bak, kendi çapkınlığı yetmedi, oğlunun sevişmesiyle bile gurur duyuyor. Her ne kadar başka bir kadın uğruna yuvasını dağıtsa da özünde klasik bir Türk erkeği. Eğer ben kızı olsaydım ve sevgilim gece yanıma gelseydi böyle, "Hey yavrum yürü aslanım çüküne kuvvet" diye naralar atmak yerine, Bora'yı tüfekle kovalardı eminim. Bu ülkede kadın ve erkeğin cinselliği yaşayışının ne kadar farklı algılandığının canlı bir örneğiydi Halis amca. Bana kalsa yattığım yerden sosyolojik çıkarımlarımı yapmaya devam ederdim de, tombişin, "Bu kadar boyoz kime yetecek, yarısını ben yerim bunların!" diye açgözlülük yaptığını duyunca, midemize bir şeyler girsin diye mecburen kalktım yataktan.

Ulan daha iki gün bile geçirmedim şu adamla, ama Bora'nın annesine yavaş yavaş hak vermeye başladım. Böyle boşboğaz, böyle karı ağızlı bir adama senelerce iyi sabretmiş vallahi kadın. Adamın densizlikleri kahvaltıda da bitmedi. Sanki çok büyük bir espri yapıyormuş gibi sinsi sinsi gülerek, "Eee rahat uyudunuz mu bari?" diye bizi utandırmaya çalıştı dakikalarca. Adamın içinde kesinlikle dev bir ergen var. O göbeğinin de hikmeti belli oldu. Hormonları tavan yapmış, tüy bıyıklı bir ergeni yutmuş, göbeğinin içinde yaşatıyor onu. O ergen konuşuyor göbekten. Başka bir açıklaması olamaz.

Halis amcanın densizlikleri, "senin bacakların da ne kadar uzunmuş öyle"ye varınca üçüncü günün sonunda İstanbul'a dönme kararı aldık. Bütün yol boyunca annesinin mi yoksa babasının mı haklı olduğunu düşündüm. Aslında onların ilişkisinde haklı ya da haksız yoktu. Sadece birbiri için karakter anlamında son derece uyumsuz iki insan vardı. Çeyrek asır geçmesine rağmen ikisinin de kabul etmek istemediği buydu sanırım. Her yaşta yapılan feci hata! Yanlış insan, yanlış zaman, yanlış mekân diye konuşur dururuz hep ilişkileri. Belki de yanlış tamamen bizdedir, en olmayacak şeyi oldurmaya çalışmaktır belki de?

Bora hem babası gibiydi hem de değildi. Onun kadar cesurdu, ama bana babasının annesine yıllarca tanıdığı şansı tanımayacaktı. Bizim yanlışımızı bir çırpıda kesip gidecekti. Halis amcalarla vedalaşıp İstanbul'a doğru yola çıktık. Afyon'daki sucuklar yaşadıklarımızı bir nebze Bora'ya unutturmuş olsa da, ben her sucuk yiyişimde o İzmir yolculuğundan dönerken bu düşündüklerimi hatırlayacaktım.

Bora'yı beni terk ettikten sonra her sucuk yiyişimde deliler gibi ağlayacak kadar çok sevecektim.

Henüz bilmiyordum...

Kendime not: Hiçbir ilişkiyi bir tarafın ağzından dinleyerek karar verme, unutma, ilişkilerde her insan aynı anda hem haklı hem de haksız olabilir.

Kaşların Arasına
Dom Dom Kurşunu Değdi

Uzun süreli bir ilişkiniz varsa arkadaş çevreniz sizi bir süre sonra anne ve babasının ilişkisi gibi görmeye başlıyor. Yirmili yaşlarda ilişkiler pek uzun sürmediğinden herkes bunu başarabilen çifte önce imrenip, sonra da tahtalara vurup, "Öyle bir ilişki mi? Allah korusun, evdekileri görüyoruz zaten" kıvamına geliyor. Bilirsiniz, her arkadaş grubunda genelde liseden ya da üniversitenin ilk senesinden beri birlikte olan, evleneceklerine kesin gözüyle bakılan, ne kadar zamandır birlikte oldukları bilinmeyen bir çift vardır. Bu çiftin seneler sonra ayrılacağını, taraflardan birinin gayet normal hayatına devam edeceğini, öbürünün yaşananları bir türlü atlatamayacağını da herkes bilir. Bkz. Demet Akyalın. Yüz yıl geçse de İbrahim Mutluay'ı bir türlü unutamadı gibi geliyor bana. Ki unutamadı da. Bizim ilişkimiz de henüz ayrılık seviyesine gelmese bile arkadaşlarımızın gözünde "uzun süredir birlikte olan sıkıcı çift" olmuştuk sanırım. Onlara göre aramızdaki romantizm, heyecan, tutku her şey bitmiş, birbirimiz için alışkanlık olmuştuk. Haklılar aslında, çevrelerinde gördükleri en uzun ilişki anne ve babalarınınkiydi. Çeyrek asırdır birlikte olan bir çift ne kadar âşık olabilirse birbirine o kadar oluyor onlar da. Hepimiz bunu görerek büyüyor, aşktan, alışkanlıktan, galiba en çok da sıradanlaşmaktan korkuyoruz. Ama bizim Bora'yla olan ilişkimiz gerçekten henüz sıkıcılaşma, birbirine alışma, sıradanlaşma aşamasına gelmedi. Gelemedi çünkü, bir türlü birbirimize alışmaya fırsatımız olmuyor. Dedim ya ortamların tek stabil ilişkisi olan çifti biziz; başı sıkışan, canı sıkılan soluğu bizim evde almaya başladı. Başlarda Bora'nın arkadaşlarına kendimi sevdireceğim diye kimsenin yaptığına ettiğine sesimi çıkartmazken, şimdi, "Pelin rahat kızdır ya aldırmaz öyle şeylere" diye bahsedilen kızlardan oldum gözlerinde.

O çok kafa kızdır ya, hiç "takmaz öyle şeyleri" kızları: İstemeden de olsa, bu kızlardan biri gibi gözüksem de pek sevimli gelmez bu tür kızlar bana. Erkeklerle olan ilişkilerinde başarısız olup, "Onlarla olamadım, bari onlardan biri olayım" düşüncesiyle erkeklerin en leş, en berbat muhabbetlerine kahkahalarla katılır, ortama uyum sağlamaya çalışırlar. Normalde erkekler öküz oğlu öküz değilse kadınların da bulunduğu ortamlarda küfür etmekten, fazla seksist konuşmalardan, birtakım hayvanlıklardan kaçınırlar. Fakat beyler, bu "çok rahat" kızın yanında her türlü pisliği yapar, küfrü eder, bu kıza karşı da en acımasız şakaları yaparlar. Neden? Çünkü kızımız buna izin verir de ondan. Sosyal başarısızlığıyla kendi cinsiyetini pasifize ederek onlardan biri olmaya çalışan, aslında pek de hoşlanmadığı –seviyesiz– muhabbetin içinde bulunan bu kızı hemcinslerinden ben dahil kimse pek sevmez. Baktı ki ince eleyip, sık dokuyan, insanı gözünden anlayan kadınlara sevdiremedi kendini, iki memesi ve nefes alması aralarına karışabilmesi için yeterli olan erkeklerin yanında alır soluğu. Erkeklerin de kendisini sevdiğini sanır fakat, yine de erkek muhabbetine tam dahil olamaz. Almanya'da göçmen, Türkiye'ye gelince gurbetçi olan, nereye ait olduğu belli olmayan tiplere dönüverir.

Bora'yı sıkmayayım, onu arkadaşlarından mahrum bırakmayayım diyerek yavaş yavaş bu kızlardan birine döndüğümü fark edemedim uzun bir süre. Sonra bir baktım ki, gece yatarken, sabahın bir köründe, iş çıkışı, iftarda, sahurda, kuşluk vakti, her an benim kutu kadar evime doluşmaya başladı arkadaşları. İçip içip evlerine dönmek yerine bize gelirler, gelirken de leş barlardan kaldırdıkları çirkince kadınları güzel kırmızı koltuğuma yatırmakta hiçbir sakınca görmezlerdi. Bazı sabahlar getirdikleri kadınlarla konuşmalarını duyardım yatak odasından.

"Baksana ya, biz yalnız değiliz, bu evde başka bir kadın yaşıyor, ayıp olacak şimdi, kadıncağızın her yerde eşyaları var."

"Pelin'in onlar ya. Sen dert etme, rahat kızdır o, takılmaz böyle şeylere. Taksi çağırayım mı sana?"

"Sen dert etme, rahat kızdır o, takılmaz böyle şeylere." Senin anan takılmaz böyle şeylere, hayvan oğlu hayvan. Değilim, rahat falan değilim. Evimden siktir git hemen hatta. Sabah kalktığımda, alkolün etkisiyle yaşanmış kötü bir sevişmenin pişmanlığı gözlerinden okunan kadınlarla göz göze gelmek istemiyorum mesela. Ben sabah kalktığımda geri zekâlı gibi size, "Günaydın" demek değil, saçma magazin programlarını izlemek istiyorum. Ne bileyim, Seren Serengil'in Gülben deyince havlayan minik köpeği Tayni'yi izlemek istiyorum bu çiftler yerine. Üzülüyorum da sonra. Hem evi olmayan hem de öküzün tekiyle sevişmiş kadınları avutmak zorunda hissediyorum kendimi, zorla reçel tıkıyorum ağızlarına. Lafa bak, "Taksi çağırayım mı?" diyor hayvan. Aman ilgi gösterdin, aman başından en kibar şekilde attın. Aslında sinirlendiğim bu dejenerelikten çok, hiç tanımadığım kadınların daha ilk geceden bu tür öküzlerle birlikte olmaları.

Baktım benim ev çoktan kerhaneye döndü, yıllardır alıştığım annemin aristokrat düzeninden eser kalmadı, birkaç gün annemlere gitmek istedim, sıkılmıştım.

"Bora ben hafta sonu annemlere gidiyorum, kışlıkları falan da getiririm."

"Ben bırakırım seni, dönüşte de haber ver, o kadar bavulla baban uğraşmasın."

"Yok ya boş ver, şimdi annem falan seni görecek bin tane olay, çekemem onun dırdırını."

"Pelin durmadan bana laf ediyorsun da, senin annenin konusu ne zaman açılsa konuyu hemen kapatıyorsun. Sence bizim beraber olduğumuzu bilmeleri gerekmiyor mu, bu kadar zaman oldu?"

"Ay Boraa, söylesem beni rahat bırakır mı sence? Yüz bin soru sorar, canımızı sıkar, boş ver, erken daha."

"Bence başka bir şey gizliyorsun benden. Eminim artık bundan."

"Evet kapıcının kızıyım ben, onu saklıyorum senden. Manyak mısın sen ya?"

"Bak sinirlendin işte, kesin bir şey saklıyorsun."

"Ne saklayacağım ya, sussana artık, basit bir hafta sonu ziyareti, amma büyüttün be..."

"Bak doğru söyle, beşik kertmen falan mı var, yoksa bu hafta sonu size görücü mü geliyor?"

Merhaba hayatımın aşkı. Merhaba yeryüzündeki benden daha paranoyak tek erkek. Kendimi çok film izlediğimden aklım bir karış havada sanırdım da Bora benden daha manyak çıktı kafasına taktığı bir şeyde ısrar etmede. Bir bildiğim var ki tanıştırmıyorum dedikçe inanmadı, en sonunda delirdim, "Tamam, gel bize, gel de görelim ebemizin amını," dedim. Onun işi rahat tabii, kaynana dırdırı çekmemek işime geldiğinden annesiyle tanışmayı erteledim ve bunu fazla kafama takmıyorum ama o benim annemi henüz tanımıyor. Ve yapılacak dırdırı Bora'ya değil bana yapacak biliyorum. Annemle tanıştırmayı bırak, bir erkek arkadaşım olduğunu nasıl söyleyeceğimi bile bilmiyorum. Eve gelmiş kazaklarımı toplarken konuyu anneme açtım.

"Pelin valla bıktım senin şu angaryalarından. Kızım hiçbirini giymiyorsun zaten, verelim şunları birine, her sene indir kaldır yoruldum artık, belim ağrıyor bak, eskisi gibi değilim."

"Tamam anne veririz, sen şimdi bırak kazağı bilmemneyi. Ben bir şey konuşacağım seninle, gelsene biraz salona."

"Sen bana hiç böyle demezdin, kim bilir ne bok yedin? Başıma gelenler. Yine mi okulu bırakıyorsun? Bak doğru söyle, yani sana ne diyeyim Pelin, ne diyeyim ben sana."

"Anne bir sus da dinle ya, okulu falan bırakmıyorum."

"Araba mı isteyeceksin yoksa? Hayatta olmaz, katiyen aldırmam babana bak baştan söyleyeyim, sarhoşu var uğursuzu var yollarda."

"Anne Allah aşkına bi sus, araba istemiyorum ya. Sadece benim bir erkek arkadaşım var, sizinle tanıştırmak istiyorum."

"Hııı. İyi."

"Bu kadar mı yani? Hıı mı? Başka şeyler için hiç susmazsın, bu konuda söyleyeceğin tek şey bu mu?"

"Ne diyeyim ki kızım ben sana? Kazık kadarsın, düşünmüş taşınmış kararını vermişsin. Ama anneye sormak yok hiç. Yap kendi bildiğini, karışmıyorum."

"Anne sanki yarın evleniyorum dedim, tanışın işte, bu kadar basit, hemen suratın ne değişiyor. Neyini soracaktım sana, tipini beğendin diye mi, neyini soracaktım, saçma sapan konuşuyorsun."

"E peki, madem tepkimi beğenmedin, o zaman cevap ver sorularıma. Kim bu çocuk? Okuldan mı? Babası ne iş yapıyor? Tek çocuk mu? Annesi babası ayrı mı?"

"Tamam anne, bir şey demedim, kazakları katlayalım biz boş ver. Tanışınca ne istiyorsan sen sorarsın. Babama sen söyle ama, beni karıştırma.

Kısmen de olsa kolay atlatmıştım. Ama her konuda söyleyecek binlerce fikri olan annemin bu konudaki sessizliği biraz şüphelendirmişti beni. Herhalde duygulandı kadıncağız, kızım büyüdü diye düşündü, içi burkuldu. Yoksa bu kadar kolay susmazdı. Babam ne diyecek acaba? Bu tür şeyleri hep anneler söyler babalara. Okuldan ayrıldığımı da o söylemişti, eve çıkmak istediğimi de, şimdi bir sevgilim olduğunu da ondan duyacaktı. Kim bilir kendinden de katarak neler anlatacak adamcağıza, ama olsun, o anlatsın. Biz rahat bir aile olsak da babamın gözlerinin içine baka baka, "Baba benim manitam var" diyemezdim.

"Alo Pelin n'aber? O itle ne zaman geliyorsunuz? Ona göre hazırlık yapacağım."

"Ne iti anne ya, gayet de güzel işi var. Nerden çıktı şimdi it."

"Aferin kızım, paranı kimseye harcatma sakın."

Klasik annem işte. Özüne döndü. Hem deli gibi tanışmak istiyor Bora'yla, meraktan çatlayacak, hem de aklı sıra trip yapıyor bana. Bora apayrı triplerde zaten. Yeni gelin gibi... Giyeceği kıyafeti seçemiyor, tıraş olurken elleri titriyor. Ama ben hariç herkes kendince memnun bu tanışma faslından. Hele bir tanışsınlar da ben göreceğim memnuniyetlerini. Çünkü hem annemi hem Bora'yı gayet iyi tanıyorum. Sabaha kadar sorguya çekecek garibanı, bu saf da her şeye cevap verecek. Sonunda büyük gün geldi çattı ve Bora'yla annemlerin evinden içeriye ikimiz de hafifçe titreyerek adım attık. Dakika bir, gol bir. Babam penguen gibi karşıladı bizi. Takım elbise giymiş adam! Smokin giyseydin baba, hafif kaçtı bu elbise ortama. Allah'ım annem ne dedi adama, kızı istemeye geliyorlar mı dedi, neler uydurdu. Yılda toplasan üç kez takım elbise giymeyen adam jilet gibi bekliyor kapıda. Bora'ya tüm efendiliğini ortaya çıkaran yakalı baba kazağını giydirsem de takım elbisenin yanında zibidi gibi kaldı. Salonda hoş geldin beş gittin faslından sonra annem daha fazla dayanamayıp mutfakta kıstırdı beni.

"Ben bu çocuğu tanıyorum bir yerden, çabuk söyle bana, kim bu?"

"Anne nerden bileyim kime benzettin ya, hadi çok ayıp oldu, içeri gidelim."

"Hah tamam, sen dur, Allah cezanı versin senin, bu bizim karşı komşu değil mi?"

"Evet o, ne yapayım yani?"

"Kaşla göz arasında ne haltlar yedin sen? Verirsin bunun hesabını bana."

Kolumu öyle bir cimcikledi ki annem orada, üç hafta morluğu geçmedi. Fakat mutfakta bütün sinirini, stresini benden çıkaran annem Bora'ya karşı adeta bir iyilik meleği, bir Filiz Akın oluverdi. Hele babam adeta âşık oldu Bora'ya. Zaten Fenerbahçeli olduğunu öğrenince, alkolik, sapık, tecavüzcü olmasını bile dert etmezdi. Ortamın tek istenmeyen, tek eziklenen tipi ben oldum yine. Komşuyu ayarttığım için annem kızgın, sevgilimi eve getirdiğim için babam hafif kırgın, ama Bora maşallah küçük prens.

Korktuğum başıma geldi. Bizimkiler ve Bora birbirlerini çok sevdiler. Bütün gece hepsine köle gibi hizmet ettim, Bora böyle bir şeye alışık olmadığından, o da bir acayipleşti; benim evde köpeğim olan adam, "Pelincim ama kolamda buz seviyor muyum ben sence? Hiç oldu mu bu?" diye Vedat Milor triplerine girdi. Ben sana sorarım evde Bora, görürsün kolayı buzsuz mu içiyorsun, üç gece sevişmeden mi uyuyorsun. Ukalaya bak, hem de bizimkilerin yanında. O buzu kolandan alır götüne sokarım senin ama annem babam var işte orda. O kadar da kızmamıştım Bora'ya aslında. Çok ufak yaşlardan beri anne babası ayrı olduğundan, böyle son derece sıradan, yemekten sonra tatlı yenip kola içilen aile akşamlarını sevmesi, biraz şımarması normal geldi. Ama tabii bu yine de bana kölesiymişim gibi davranmasını gerektirmezdi.

Hadi Bora böyle bir ortamda bulunmadı da, bizimkilere ne oluyor? Babam niye, "Hep bir oğlum olsun istemiştim zaten" diyor ki? Hepsi beni yok saymaya, mutlu bir aile olmaya ne kadar meraklıymış. Bak bak, oğlu olsun istemişmiş. "Erkeğin derdi başka, canım kızım benim" diye saçlarımı okşarken öyle demiyordun ama babacığım? Bora'nın efendiliği cezp etti sanırım onları. Valla baba, beni de o cezp etti, haklısın.

Babamı da anladım aslında, futbol konuşabileceği, hem de fanatik Fenerbahçeli bir oğul buldu diye seviniyor, ama annemi anlamadım. Anneme ne oluyor? Bir anne niye kızının en korkunç çocukluk fotoğraflarını durduk yere sevgilisine gösterir ki? Ayrılalım, evde kalayım mı istiyor acaba?

"Bak bak, burada da Pelin, ortaokula başlarken. Nasıl ağlıyor görüyor musun? İnsan ortaokula başlarken ağlar mı ya, ahahaha."

"Hakkaten Pelin o yaşta ağlanır mı? Acayipmişsin sen de."

"Boş ver sen şimdi onu Bora, asıl şuna bak; bitlenmişti bu, saçlarını üç numara kestirmiştik."

"Ben bakamayacağım buna valla, çok korkunçmuş. Hahahaha."

Bora'yla annem iki saat boyunca bu şekilde kötü adam, kötü kadın kahkahaları ata ata bana güldüler. Annem ergenlik döneminde çekilmiş bütün fotoğraflarımı gösterdi Bora'ya, hepsini ama, bir tane bile atlamadan. Bizim şapşal da hiç tek kaşlı ergen görmemiş gibi bir tanesini bile atlamadan güldü hepsine. Ne var o dönemlerde biraz fazla kıllıysam? Sen de o yaşlarda otuz bir manyağıydın, bilmiyoruz sanki. Komik mi yani şimdi bu? Komik aslında. Çünkü bir insanın sağ şakağından, sol şakağına kadar komple kaş olur mu? Benim vardı valla. Yoklama listesinde 459 Pelin ve kaşları olarak yazardı ismim.

Gece, bebekken çekilmiş, banyo yaparken ağladığım çırılçıplak fotoğraflarımın da gösterilmesiyle sona erdi. Babam Fener-Galatasaray maçına Bora'yı davet ederek kendi yöntemiyle onu ne kadar sevdiğini belli etti, annemin yöntemi de kalan tüm pastayı paketleyerek Bora'ya vermekti. Bitlerim, kaşlarım, korkunç ergenlik anılarım ortaya dökülse de yine de fena geçmemişti gece.

Yıllar sonra annemden öğrendiğime göre babam o gece Bora'yı, annemle ben mutfaktayken sıkıştırıp, "Kızımı üzersen seni mahvederim, ona göre" demiş. Ama Bora babamı dinlemedi. Beni çok üzdü ve babam bunu hiçbir zaman bilmedi. O daha çok üzülürdü yoksa.

Kendime not: İleride çıplak fotoğrafların ortaya çıkıp da rezil olmaktan korkacağına, ergenlik fotoğraflarından kork.

Senin Egon Benim Egomun Önünde
Diz Çöker, Tövbe Eder

Yazılı olmasa da, adı konulmasa da bu hayatın bazı gerçekleri vardır. Mesela yaşlılara otobüste her zaman yer veririz ya da bir erkekle ilk defa yemeğe çıktığımızda hesabı erkek öder. Fakat bu gerçeklerin en bilineni ama iki tarafça da bilinmezlikten gelineni; eğer bir kadın bir erkeğe, "Neyse tamam, yok bir şey" diyorsa ortada yüzde bir milyar bir şey olduğudur. Bunu kadın da, erkek de her hücresine kadar bilir. Ben erkek olsam ve bir kadın bana, "Yok bir şey" dese koşabildiğim kadar uzaklaşır, mağaralara kaçar ve mümkün olduğunca o kadının yanına yaklaşmamaya özen gösterirdim herhalde. Çünkü o asık suratıyla, "Yok bir şey" diyen kadının gazabı kadar kötü hiçbir şey yoktur bu dünyada. İşte bu yüzden, onlar da bize ısrar etmemeleri, konuyu üstelemeleri gerektiğini bilirler, bilmeleri lazım. Dağda yetişmediyse bilir.

yani bir erkek. Ama erkeklerin geneli maalesef dağda, ovada, medeniyetten uzak neresi varsa orada yetişmiştir. Hadi ısrar ettin, kavga çıktı, hiç olmadı olayın ciddiyetinin farkına varıp çikolata falan al, gönlümü yap. Bunu da biz mi öğreteceğiz canım! Galiba bu erkekleri terbiye etmek, bir öküzü evcilleştirmekten daha zor.

Dilimi ısırayım, tahtalara vurayım, kıçımı kırk bir kez kaşıyayım, Bora terbiye edilmiş öküzlerden. Tabii bu terbiye yüzmek gibi, bisiklete binmek gibi bir kere öğrenince ömür boyu unutulmayan bir şey değil. Birkaç yılda bir salamuraya yatırıp, bir daha terbiye etmek gerekiyor erkekleri. Ama Bora'nın eğitimi henüz tam bozulmamış, gak desem anlıyor, guk desem ayaklarıma masaj yapıyor. Demek istediklerimi, verdiğim gizli mesajları alabiliyor. Zaten bugüne kadar içinden gelen her şeyi açık açık söyleyen bir tek Şahin K.'yı gördüm. O da denizden terliklerle çıkıp, "Sevişek mi?" diye etrafa saldırıyordu.

Bora da her ne kadar hemcinslerinden farklı olursa olsun sonuçta bir erkekti, hem de bir Türk erkeğiydi. O da lafı aynı bizler gibi dolandırarak söylemeye bayılırdı.

"Pelin baksana, bu eve sığamıyoruz ikimiz. Gelen giden de çok oluyor yeni ev baksak mı, ne dersin?"

Mesajı hemen almıştım, Bora'nın yeni eve çıkalım teklifi aslında evlenme teklifiydi. Yeni ev demek, birlikte yeni bir gelecek kurmanın ilk adımı demekti. Dolaylı da olsa benimle daha uzun süre vakit geçirmek istediğini söylemişti Bora, belki bilerek, belki farkında olmadan. Taşınma mevsimi de geçtiğinden, zevkimize göre bir ev bulup rahat rahat taşınacağız diye sevincimden kendimi bile gazeteye sarıp kutuya koyacaktım neredeyse. Nah. Benim bir işimin bir kere de yolunda gittiği görülmüş mü? Görülmemiş elbette.

Günlerce, haftalarca ev aramamıza rağmen bir türlü bulamadık istediğimiz gibi bir yer. Bulsak da, manyak ev sahipleri bizi evli olmadığımız için sanki her gece çılgın seks partileri yapıyormuşuz gibi algıladığından istediğimiz evi bir türlü tutamadık. İstanbul il sınırları içindeki bir taraftan Edirne'ye, bir taraftan Kocaeli'ye kadar uzanan her boş araziye ev yapılmışken bir tane daire bulamamıza inanamıyordum. Bu sıkıntılı günlerde, en çok yalan dolan, adam kazıklama aşkıyla yanıp tutuşan mesleğin emlakçılar olduğunu anladım. Üç-beş cümle ezberlemişler, herkese, her eve onları kullanıyorlar.

Nezih bir muhitte: Sen anla ki o ev nezih muhitte değil, nezih muhitin yanındaki semtte.

Toplu taşımaya kısa mesafede: Bu da metroya, otobüse, dolmuşa ulaşmak için bir vesait daha kullanmak zorundasın demek. Usain Bolt olsan bile koşarak üç buçuk saatte ulaşırsın durağa.

Öğrenciye apart daire: Öğrenci olduğun için ahırda da kalsan sesini çıkarmayacaksın. Güneş görebilmek için beş kat yukarı çıkacaksın. Ne de olsa öğrencisin, emlakçının gözünde üçüncü sınıf vatandaş bile değilsin.

Deniz manzaralı: Denizi görebilmek için balkondan yarı beline kadar sarkıp ufak bir su birikintisi görebilirsin. Kesin değil o da.

En sonunda aylık kirası, beş yıl çalışsam, gece gündüz aç gezsem de ödeyemeyeceğimiz bir dairede karar kıldık. Bora kıldı yani. Gitti gökdelende evi beğendi ve tutuyoruz dedi. Kimse de ahiret soruları sormadı, evli misiniz, nesiniz siz diye. Zaten o kadar fazla kira alacak bir ev sahibi olsam, değil kiracılara medeni hal sormak, buyrun bu da bendeniz diye domalırdım kiracının önünde. Kirayı tekrar tekrar okudukça gözlerimde hemen dolar işaretleri çakmaya başladı. Bu Bora düdüğü madem bu kadar zengin de benim niye haberim yok? Kirayı onun ödeyeceğini bilsem de biraz nezaketen, biraz da konuyu açıp merakımı gidermek adına ayak yapmaya başladım.

"Bora buranın kirası çok değil mi sence de? Babamın durumu ortada, e ben de çalışmıyorum. Bu kadar kira nasıl vereyim ben?"

"Saçmalama, kirayı sana ödeteceğimi mi sandın? Ben ödeyeceğim. Burası da bizim evimiz, bu para konularını da açıp benim sinirimi bozma bir daha."

"E tamam da senin maaşın yeter mi hem buraya, hem geçinmeye. Kiranın son sıfırını okumadın galiba?"

"Sen düşünme bunları dedim ya."

Allahhhhhhhh tutmayın küçük enişteyi. Hayır ne kadar maaş alıyor alabilir ki Bora? Bir kere öğle yemeği için işyerine gitmiştim, onun odasına ulaşana kadar üç kez güvenlik kontrolünden geçince önemli bir pozisyonda çalıştığını anlamıştım da, parayla bok gibi oynadığını bilmiyordum. Ek kartını aylardır istediğim gibi kullanıp bir kuruş bile ödemesem de, böyle bir zenginlik beklemiyordum açıkçası. Zaten uzun süredir ceplerini kurcalıyor bir fatura, bir maaş bordrosu falan bulmaya çalışsam da bulamıyordum. Bir şekilde ne kadar maaş aldığını öğrenmem lazımdı. Fakat bir yandan da, "Erkeğe maaşı, kadına yaşı sorulmaz" sözü de kafamda yankılanıyordu. Meraktan çatlamaktansa kendimce bir plan yaptım. Sözde sesimi değiştirerek işyerini aradım, sekreteri çıkınca da insan kaynaklarını aramak istediğimi, yanlış aradığımı söyleyip doğru numarayı aradım. Bak bak bendeki zihniyete bak, hiç koca şirketin insan kaynakları departmanı aranıp, "Ben sizin firmanızda işe başvuracağım ama şu pozisyon için ne kadar maaş veriyorsunuz?" diye sorulur mu? Sorulmaz tabii. Yolda gül satmak için yapışan çingeneler gibi sepetlerler seni telefondan. Hem maaşı öğrenemedim hem de rezil oldum elin ukala personelcisine. Keşke bu kadarla kalsaydı. Akşam haftanın diğer dört günü yaptığımız gibi yine kıymalı makarnamızı yerken Bora lokmamı boğazıma dizdi.

"Pelin ne işler peşindesin? Bizim şirkette işe mi başlayacaksın yoksa, insan kaynaklarını aramalar falan."

"Ne diyorsun sen be, ne işi?"

"E bugün arayıp Selma'dan insan kaynaklarının numarasını istemişsin, o söyledi."

"Sesimi falan benzetti sanırım, ben niye arayayım onu? Soracak olsam sana sorarım."

"Yalan söylemesene. Numaran çıkmış telefonun ekranında?"

Allah belanı versin Graham Bell. Sen bu telefonu bulmamış olsaydın, benim başıma bunlar hiç gelmeyecekti. Sesimi çok da ustaca değiştirmiştim ama numaramın Bora'nın sekreterinde kayıtlı olacağını hiç düşünmemiştim. "Allah'ım ne olur insan kaynaklarına sorduğum soruyu öğrenmemiş olsun, rezilliğim bununla sınırlı kalsın" dualarım tuttu ve Bora konuyu pek de uzatmadı. Zaten uzatsaydı bile ben böyle alengirli konularda anında bir erkek gibi davranırım, tek taktiğim vardır: Ölümüne inkâr. Çünkü ben bugüne kadar hiçbir erkeğin hiçbir suçu kabullendiğini görmedim. Adamı yatakta kadınla bassan, "Önce dur bi dinle" diyor herif utanmadan hâlâ. Neyini dinleyeyim, sevişiyorsunuz işte. Gözüm uf oldu onu iyileştiriyor bu cici abla bile diyebilirler. Ben de başım sıkıştığında hemen erkek gibi davranır, kesinlikle suçlandığım şeyi kabul etmem. Bu olayda da öyle yapardım, hatta o kadar abartırdım ki Bora sekreterinin şaşı olduğuna, numaraları yanlış gördüğüne bile inanırdı.

Ama şimdi Bora'nın maaşını düşünmekten çok, taşınma işine konsantre olmalıydım. Baba mesleğinden dolayı hayatının büyük bir kısmı taşınmakla geçmiş biri olarak taşınmayı sevmesem de bu işin püf noktalarını gayet iyi bilirdim. Övünmek gibi olmasın, iyi bir taşınıcıyımdır. Hiçbir konuda bile gurur duymasam kendimle, bardak paketleme ve kutuya yerleştirme konusunda uzmanımdır. Ama gel de bunu Bora kaz kafalısına anlat. Ömrü hayatında toplasan üç kez taşınmamıştır, ev toplarken tepemde dikilip artist artist konuşuyor. İkinci yılımız neredeyse, ona hiç bu kadar sinirlendiğimi hatırlamıyorum. Adam, taşınırken her boka rahat rahat burnunu sokabilsin diye yıllık iznini kullandı!

Küçücük evin içinde attığım her adımda, yaptığım her harekette tepemde. Bir işe yaradığı da yok.

"Pelin bir dursana ya, o sardığın tabakların arasına bunlardan koymalısın, ters çevrilirse bir şey olmasın."

"Boracım biliyorum, senelerdir taşınıyorum ben, sus, n'olur sus. Sen gidip elektriği suyu açtırdın mı?"

"Evet hallettim çoktan, bak bu kıyafet kutularının altı iki kez bantlanır. Ne biçim iş yapıyorsun arkadaş, koliler mi açılsın taşınırken?"

"Bana bak Bora, Manisa'dan Ankara'ya ev taşıdık, tek bir bardak kırılmadı, o yüzden şimdi karışma işime sen, zaten yoruldum."

"Emin misin bu işi bildiğine? Biraz beceremiyorsun gibi geldi de bana."

Şeytan diyor al o bardak rafını, kafasında parçala şunun. Hem bir işe yaramıyor, hem yaptığıma karışıyor, hem car car car konuşup iş yapmama engel oluyor. Bu kadar süre içerisinde Bora'ya gerçekten gıcık olduğum, ondan soğuduğum nadir anlardan biridir bu taşınırken yaşadıklarımız. Göt kadar evin içinde kutulardan adım atılmıyor, bir baktım bu benim yerleştirdiğim kutuyu boşaltmış kendisi sarıyor bardakları.

"Bora bıraksana! N'apıyorsun orada ya? Ben yerleştirmiştim onları."
"Hepsini ters koymuşsun, kırılır onlar öyle."
"Niye kırılsın? Bak üç kat gazeteye sarmışım."
"Olmamış, yapamamışsın işte, yine savsaklamışsın. Kırılır bunlar."

O an nasıl gözüm karardıysa masanın üzerindeki bütün bardakları elimin tersiyle yere fırlatıp kapıdan çıkmışım. O geceye dair son hatırladığım Bora'nın, "Nereye gidiyorsun?" diye arkamdan seslenmesi ve benim tüm semtin duyabileceği şekilde, "Ananın amına" diye bağırmamdı.

Keşke hayat filmlerdeki gibi olsa. Ayrılıklarımız bir anda mutlu sonla bitse. Ama öyle olmuyor işte. Hayatın gerçekleri dizilerdeki dramlardan çok daha ağır. Artist gibi kapıyı çekip çıkınca cebinde paran, telefonun, anahtarın olmadan en fazla köşedeki otobüs durağına kadar yürüyebiliyorsun. On dakika sonra da üşüyüp köpek gibi eve geri dönüyorsun. Ayı zahmet edip beni aramaya çıkmamış bile. Oturmuş hâlâ bardak paketliyor.

Aslında bu tür durumlara kendi evimizden alışkınım. Ne zaman önemli bir olay olsa kavga çıkardı bizim evde. Taşınırken, düğünlerde, tatile çıkarken. Annemin klasik, "Bir şeyi de ağzımdan burnumdan getirmesen şaşardım" cümlesi milli marşımız olmuştu adeta. Her tatil öncesi gereksiz yere çok eşya aldığımız için babam kızar, annem de altında kalmazdı babamın. Ya da kurban bayramında mutlaka kesici aletlerden biri kaybolur, "Koyduğum şeyi de bir kere yerinde bulayım" kavgası yaşanırdı. Yalnız, bir keresinde taşınırken kamyondan düşen mutfak masası için babam anneme niye bağırmıştı hâlâ anlamam. Kadın ne yapsın baba, kamyonun tepesine çıkıp masayı mı tutsun amelelerle birlikte? Klasik erkek beyni böyle işliyor sanırım. Stres altında olduklarında sinirlerini en yakınındaki kadınlardan çıkarıyorlar. Bora için ne kadar farklı, bambaşka biri o desem de o da herkes gibiydi aslında. İki boktan bardak için ilişkimizin en uzun süren küslüğünü yaşamış, yeni evimize yerleşecekken huzur ve mutluluk içinde olacağımıza, onu kıyafetlerinin olduğu kutuyu tekmelerken yakalanmıştım.

Eskiden benim evimde olduğumuz için ne kadar rahat etmesi için elimden geleni yapsam da ve bazı şeyler Bora'ya ters gelse de benim düzenime uyuyordu mecburen. Şimdi ona pek belli etmesem de kirayı o ödediği için kendimi onun evinde misafir gibi hissediyorum. Davranışları da sağ olsun, bunun aksini hiç kanıtlamıyordu. Yardım etmeye, evi bir an önce yerleştirmeye, kolilerden kurtulmaya çalışıyor ama elli beş yaşındaki hiç evlenmemiş teyzeler gibi davranıyordu bir yandan da.

"Bora o bardakları oraya koyarsan ben nasıl uzanacağım? Sürahiye ağzımı sokup mu içeyim?"

"Bardaklar bulaşık makinesinin üzerindeki rafa konur, bir şeyi de bil Pelin."

"Kim demiş? Hani nerede yazıyor? Alt tarafa koysak hapse mi atarlar bizi?"

"Bir lafıma da itiraz etme Pelin ya. Bıktım senin bu her şeyin içinde olmandan."

Bak bak, laflara bak bıkmışmış. Yeni evimizde daha ilk günden, bardakların yere indiği, kutuların tekmelendiği bir kavgaya tutuştuğumuzdan komşular çoktan bizi ruh hastası bir çift olarak görmeye başlamıştı herhalde. Ve biz bu süreçte ilk kez ayrılığın dile geldiği kavgamızı ettik. Ben birlikte bir gelecek için adım atıyoruz diye havalara uçarken neredeyse ayrılıyorduk iki boktan bardak yüzünden. Bardakları onun istediği yere yerleştirsek de kıyafet dolabının bol raflı kısmını kendime alarak ve yatağın sabahları güneş gelmeyen kısmını kendime seçerek aldım intikamımı. Bir de banyoyu yerleştirirken diş fırçası elimden yanlışlıkla tuvaletin içine düşmüş olabilir. Tam emin değilim bundan.

Kendime not: Erkeğin otoritesini kanıtlamak istediği olaylarda ona karşı çıkmak yerine egosunu okşa. Bırak kendini bir bok sansın, sen kendi işine bakarsın sonra.

Aşk İçin Ölmeli Aşk O Zaman Aşk

Bugüne kadar bilime, özellikle sosyolojiye, antropolojiye hiçbir zaman fazla merakım olmadı. Ama son günlerde çok merak etmeye başladım, "Acaba insanın doğasında birlikte yaşamak yok mu?" diye. Ne bileyim, ilk insanlar da bizim gibi miymiş acaba? Hayvanların tek eşli olmadığını biliyoruz, peki ya tarihöncesi dönemlerde yaşayan kadınlar? Kocası avlanmaya gittiğinde, "Oh be kafa dinledik şimdi" diye seviniyorlar mıymış, yoksa onu özlüyorlar mıymış. Bora'yla dip dibe yaşayıp hiç yalnız kalamadıkça, bunları iyice merak eder oldum.

Bir öğrenebilsem atalarımızın durumunu çok güzel olacak, belki onlar da benim gibi sıkılıyordu. Meğer ben yalnızlığı, hatta kendimi ne kadar da çok seviyormuşum. Kendimle ne kadar da mutluymuşum. Kabul ediyorum, Bora hayatımı tamamladı, eksik yanımı doldurdu, içimdeki mutluluğun hâlâ sönmeyen fitilini ateşledi, orada sorun yok, ama kendimi özlüyorum artık! İki kişi yaşayınca, her şey iki kişi yapılmaya‚ başlanıyor bir süre sonra. Kendime bir kahve yapayım, ayaklarımı uzatıp şöyle bir keyif yapayım demek yok, ille ona da sorulacak her defasında. Bok boğazlı bir kere de, "Ben içmem, almayayım" demiyor. Alma kardeşim bir defa da sus, teşekkür et, önüne bak, bir şeyler yap, ama isteme benden bir şey artık. Her defasında ne sorsam, benden önce atlıyor. Annemin ondan bir şey isteyince yıllardır, "Ayakta insan görmeyin zaten!" diye yakınmalarını çok daha iyi anlıyorum artık. Ama Bora, benimkilerden de beter çıktı. Ayakta görmesine gerek de yok bir şey istemesi için, uyuyor olsan bile, "Pelin be, şimdi şu dolaptaki dondurma ne güzel giderdi di mi?" diye dürtüyor. Gitmez lan dondurma o saatte, dişin üşür. Hiç gecenin bir yarısı dondurma yenir mi? Bu istekleri çeke çeke artık sıradanlaşma korkum kalmadı, çünkü zaten ben bir anda dünyanın en sıradan kadını, hatta çocuğum olmamasına rağmen dünyanın en sıradan annesi oldum, Bora bebesiyle yaşaya yaşaya.

Yeni ev, yeni başlangıçlar, daha geniş bir yaşam alanı... Hayal etmek ne güzel şey değil mi? Aslında teoride bunların olması gerekiyordu. Gerçekte ise daha geniş bir yaşam alanı ve Bora'nın daha çok dağınıklığı şeklinde ilerliyor hayatımız. Acaba benim evimdeyiz diye mi derli topluydu bu adam diye düşünüyorum. O küçücük evde her aldığını yerine koyar, temizliğe yardım eder, her işin ucundan tutardı. Fesat düşünmek istemiyorum ama kirayı ödediği için götü kalktı galiba şerefsizin. Hoş ben o kadar kira versem, camı açıp tüm dünyaya, "Hahayt bokumu yiyin pis fakirler!" diye bağırırdım, Bora yine az bile yapıyor galiba. Ama yine de sıkıldım dağınıklığından. Birlikteliğimizin ikinci yılına geleceğiz neredeyse, artık birbirimizin görmediğimiz yüzü, bilmediğimiz huyu suyu kalmadı. Regl günlerimi bile benden daha iyi bilir Bora, ayın o dönemlerinde tatlımı eksik etmez, ayak altında pek dolanmaz, her dediğimi onaylar. Bence regl dönemindeki bir kadına, adeta prensesmiş gibi davranan bir erkeğin sırtı asla yere gelmez, kadınsız kalmaz yani.

Fakat Bora'nın bu güzel huylarının yanında, yeni yeni huyları da türedi bu süreçte. Ya da benim gözüme yeni batmaya başladı. Mesela, ufak bir örnek; küvet niye icat edilmiş? İçinde güzelce yıkanalım, temizlenelim, yıkandığımız su da içinde biriksin, ortalığı pisletmesin diye. Peki bu öküz oğlu öküz Bora her zaman küvetin içinde yıkanıyorsa, her banyosundan sonra yerdeki minik su gölünün açıklaması nedir? Su sıçratmanın da bir adabı vardır, böyle Van Gölü Canavarı gibi yıkanılmaz. Şeytan diyor o sırılsıklam ettiği klozet örtülerini yalayarak temizlet, üfleyerek kuruttur. Galiba hiç istemesem de, evi erkeğe cehenneme çeviren kadınlara dönmeye başladım. Ama bu kadar da pis olunmaz!

O bardağı oraya koyma, halıya ayakkabıyla basma, temizlik var evden git, yeni yıkadım oraları git içeride otur diye dır dır dır erkekleri yiyip bitirir kadınlar, o adam da evinde bile rahat edemeyince, mecburen gözü dışarıya kayar. Bunu artık her kadın bilir. Bu dırdırcı kadınlardan olmak istemesem de Bora yeni temizlenmiş yerlere, bütün İstanbul'un çamurunu topladığı ayakkabılarla basınca kalbim sıkışmaya başlıyor. Henüz yirmili yaşların başında olsam da, içimde kırk beşlik bir anne var, evde kalmış bir teyze var adeta, ne yapayım?

Bora'nın evi pislettiği yetmiyormuş gibi, kendisi de pisleşmeye başladı bir süre sonra. Tamam ben de ilk günkü özeni göstermiyorum kendime. Kışın ağdaya gitmeyi biraz aksattığım oluyor ama soğuk havada o kıllar bacaklarımı ısıtıyor. Hem benimkisi sağlık sebepli bir bakımsızlık sayılabilir, peki ya Bora'ya ne demeli? İlişkinin ilk günlerinde ayda bir parfüm bitiren adam, zorla banyoya sokmadan yıkanmıyor, kırk yılda bir dişini fırçalıyor, onu yaptığında da macunu ortasından sıkıp beni deli ediyor. En sonunda, ayak tırnaklarını kesmediğinden o kazulet tırnaklarının çoraplarını deldiğini görünce daha fazla tutamadım kendimi.

"Bora, midem bulanıyor benim artık senden. Bu ne pislik ya? Ahırda mı yaşıyorsun, öküz müsün sen?"

"Bana laf diyene bak sen. Kendine bak sen, biraz da spor yap bence, şu göbeğine bak, babana yaklaşmış göbeğin."

İşte bunu demeyecektin Alfred. Bunu bana yapmayacaktın dostum. Bir kadınla hangi konuda kavga edersen et, kesinlikle kilosuyla ilgili bir imada dahi bulunmayacaksın. Erkeklere sünnet olmadan önce bu gerçeği öğretsinler bence. "Spor yap"mış. Sen kendin yap. O iğrenç göbeğine ben nasıl katlanıyorum bana bir sor istersen, hele o göbek deliğindeki pisliklerden kazak örülecek kadar yün çıktığını hiç söylemiyorum bile. Bu pislikle, bakımsızlıkla gelmiş bana spor yap diyor. Galiba bu kavga birbirimize tahammül edememeye başlamamızın bir başlangıcıydı. Ben aylardır onun pisliğini dile getirmeyip içimde tutmuş, o benim kıçımın meyve kâsesi gibi genişlemeye başladığını aylar önce fark etmişti, ama ikimiz de bu gerçekleri şu âna adar içimizde tutmuştuk.

Bu iğneleyici olduğu kadar, can acıtan kavgadan sonra ikimiz de hareketlerimize biraz çekidüzen verdik. Bora sabah akşam dişini fırçalamaya başladı, ben gece yarısı dürüm siparişlerimi azaltıp meyveli yoğurt yemeye başladım. Ama ne yaparsam yapayım, bir türlü bana imalı bir şekilde "koca götlü" demesini unutamıyordum. Bir kadın için en kötü şey sevgilisinin artık onu beğenmediğini düşünmektir. İşin kötüsü benimki artık düşünce de değil, kendisi söyledi. Bugüne kadar beni her çıplak gördüğünde, hatta en ufak bir dekolte giydiğimde bile ne kadar "heyecanlandığını" vücudunun belli bölgelerinden fark edebildiğim Bora, şimdi gelmiş bana "şişko" diyor. Yatakta heyecanını kaybetmiş bir ilişkiyi hiçbir şeyin hareketlendirmeyeceğini bildiğimden onu yeniden beni arzulamasını sağlamak için çalışmalara başladım. *Sex shop*'tan deneme amaçlı yapacağım alışverişin faturasını babamın ek kartından yapamayacağım için Bora'nın kartını kullanarak her yerinden "36 saat azdırıcı damla" reklamları fışkıran bir web sitesinden ufak bir alışveriş yaptım.

Birkaç masaj jeli, biraz değişik iç çamaşırı bulmak ümidiyle başladığım alışveriş, cinsel yönden ufkumu genişletti. Milletin ne fantezileri varmış meğerse. Erkeğin kendisini bir salıncağa bağlayıp partnerine sallanarak hallendiği "sevişme salıncağı"nı görünce, bazı konularda çok da geniş ufuklu olmamak gerektiğini düşünsem de alışverişime devam ettim. Üzerinde kalpler olan prezervatif, meyve aromalı jeller ve bir tane de ağza bağlamalık top aldım. Ama top gerçekten kampanyadaydı ve çok ucuzdu. Demek ucuz bulsam, zenci pipisi şeklindeki vibratörü bile alacaktım; bu alışverişte resmen kendimden korktum vallahi. Sırf ucuz olduğu için saçma sapan şeyler alma huyuma bir son vermeliyim galiba.

Üç gün sonra siparişim geldi. Sanki mafya baronlarından kilolarca kokain almışım gibi simsiyah, defalarca sarılmış bir paketin içinde hem de. Ulan sanki adam öldüreceğiz, silah yolluyorlar. Genç kızların başının kesildiği testereyi en çok okunan gazetelerin baş sayfasına basarlar, ama cinsellikle ilgili en ufak bir şey ayıpmış, günahmış gibi saklandıkça saklanır. Böyle bir memlekette yaşıyoruz işte. Tabii bu toplumsal baskı garip fantezi ürünleriyle sevişmemize engel falan olamaz. Bora'nın nadiren yıkandığı gecelerden birini seçip losyonları, seksi iç çamaşırlarını, uzun süredir yatak odamıza uğramayan mumları ortaya çıkardım. Mevzuyu hemen çaktı tabii çakal. Bir kadın sevgilisi ayak tırnaklarını kesti diye ödül olarak coşkulu bir sevişme hediye etmemeli ona aslında. Ama ne yapalım, bizim de ilişkimiz böyle ilerliyor işte. Yer yer romantik, çoğu zaman trajik komedi.

Siyah torbanın içinde gelen ürünler hiç beklemediğim kadar hareket kattı gecemize. En sonunda, "Madem para verdik o kadar, bunu da kullanalım bari" diye nasıl kullanacağımı bilmediğim topu ortaya çıkardım. Bora'nın gözleri elimdeki topu görür görmez ışıldadı.

"Oha, biliyorum ben bunu, süper bi şi bu ya, hadi dön hemen arkanı, takayım."

"Nasıl ya? Nerden biliyorsun ki? Nerde gördün?"

"Şşştt konuşma çok, fenayım şimdi dur. Hadi dön arkanı."

Yoksa ağza takılıyor sandığım top kıça mı takılıyor? Bora neden durmadan arkamı döndürmeye çalışıyor. Allah'ım nedir bu bitmeyen çilem. Kim bilir hangi porno filmde gördü bu topları ya da hangi sevgilisiyle denedi? Bu ilişki burada biter arkadaş! Seviyorum, âşığım tamam da, kıçıma asla top sokturmam!

Ben o arada ilişkiyi bitirmeyi düşünürken topu bir anda ağzımda buldum. Meğersem, "Arkanı dön" deyip durması da, topun iplerinin enseden bağlanmasıymış. Çok konuştuğumu biliyordum da, ağzıma top tıktıracak kadar illallah ettiğini bilmiyordum. Hayır, karşısındaki kadının konuşmaması, hatta zar zor nefes alması bir erkeğe nasıl tahrik edici gelebilir ki? Sanırım kadının bir süreliğine de olsa susmasından zevk alıyor erkekler.

Aklımdan bunlar geçerken kendimi bir anda ağzımda eş-şek kadar topla bulunca panikledim bir anda. Hem çıplağım, hem nefes alamıyorum, bir yandan da sevişmeye çalışıyorum! Hem konuşamayıp hem de bu kadar çok düşününce, tükürüğümü yutamadım ve öksürmeye başladım. Daha doğrusu öksürememeye. Ağzımda top olduğundan dilim boğazımın içinde tur attı, gözümden yaşlar gelmeye başladı. Bora'nın sırtına vurdukça, tırmaladıkça zevk alıyorum sanıp aptal aptal hareketler yapmaya başladı. Kendi tükürüğümde boğulup öleceğime mi yanayım, çırılçıplak öleceğime mi yanayım, Bora'nın beni öldürmekten hapislerde çürüyeceğine mi yanayım bilemedim o anda. Zaten ailem bu şekilde öldüğümü bilse bir gram üzülmez.

Yumruklarımı sertleştirince Bora nihayet gözlerini açıp yüzüme bakmayı akıl edebildi. Baktı ki suratım mosmor olmuş, yavaştan toparlanıp öteki tarafa gidiyorum, benden de fazla panik oldu salak. Hem vücudu adrenalin dolu hem de panik olunca açamadı topu. Elimle, kalan son gücümü de kullanarak makas işareti yaptım. Evin içinde çırılçıplak koşarak buldu makası. O panikle hızlı keseyim derken topun kemeriyle birlikte saçımın ucunu da kesti! Dakikalar sonra rahatça nefes alıp vermenin coşkusunu bile yaşayamadım kucağıma düşen saçımı görünce.

"Bora! Manyak mısın ya? Ölüyordum az kalsın. O neydi öyle geri zekâlı!"

"Pardon ya, anlamadım ne olduğunu ben o heyecanla. Özür dilerim, iyi misin? Su getireyim mi?"

"İstemez su falan, zevk alma derdine onun da içine zehir mehir katarsın sen şimdi. Geri zekâlı."

Aslında beni boğması bir bakıma iyi olmuştu. Geçen yaz onu boğduğumdan beri bir türlü kendimi affedemiyordum. Onun da beni boğmasıyla ödeşmiş olduk. Kız tarafı olduğumdan daha da fazla naz yapma hakkına sahip oldum hem de. Olan saçıma oldu tabii. Bora yüzünden sekiz yaşından beri omuzlarımın yukarısına çıkmayan saçlarımı neredeyse kısacık kestirmek zorunda kaldım. Seks sırasında saçlarını kaybeden, nefessiz kalıp boğulan tek salak olarak tarihe de adımı altın harflerle yazdırdım sanırım.

Demek Bora'nın eski haline dönmesi için benim böyle bir ölüm tehlikesi atlatmam gerekiyormuş. O olaydan sonra bambaşka, ince kibar, nazik biri oldu Bora. Fakat artık nasıl bir suçluluk duygusu içine girdiyse bana dokunmaya bile kıyamadı. Uzunca bir süre sevişemedik Bora'nın psikolojisi bozulduğu için. Cinsel hayatımızı renklendirmek için attığım adım, cinsel hayatımızı yok etme noktasına getirdi.

Kendime not: Her şeyi oluruna bırak. İttirmeyle, kaktırmayla, planla, programla, taktikle ilerleyen işler normalinden daha da fazla boka batıyor. Hayatın çarklarına çomak sokma.

Pornocu Pelin

Beyni çükünün doğrultusunda ilerleyen, am delisi erkekler gibi konuşmak istemem ama sağlıklı bir ilişkinin galiba en temel şartı düzenli ve kaliteli bir cinsel hayata sahip olmaktan geçiyor. Sürekli kavga eden, bir türlü ayrılamayan, bir ayrılıp bir barışan çiftlere bir bakın. Mutlaka yatakta çok iyi anlaştıkları için ayrılamıyorlardır. Cinsel hayatı berbat olan bir çift hiç kimsenin gözünün yaşına bakmadan ayrılıverir. Birçok evliliğin, aradan uzun yıllar geçmesine rağmen bir anda bitmesinin sebebi budur: Kalitesiz bir cinsel hayat. Evlilik aşkı değil, cinsel hayatı öldürüyor, bitmiş yatak arkadaşlığı yüzünden kimse birbirine daha fazla tahammül etmek istemiyor. Ki bence haklılar da. "Kötü giden bir cinsel hayatım olacağına ayrılırım keyfime bakarım daha iyi" fikri her zaman yapılacak en mantıklı şey gibi gelmiştir bana.

Keşke bu kadar büyük konuşmasaymışım. Keşke kötü giden bir cinsel hayatım olsaymış. Maalesef bir süredir Bora'yla hiç gitmeyen, hatta hiç olmayan bir cinsel hayatımız var. Ne zaman o işe doğru yol alsa öpüşüp koklaşmalarımız, tıkanıp kalıyoruz. Çünkü paşazadenin aklına ağzımda top varkenki morarmış suratım geliyormuş, çok korkuyormuş, hiçbir şey yapmak istemiyormuş. Bunları bana anlatırken düğmeye dönen hareketsiz pipisini görmesem, "Kesin hayatında başka biri var, pişmanlık duyduğu için benimle sevişmiyor" diye paranoya yapacağım. Gül gibi çocuk lanetlendi, çürük bamyaya döndü en sevdiğim yerleri. Artık *sex shop*'tan saçma sapan şeyler alıp iyileşmesini de sağlayamam. Sütten ağzım yandı, prezervatifi bile üfleyerek takarım.

Fakat yine de bu konuda bir şeyler yapmalıyım. Bu hayat böyle sürmez, en azından benim yaşımda böyle sürmemeli. Yaşlanıp buruş buruş olunca her yerim sürsün bana ne. Ama şimdi değil. Bu konu üzerine o yumurta beynimle çok düşünmüş taşınmış olacağım ki, bir ara eğer beraber porno izlersek, berbat giden cinsel hayatımızı bir nebze canlandırabiliriz diye düşündüm.

Tamam, fikir güzel. Birlikte porno izleyeceğiz de ne izleyeceğiz? İnternette en çok bulunan şey yemek tarifi ve porno iken ben şimdi ne izleyeceğimizi nasıl seçeceğim? Ya benim seçtiğimi beğenmezse? Adam ağzıma top tıkıyordu iki gün önce, benim bulduğum "normal porno"dan etkilenir mi acaba? Kafamda bu kaygıyla önüme ilk çıkan siteye tıklayıp kategorileri incelemeye başladım.

Lezbiyenler? Yok yaa, ben de insanım. Sırf onun zevki için izlenmeyecek bu meret, benim de motivasyona ihtiyacım olacak belki.

Gayler? Bu sefer de Bora komplekse girer, sanki adamlar özel seçilmiş, maşallah ya, istemem kendini küçük görsün.

pink freud

BDSM? Bu neymiş acaba diye merak edip baktığım bu kategoride demir kancaları kadınların meme uçlarına geçirmeye çalışan adamları görünce ben fena oldum. Hayatta olmaz.

Milf? Orta yaşlı kadınların hâlâ nasıl taş gibi olduğunu görüp benden soğur, bu da olmaz.

Porno dediğin bir derya, ucu bucağı gelmeyen sonsuz bir uçurum gibiymiş. Baktıkça kız benden güzel olmayacak, memeleri benden büyük olmayacak, adamın pipisi Bora'nınkinden küçük olacak gibi ufak ama çok önemli detaylara dikkat ettikçe geriye sadece cüceli porno kalıyor. Onu izleyerek de mümkün değil bir şey yapılmaz. Madem normal düzenimizin dışında bir olay gerçekleştiriyoruz, pornomuz da normal olmayıversin canım. Varsın kıskançlıktan ölelim, on dakika kıskanır, üç gün keyfini süreriz.

Nitekim düşündüğüm gibi de oldu. Bora'ya yemekte bu düşüncemi biraz utanarak yaptığımda gözlerinden alev çıktı sevinçten. Günlerdir uykuda olan organları teklifimle birlikte faaliyete geçti. Modern olacağım, klasik yöntemlere başvurmayacağım diye pornomuzu bir CD'ye kaydetmediğim için bilgisayardan izlememiz gerekti. Tamam kabul, modernlikten falan değil, filmi CD'ye nasıl aktaracağımı bilmediğimden kucağımızda *notebook*'la porno izlemeye koyulduk.

Baktım alet coştu, ısındıkça ısındı, neredeyse kucağımda patlayacak, masanın üzerine koydum. Bu arada Bora da kendi çapında ısınmayı geçmiş, yavaştan alev almaya başlamıştı. Filmdeki kadınlar coştukça Bora onlardan beter coştu. Beni boğması, psikolojik olarak kendini kötü falan hissetmesi hikâyeymiş. Tek ihtiyacı olan sevişirken gereğinden fazla bağıran iki tane kadınmış. O kadınları görüp de etkilenmesine, gaza gelmesine bozulmuş olsam da uzun vadede işimi görecek bir plan yapmanın mutluluğuyla Bora'ya odaklandım. Yalnız filmin ilerleyen dakikalarında kadın öyle bir bağırmaya başladı ki değil bende konsantrasyon kalması, üç alt katımızdaki komşu bile uykusundan uyanmıştır. O boğuşmada, harala gürele arasında masanın üzerindeki bilgisayara ulaşıp sesi kısmaya çalışırken milyarlık aleti çaat diye yere düşürdüm!

Bora paragöz bir insan olmasa da güzelim aletin tepsi gibi yere kapaklandığını görünce içi cız etti tabii. Ulan filmlerde klavyede bir tuşa basıp tık tık sesi kısanlar nerede şimdi? Gelsinler bana da öğretsinler. Aylar sonra adamakıllı sevişme yaşayacakken hem işimiz yarım kaldı, bir de aleti kırdık. Yere düşen *notebook*'un prizinden kıvılcım çıkmasa devam ederdik belki de... Evin ortasına yıldırım düşmüş gibi parlayınca fiş, yarım bıraktık tabii mevzuyu.

"Pelin n'apıyorsun ya, dikkat etsene! Bak açılmıyor işte."

"O an ona mı bakacağım Bora, saçma sapan konuşma be. Düştü işte ne yapayım."

"Daha sesi kısmayı bilmiyorsun ama maşallah porno sitelerde de fink atıyormuşsun."

"Keyfim için mi girdim sanki, salak salak konuşma."

"Bilmiyorum artık. Bak açılmıyor işte. Hayret ya, bi sevişicez burnumdan getirdin be."

"Yarın götürürüm tamirciye uzatma."

"Ne uzatma ya, neyi uzatma, beceriksiz misin kızım sen? Aynı anda iki işi mahvediyorsun, hem sevişmemiz yarım kalıyor hem de bilgisayarı bozuyorsun. Aferin ya, sonra uzatma diyor bir de, lafa bak. Götüreceksin tabii. Ne yapacaktın başka?"

"Sus be biraz dır dır dır, erkek misin karı mısın belli değil."

Bora'yla mutlu olduğumuz her ânı bir şekilde bok ettiğim için kendime kızsam da ona da sinir olmamak elde değildi. Bu kız uğraşmış, iyi niyetle bir şeyler yapmaya çalışmış, ötmeyen kuşumun derdine düşmüş diye beni düşüneceğine bilgisayarını düşünüyor. Ulan Steve Jobs, aramı açtın sevgilimle. Bu ses kısma işi için de bi *application* var mı acaba Apple Store'da? Kesin o da paralıdır.

"Asla bozulmaz, asla virüs girmez" denilen bilgisayarı ayı gibi yere düşürüp bozduğum, üstüne üstlük ukala ukala, "Ne var be yaptırırız" dediğim için tıpış tıpış teknik servis aramaya başladım. Allahtan Bora düzenliler düzenlisi, padişahın kalem efendisi kadar tertipli de fişini atmamış. Her aklı başında insanın yapacağı gibi aldığı yere götürdüm elbette ki. Devasa teknoloji marketlerden birinden almış. Her yerde bangır bangır müzik çalıyor, yüzlerce dev plazma televizyonlarla donatılmış etraf. Böyle yerler çok acayip, hiçbir şeye ihtiyacı olmasa da böyle teknoloji cenneti yerlerde, "Dur bir kablo alayım bari, götüme sokarım" diye alası geliyor insanın.

Yeni geldiği şehirde kaybolmuş bir turist edasıyla, elimde koca *notebook*, "Allahım n'olur benden para istemesinler, isterlerse çirkeflik yaparım" düşünceleriyle bana yardımcı olabilecek bir görevli buldum. Onlar da bir garip, sanki müşteriye yardım etmek için değil, küçümsemek, başlarından atmak için oradalar. İhtiyacın yokken peşinde, "Buyrun nasıl yardımcı olabilirim" diye kuyruk olurlar, ihtiyacın varken görünmez adam olursun. Zar zor bulduğum görevliye, altına işemiş çocuk mahcubiyetinde derdimi anlatmaya çalıştım.

"Şey bu bozuldu açılmıyor da bir bakabilir misiniz?" (Bak bak eziklige bak, adamın ayağını öpeceğim nerdeyse.)
"Nasıl bozuldu?"
"Bilmiyorum, bilgisayar mühendisi değilim." (Biraz sinirlenmiş olabilirim)
"Hmm bir bakalım, faturası yanınızda mı?"

"Tabii buyrun."

Pezevengin havalara bak. Sanki görevi bu değil, elektronik mağazalar zincirinin bağlı olduğu holdingin patronu. Çalmadık lan işte, garantisi her boku var. Ah gâvur ellerinde olacaktık ki, sorgusuz sualsiz değiştireceklerdi şu aleti. Ben de böyle tezgâhtarlara yaranmaya çalışmak zorunda kalmayacaktım. Adama aleti düşürdüm de diyemiyorum, kullanıcı hatası deyip tamir etmeyecek biliyorum.

"Bu en son çıkan modelimiz. Bozulması imkânsız diye satıyoruz biz bunu. Çok ilginç açılmaması."

"Bilemiyorum valla, dün geceden beri açılmıyor."

"Prizleri kontrol ettiniz mi? Elektrikte bir sorun vardır belki."

"Hayır, kontrol ettim, sorun bilgisayarda eminim."

"Bir pilini çıkartıp yeniden takalım bakalım, olmadı teknik servise göndereceğiz."

Bu mudur? Yapabileceğinin en iyisi bu mu gerçekten sevgili tezgâhtar bey? Bilgisayarı açıp kapayınca düzeleceğine mi inanıyorsun gerçekten? Evet, her türlü elektronik alet açıp kapayınca, pilini çıkarıp biraz okşayıp geri takınca düzelir ama, lütfen bunu teknolojinin geldiği son noktada yapma.

Tanrı, sanki yukarıdan benim nasıl göt olduğumu görmek istiyormuş ki adam açıp kapatınca bilgisayarın ışıkları yandı, çalışmaya başladı. "Ama ben evde yaptım olmadı ki" diye zavallıca kekelerken ekrana görüntü gelmedi de haksız çıkmadım en azından. Bora'nın bilgisayarını bozduğuma bu kadar sevineceğimi hiç tahmin etmezdim. O ukala görevliyi haklı çıkarmaktansa yeni bir bilgisayar almayı tercih ederdim doğrusu. Adam, ekrana görüntü gelmeyince ekran kartı, ram mam bir sürü anlamadığım kelime sıraladı. Kadın aklımla bu uzun cümlelerden çıkardığım sonuç, ekrana görüntü ileten kablolardan biri kopmuştu işte. Bunu anlamak için mühendis olmaya gerek yok. Ama işini nefret ede ede yapan ve benden, işinden çok nefret eden bir görevliyle uğraşınca böyle ukalalık yapamadım tabii ona. Yine de bana köle gibi davranmasının cezasını vermek istedim. Sen kimsin ki adamın krallığında ona kafa tutuyorsun, düdük Pelin.

"Siz yapamıyorsunuz galiba, başka bir yere götüreyim ben bunu."

"Hanımefendi bir saniye, sorunun ne olduğunu buldum galiba, şimdi görüntüyü başka bir ekrana ileteceğim, yazılım-da bir sorun var mı kontrol edeceğim."

Hah, yazılım, mazılım, bilmediğim birkaç kelime kullandı ya, yine üstünlüğü o sağladı. Görevliyle baş edemeyeceğimi anlayınca ben de beklemeye başladım. O kabloyu taktı ol-madı, bu kabloyu taktı olmadı, yarım saat uğraştıktan sonra başka birisine seslenip, onun ekranına görüntüyü aktaracağı-nı söyledi. Benimle ilgilenen görevliden daha salak birinden yardım istemiş olacak ki, o an koca mağazadaki tüm televiz-yonlarda Bora'yla dün gece izlediğimiz porno film oynamaya başladı. O an ölsem, o bilgisayarı da benimle birlikte yerin yedi kat dibine götürsem ne de güzel olurdu. Filmdeki kadın bağırdıkça yüzüm mağazadaki halılardan da, Amasya elma-sından da kırmızı oldu. Görevli çocuk panikle kapatmaya, kapatamayınca eline geçen tüm kabloları çekerek kopartma-ya, bu rezalete son vermeye çalışırken mağazadaki müşte-riler alaycı bir şekilde kafalarını eğip ekranlara bakmamaya çalışıyorlardı. Mağazadaki tüm çalışanlar yüzyılın felaketini engellemek, biraz da meraktan bulunduğumuz noktaya doğru koşmaya başladıklarında yapacak iki şeyim olduğunu fark ettim. Ya kendimi alışveriş merkezinin merdivenlerinden aşağı atıp ölü porno manyağı damgası yiyecektim ya da her zaman izlediğim "ölümüne inkar+çirkeflik" yolunu tercih edecektim. Tabii ki ikinciyi seçtim.

"Bu ne ya? Ne yaptınız bilgisayarıma?"

"Hanımefendi sizin bilgisayarınız bu, çalıştırınca bu oynamaya başladı."

"Sen bana ne diyorsun ya? Ben hiç böyle şeyler yapacak birine benziyor muyum??"

"Benzemiyorsunuz hanımefendi."

Yazık lan, garibim benzemiyorsunuz falan demek zorunda kaldı. Kim benzer pornocuya. Üzgünüm ama o an onu ezmem, üste çıkmam gerekiyordu. Porno rezilliğinden daha büyük bir rezalet çıkarmazsam adım tüm şehirde "Pornocu Pelin" olarak kalacaktı. Bu porno skandalı elektronik mağazasının tüm sigortasının kapatılmasıyla son buldu. Elimi neye atsam bir felaket çıkardığım için mağazada sergilenen tüm elektronik cihazlar da sayemde büyük zarar görmüş oldu. Biraz da fazla bağırıp çağırınca yepyeni bir bilgisayar vererek yolladılar beni eve. Tezgâhtara gıcık olup, bir ders vermek istemiştim ama bu kadar büyük çaplı bir skandal beklemiyordum.

Bora mı? Pişmiş kelleye yepyeni, gıcır gıcır bilgisayar götürdük, "E bunun içinde benim bilgilerim vardı" dedi nankörce. İşte o an her şeye sahip bir adamla asla mutlu olunmayacağını anladım. Okulunu bitirmiş, işi gücü yerine, kimseye maddi olarak muhtaç değil, tüm ideallerini gerçekleştirmiş. Tek derdi bilgisayarındaki üç-beş dandik fotoğraf, *word* dosyası. Geleceğinde, planlarında yer almadığın bir insanı sevmeye ne kadar devam edebilirsin ki? Onun sana sunduğu sevgi kırıntısıyla doyabilir misin?

Zaman gösterirdi bunları herhalde. Gösterdi de...

Kendime not: Bir adamın her şeyine sahip olabilirsin, ama elektronik cihazlarına asla. Mümkünse elini bile sürme...

Geber Aksakallı Dede

Girmek için yıllarca kıçımı yırtıp, kazandığımda da yarım bıraktığım eski okulum, içimde her zaman kanayan bir yara olarak kalmıştır. Geriye dönüp gençliğime bir akıl verecek, hatta kendime olmasa da bir gence akıl verecek olsam, "İlk başta okulunu, eğitimini aşk meşk işleri uğruna asla aksatma" derdim. Bir kere hayatının mallığını yapmış biri olarak ikinci kez girdiğim üniversitede bu hataya düşmedim ve örnek bir öğrenci oldum. Bu sürede hayatımın aşkını bulsam da, hiçbir zaman okulumdan üstün tutmadım onu. İki senelik bu çalışmanın ödülünü de güzel bir işle aldım. Hoş biraz torpille oldu ama burası Türkiye. Alışmak lazım bunlara.

Biraz gecikmeli de olsa nihayet üniversiteyi bitirdiğim günlerde kendimi hiç de bir devri kapatmış gibi hissedemiyordum. Kendimi bildim bileli öğrenciydim, öğrencilik bitince ne yapardı ki insan? Hemen işe mi girer? Yani her sabah erken kalkıp, ofise gidip bir şeyler yapmam karşılığında bir ton para mı verecekler bana her ay? Hiç de fena değil aslında. Sadece ruhumu da teslim alacaklar o kadar.

Ama daha sonra umutsuzluğa kapılıp, kendimi üniversiteyi bitiren milyonlarca gençten biri olarak, işsizlikten kırılan, çaresizlikten kendini hobiye, ahşap boyamaya, saçma sapan kişisel gelişim kurslarına verirken hayal ettim. Torpilsiz döner ekmek bile alamadığımız şu güzel memleketimizde, babam sağ olsun bana şıp diye bir iş buluverdi arkadaşının şir-'ketinde. Zaten o bulmasa Bora benim yerime CV hazırlayıp tanıdığı şirketlere gönderemeye başlayacaktı bile. Hop lan durun bir. Ne bu acele. Tamam eksik olmayın, iş buldunuz da, bana bir soran oldu mu, "Çalışmak ister misin, yoksa biraz kafanı mı dinlemek istersin sultanım?" diye. Zaten senelerdir kurallardan, ezberci zihniyetten telef olmuşum okuya okuya, beynim kalıcı hasar almış, espri anlayışı kıt, "Gülünecek bir şey varsa anlat hep birlikte gülelim" tipi öğretmenler yüzünden. Şimdi bir de bunun patron versiyonunu çekeceğim. Bari birkaç ay dinlendirseydim kendimi.

Her ne kadar nankör, genelde kötülük düşünen, aklı her zaman ilk önce fesatlığa çalışan biri olsam da bunu dışa vurmam pek. O yüzden babamın bulduğu işi sesimi çıkarmadan kabul ettim. Daha iş hayatımın ilk gününde işe kot pantolonla gittiğim için azar işittim. İş hayatına yeni giren bir kadının yaşayabileceği en büyük kâbusu da o zaman fark ettim. Benim gerçekten de giyecek hiçbir şeyim yokmuş. Ömrüm boyunca bir kot, bir tişörtten başka bir şey giymediğimden iş hayatı için bir de alışveriş yapmam gerekti. İki haftada Ziraat Bankası'nda beş yüz elli yıldır yerinden kıpırdamadan çalışan suratsız bankacı teyzelere döndüm. Daha işe başlayalı bir ay olmadan bunalıma girdim. Bora beni iyi tanıdığından sürekli, "Sen bir maaşını al, kendi paranı harca, ondan sonra da istemiyorsan gitmezsin" diye teskin ediyordu hep. Nasıl da tanır paragöz sevgilisini. Paranın bana tatlı geleceğini ben de iyi biliyordum da, o bir ay kâbûs gibi geçti. Eğer patronlar çalışanlarından en yüksek verimi almak istiyorlarsa maaşlarını peşin olarak ödemeliler. İnsanı, hele de alışveriş manyağı bir kadını çalışmak için kamçılayacak, sabahın köründe işe gelmeden önce kuaföre gidip fön çektirecek gücü veren tek şey paradır!

Gerçekten de Bora'nın dediği gibi oldu. İlk maaşımı alınca deli danalar gibi harcadım parayı. O kadar kontrolsüz alışveriş yaptım ki, daha ikinci haftadan beş kuruşsuz kaldım. Ben de sinsi sinsi Bora'nın ek kartını kullanmaya devam ettim. Parasızlıktan mı, işyerinin sıkıcılığından mı, ofis arkadaşımın berbat espri anlayışından mıdır nedir ayın sonlarına doğru ben yine bir soğudum işten, gitmemek için bahaneleri kafamda sıralamaya başladım.

"Ruhum ele geçirilmiş gibi hissediyorum Bora. Ben gitmek istemiyorum işe."

"Bırak şimdi ruhu muhu Pelin, sen çalışmak istemiyorsun belli o. Peki çalışmayıp da ne yapacaksın, apartmanın merdivenlerini mi sileceksin?"

"Aaa anne? Ne zaman geldin sen? N'aber ya? Hadi sen git Bora gelsin, bi şi demem lazım ona."

"Şebeklikte on numarasın ama işe gidecek halin yok, ruhunu ele geçirmişler öyle mi?"

"Ama çok anlamsız, sanki hiçbir idealim kalmamış gibi. Peki bundan sonra ne olacak? Ne yapmak, neye ulaşmak için çabalayacağım ben hayatta? Emeklilik mi bekleyeceğim?"

Büyük sorulardı bunlar. Büyük insan dertleri. Ama ben hani daha ufaktım? Anladım ki gelecek kaygısı, ne giyeceğim derdinden çok daha betermiş. Keşke tek derdim, açık renk kotumun altına giyecek uygun tonda ayakkabımın olmayışı olsaymış. Sanki derdim azmış, sanki düşünecek hiçbir şeyim yokmuş gibi, sanki ben bütün bu sıkıntımı, onu sıkmak için söylemişim gibi Bora'nın yaptığı mallık keyifsizliğimin üzerine tuz biber ekti, sıçtı tüy dikti. Beyefendi işinden istifa etmiş! O arada bana bunu söylüyor hımbıl.

Evet, Bora sonunda kaç sıfır olduğunu tahmin edemediğim güzelim maaşlı işini bırakmış. Hem de kendi isteğiyle. Bir de gelip, "Dediklerini çok düşündüm, sonuna kadar haklısın" demez mi? Düşünme sen benim dediklerimi Bora. Senin o beynin düşünmek için değil, kafan dengede dursun diye var orada. Hadi ben olsam, bir buçuk aylık işimi bıraksam neyse de, insan senelerdir çalıştığı, kariyer yaptığı işten nasıl bir anda vazgeçer.

Bora'ya ilk başta sinirlensem de biraz adamakıllı düşününce hak verdim. Biz kadınlar, bir süre sonra erkekleri ev geçindirmekle yükümlü robotlar olarak gördüğümüz için onlar da ilkel birer robota dönüşüyorlar. Sabahtan akşama kadar işte kafa yoran adam, eve gelince bir de kadın dırdırı veya kadının gündelik hayattaki önemsiz detaylarla bezeli sorunlarını dinlemek yerine aptal maç özetlerini tercih ediyor. Halbuki biz bir kere sorsak, "Ne derdin var?" diye, anlatmasa bile –ki erkek anlatmaz– ilgilendiğimizi belli etsek ne güzel olur değil mi? Bunlar yine teoride harika, ama pratikte hiç işe yaramayan şeyler. Günlük hayatın dertleri arasında o kadar yok oluyoruz ki, birbirimizin değil dertlerini dinlemek, suratına bile bakmaz hale geliyoruz bir süre sonra.

Baktım ki Bora'nın mutluluğu, rahatlamışlık hissi gözlerinden okunuyor, bu konuda gerekli tribi şu an yapmamaya, bu kozu ilerisi için kullanmaya karar verdim. Daha birkaç vakit önce Bora için, "Hiçbir ideali kalmamış, her hayalini gerçekleştirmiş, geleceğinde bana yer yok" diyordum. Al işte, bütün geleceği ben oldum şimdi. Resmen üç kuruş için elime bakar hale geldi gibime geliyor. Gerçi düşünceli çocuk şu Bora. Bir yıl çalışmasa da maddi olarak şu anki tüm giderlerini karşılayacak kadar birikim yapmış, bunları hep planlayarak istifa etmiş. Benim ise geleceğe dair tek planım, Mango'daki süet çizmenin indirime gireceği tarihi beklemek.

Neyse ki her gün sabah çıkıp akşam geliyorum da, bütün gün eltiler gibi Bora'yla oturmak zorunda kalmıyoruz. Yoksa bu ilişki çoktan biterdi! Dokuz günlük bayram tatili süresince evde oturup dinlenmeye karar verdiğimizde ayrılma noktasına geldiğimiz daha dün gibi aklımda. Bunun tekrarlanmasına kesinlikle izin vermem. Ben versem patronum vermez zaten, köle gibi gidip geleceğim işe Bora akşama kadar evde televizyon izlerken.

"Eee Bora, peki bundan sonra ne yapacaksın? Ev kızlığını sevdin mi yoksa?"

"Hıı çok sevdim. Saçma sapan konuşma şimdi, özel ders falan veririm belki. Ofis işine falan gelemem bu saatten sonra."

"Hımm harika bir gelecek planıymış. Peki, bunları düşünürken biraz da gün boyunca yediklerinin bulaşıklarını makineye koysan. Bu da güzel bi meslek gibime geldi."

Kadınlar en zor meslek ev hanımlığı deseler de, insan ev hanımı olmadıkça pek inanası gelmiyor buna. Bora belki akşama kadar kitap okuyor, kendi kendine dünyanın en zor denklemlerini çözüyor olabilir ama ben sabah akşam işe giderken, o evde oturdukça benim gözümde hiçbir şey yapmayan bir ev kadını sonuçta. Erkekler de evde bıraktıkları kadınları böyle görüyorlar. "Ne yapıp da yorulabilir ki benim kadar?" düşüncesi, evde kalanı sürekli bir küçümseme, hor görme hali oluşuyor erkeklerde. Ben de zamanla Bora'ya karşı resmen bir koca gibi hissetmeye başladım. Bora da kendini çok saldı ama; başı ağrıdığında kafasına patates bağlasa şaşırmayacağım. Birkaç hafta sonra sıkılmış olacak ki, özel derse başlayacağını söyledi. Anneciği ilk öğrencisini bulmuş bile. Özel ders denince ben de bekliyorum ki, kafası derslerine basmayan bir zengin bebesine laf anlatmaya çalışacak. Nah. Geri kafalı, sivilceden yüzü görünmeyen bir idiot beklerken taş gibi bir kız belirdi kapıda. Allahtan hafta sonu şu özel ders. Ben yokken gelseydi bu kız kapıları bacaları yıkardım, üçüncü dünya savaşı bizim evde başlardı. İnsan hem manken gibi olup, hem özel ders alır mı ya? Evime girebilecek kadınlar her zaman benden çirkin olmalı. Bu kız bildiğin afet. Ve iki saat sevgilimle baş başa kalacak. Gül gibi Bora özel derste kaptıracak kalbini bu kıza. Sikicem senin işten ayrılmanı da, özel dersini de be. Bora, sinirlendiğimde estirdiğim fırtınanın şiddetini bildiğinden beni evden gönderme girişiminde bulunmaya teşebbüs bile etmedi. Ben de evden kovulmayınca iyice yüz buldum, azıttıkça azıttım.

"Ya aslında ben de aldım okulda bu dersi, isterseniz ben de size yardımcı olayım."

"Ben Bora hocamın anlatımını gayet yeterli buldum. Bu arada zahmet olmazsa kola alabilir miyim ben? Eğer varsa tabii? Buzsuz olsun lütfen."

O kolanın buzlarını olmayan memelerinden içeri dökmeme ne dersin küçük orospu? Bora hocammış, bak bak, laflara bak. Uşağı mıyım lan ben bu evin. Kızcağız da haklı aslında. Taş gibi bir adamın evine özel derse gitsem, papağan gibi her boka burnunu sokan sevgilisine ben de gıcık olurdum. Allah'tan hatun kaz kafalının ve densizin teki çıktı, ders sonunda dersin ücretini bir zarfa koyma zahmetine bile girmeden Bora'nın eline verdi de, Bora'nın ilk ve son özel ders macerası böylece bitmiş oldu.

"Pelin inanabiliyor musun şu kızın yaptığına? Lahmacuncu çırağı mıyım ben? Parayı resmen avcumun içine sıkıştırdı. Gelmesin bir daha bu kız."
"Aman boş ver sevgilim, röflesi de akmıştı zaten."
"Ne röfle mi? O ne be?"
"Boş ver canım. Böyle paçozlarla uğraşmaya değmez."

Bora'yı bir anda kendi tarafıma çekmenin yarattığı haz paha biçilemezdi. Bu olaydan sonra başıma gelecekleri bilsem o şapşal kızcağıza hiç öyle davranır mıydım? Sanırım Tanrı beni izleyip, "Sen kendine böyle önemsiz şeyleri dert mi edinirsin? Al sana dertlerin en büyüğü" diye konuşuyor benim hakkımda. Hep böyle olmaz mı zaten? Neye canını sıksan, neye çok üzülsen başına bunun ne kadar da önemsiz olduğunu hatırlatacak korkunç bir şey gelir.

Bora özel ders işinden vazgeçince de, her canı sıkılan, boş vakti olan erkek gibi "erkekliğini" kanıtlamak üzere bir sürü saçma sapan şey yapmaya başladı. Önce hiçbir sorunu olmayan ütüyü "buhar düzgün çıkmıyor" diye parçalara ayırıp toparlayamadı. Yeni ütü almak zorunda kaldık. Daha sonra ille erkek gücü gerektiren bir şeyler yapmakta kararlı olduğundan yatak odasını boyamaya karar verdi. Ne kadar yapma etme diye dil döktüysem de dinletemedim. Nuh dedi, peygamber demedi. Göt kadar oda için kilolarca boya, onlarca fırça aldı. Çok da karşı çıkmadım aslında, boya badana işleri ve boyanın o tinerle karışık kimyasal kokusu her zaman hoşuma gitmiştir. Ama Bora sakarlığın doruklarında gezinen bir insandı. Bir gün duvarın son kanadını boyarken bir anda dengesini kaybedip Irak'taki Saddam heykeli gibi yere devrildi.

Ağlamalar, sızlamalar, ambulansın gelmesi –bu ilişkide Bora'nın arabasından sonra en çok gördüğüm ikinci araba kesinlikle ambulanstır–, Bora'nın kendini yerde iyice salması, ambulanstaki görevlilerin onu taşıyamaması, binanın güvenlik görevlisini çağırmamız ve adamın, "Abi de saldı iyice kendini" diye söylene söylene Bora'nın karga tulumba aşağıya taşınması, hastanede geçiliren korku dolu saatler derken çok da önemli bir şeyi olmadığının müjdesini verdi doktor. Sadece ayağı çatlamış ve iki ay üzerine basmaması gerekiyormuş.

Bora'nın iki ay ayağının üzerine basamaması demek, benim iki ay bebek bakmam demekti. Bebek olsa yine iyi, tıkarsın ağzına emziği, dayarsın mamayı susar, uyur gider. Ama Bora öyle mi? Oturdukça canı sıkılacak, sıkıldıkça bana saracak, iki ay boyunca sadece ve sadece konuşacaktı. Bora'nın çatlak ayağı yerine üzerinde "cehenneme hoş geldin" yazılı bir pankart görsem daha iyi olurdu.

Birden yukarılarda bir yerlerde huzurlu bir ışık belirdi, aksakallı bir dede beni ışığa çağırmak yerine, "Pelin kız, sen sabahtan akşama kadar iştesin, Bora'nın mızmızlanmasını çekmek zorunda değilsin" dedi ve kayboldu. Canım dedem, ne de güzel konuştun sen öyle. Gerçekten de haklıydı, Bora'yla uğraşmak zorunda değildim. Ben yokken isterse altına sıçsın, işesin, kendi bokunda boğulsun. Yeter ki ben sabahtan akşama kadar bakıcılık yapmak zorunda kalmayayım. Akşam da iki muhabbet eder, ayağının altına da yastığı koyup iyilik meleği rolümü yerine getiririm.

Ama çok daha kötüsü oldu. Bakıcılık yapmak zorunda kalmadım fakat Bora'yla gündüzleri de birinin ilgilenmesi gerektiğinden Bora'nın annesi tam iki ay boyunca bizimle yaşadı. Yoksa iki yüz yıl mıydı? Tam hatırlayamıyorum şimdi. O dönemler zaman ve mekân algımı çoktan yitirmiştim.

Kendime not: İlişkide karşı tarafın kendi hayatıyla ilgili aldığı tüm kararları destekle. Sonucu ne olursa olsun onun yanında olduğunu bilirse, ileride her ne yaparsan yap senin yanında olur.

Kadınlığın Gizli Geni: Kaynanalık

"Kadınlarda gizli, kimsenin bilmediği bir gen var ve o gen, sadece erkek çocuk doğurdukları anda aktif hale geliyor. Yoksa erkek annelerinin hepsinin bu kadar aksi, hiçbir şekilde yaranılamayan, dünyaya sadece homurdanmak için gelmiş gibi davranmalarının başka bir açıklaması olamaz" diye düşünüyorum. Belki onlar da erkek çocuk doğurmadan önce bizler gibi gülen, espri yapan, eğlenen kadınlardı. Ama ne olduysa doğumdan sonra oldu ve hiçbir şeyi beğenmemeye, mutlu olmamaya programlandılar. Kendi babaannemden Bora'nın annesine, teyzemin kaynanasından, kapıcının annesine kadar, bugüne kadar hiçbir oğlan annesinin, oğlunun sevgilisine iyi davrandığını, iyi davranmayı geç normal bir insanmış gibi davrandığını görmedim. Kadının oğluyla bir münasebetin varsa onun için düşmansın. Empati yapmaya çalışıyorum, durduk yere kadıncağızları genellemeyeyim diyorum olmuyor. Hele de Bora'nın annesiyle yaşadıklarımdan sonra kimse beni oğlan annelerinin iyi kalpli olduğuna inandıramaz.

Bora ayağını çatlattığından beri çekilmez, dengesiz bir insana dönüştü. Onun hasta olunca ne kadar mıy mıy bir kediye dönüştüğünü bilsem de bu kadarını beklemiyordum. Altı üstü ayağı çatladı, tam alçıya bile alınmadı, bileğine kadar yarım alçıda o kadar. Ama davranışlarına bakılırsa Kuzey Irak savaşında yanı başında atom bombası patlamış, beynine yirmi beş tane platin yerleştirilmiş, üç kez açık kalp ameliyatı olmuş, yedi kez sünnet edilmiş beyefendi. O kadar abarttı ki durumu değil yerinden kalkmak, kımıldamıyor bile. Mumyalanmış sanki. Daha önce hiç ayağım çatlamadığından canının ne kadar yanıp yanmadığını bilemiyorum. O yüzden belki gerçekten de ağrısı, sızısı vardır diye ilk günlerde hiç sesimi çıkarmadan ne istiyorsa yaptım. Patates püresi istediğinde bile sesimi çıkarmadım. Adamın ayağı kırık, patates püresinin kendisine iyi geleceğini düşünüyor. Düşünce beyni de çatladı herhalde.

"Pelin bana çorba yapar mısın? Geçen günkü püre gibi lezzetsiz olmasın ama, o bana hiç iyi gelmedi."

"Püre iyi gelmedi ne demek? Ayağının çatlayan yerine püre mi sürecektik? Yedin işte. Yoksa patates ile sütün kemiklerini güçlendireceğini mi sanıyordun?"

"Senin için hava hep hoş zaten. Senin ayağın kırılmadı tabii... Ben yerken kendimi iyi hissederim anlamında söyledim bir kere. Ama pürenin içinde ezilmemiş, kafam gibi patatesler olunca aç kaldım. Aç kalan bir insanın da neşe topu gibi sağa sola gülücük atmasını bekleyemezsin herhalde."

"Neşe topu ne demek ya?"

"Ne biliyim ben ne demek, her şeyi bana sorma artık sus biraz."

"Neşe topu, lafa bak, sen önce kurduğun cümlelere bir bak, bana sus diyeceğine."

"Pelin, annem gelsin buraya bir süreliğine, sen bana hiç de iyi bakamıyorsun."

Sanırım kulaklarım yanlış duydu ve Bora aslında, "Annemi istiyorum" demedi. Adama saatlerce gerekirse işten çıkıp sabahtan akşama kadar başında bekleyip, ona bakacağımı söyledim, dinletemedim. Şimdi de annesini istiyormuş. Acaba ayrılmak istiyor da bahanesi mi bu? Keşke daha acısız bir yol seçseymiş ayrılmak için. Çin işkencesine gerek yoktu. Bir türlü ikna edemedim Bora'yı. Yine her zamanki taktiğimle haksızsam bile üste çıkmayı deneyerek kurtulmaya çalıştım bu işten.

"İyi be, git ananın evine baksın o zaman sana. Çorba mı yapıyor, imambayıldı mı ne bok yaparsa yapsın oturun ana oğul."

"Onun evinde internet yok, hem sensiz canım sıkılır. O gelsin işte buraya ya."

"Bora delirdin mi? Kadıncağız nerede yatacak? Rahat edemez burada."

"Niye edemesin ya içerideki odaya bir yatak alırız, yatar işte."

Kim bilir ne kadar zaman düşündü bunları. Hiç de bir anda ağızdan çıkmış, öylesine aklına gelmiş bir şey gibi durmuyor. Zaten yarım saat sonra annesini aradığında akşama bizde olacağını söylemesiyle hemen anladım ana oğul bana tuzak kurup, bunu daha önceden ayarladıklarını.

Akşamüzeri annesini kapıda gördüğümde ise ufak çaplı bir kalp krizi geçirdim. Kadın yememiş, içmemiş evdeki neyi var ney yok her şeyi valizlere koyup getirmiş. Daha bana merhaba demeden taksici eşyalarını yukarıya kadar çıkarmadığı için söylene söylene Bora'nın yanına koştu, "Yavruuum, bakamadılar mı sana?" diye bağıra bağıra sevmeye başladı. Bakamadım, siyanür katacaktım tam kolasına sen geldin. Ulan moruk, dur bir soluklan, nefes al. Üstelik gayet de iyi baktım oğluna. Kadının oğlunu sevmesi, ona ilgi göstermesi bile bana laf sokarak. İlk yarım saatte anladım ki işim gerçekten zor. En baştan samimi olmazsam, kendimi zorla sevdirmeye çalışmak yerine aramızdaki mesafeyi korursam, ondan gelecek atakları daha az acıyla atlatırım diye düşündüm. Dostunu yakın, düşmanını daha da yakın tut diyen kerkenezi dinlemek yerine kendi taktiğimi uyguladım. Dostunu yakın, düşmanını uzak tut. Bu kadar basit. Ama düşman evimde, hatta mutfağımın ortasında olduğundan bunu da uygulamak pek mümkün değildi.

Tamam ben dünyanın en hamarat, elinden her iş gelen insanı değilim de, bu, kadının bana tek bacağı olmayan bir sokak köpeğiymişim gibi davranmasını gerektirmiyor. Daha geldiği gece "sözde" Bora'nın iyiliği için gözüken ama tek amacı benim rahatımı kaçırmak olan ve iki ay boyunca bitmek bilmeyecek isteklerine başladı. Bir de yalandan beni düşünüyormuş gibi yapması yok mu? Asıl beni rahatsız eden de bu. Bora'yı da bir türlü inandıramıyorum annesinin beni hiç sevmediğine. Salak, bir türlü görmüyor kadının bana psikolojik baskı uyguladığını.

"Sen zaten işte yoruluyorsundur akşama kadar kızım, yemekleri ben yaparım bundan sonra, sen hiç zahmet etme."

"Ben zaten pek yemek yapmıyorum. Atıştırıyoruz bir şeyler biz."

"Ne demekmiş o? Karnınız nasıl doyuyor? Belli zaten bir şey yapmadığın, çöp kadar kalmış çocuğun yüzü. Sen zaten üfleseler uçacaksın, biraz kilo al sen de."

"Bora böyle seviyor ama... Yani dışarıdan yemek söylemeyi demek istedim."

"Hayır efendim, benim oğlum öyle şeyler sevmez, mecbur kaldığından yiyordur. Di mi Bora?"

"Bilmiyorum anne."

Nasıl bilmiyorum lan Bora? Ben ne zaman, "Sebze pişireyim, biraz sağlıklı yaşayalım artık, bari akşamları hafif yiyelim" desem, sen her zaman, "Amaaaan, boş ver ya şimdi sebzeyi, pizza mı yiyelim, dürüm mü?" demedin mi hiç? Ne adi bir adammışsın sen ya. Kadına bak, hem oğlunu bilmiyor hem de her laftan sonra kendini Bora'ya onaylatıyor. Şişman olsam oğluma layık değil bu koca götlü der başka kız bakardı, zayıfım diye laf sokuyor bu sefer de. Yok, mümkün değil ben bu kadına yaranamayacağım. Evde iki kişi yaşamak yeterince zor gelirken bana üç kişi yaşamak, hele de kaynanayla oturmak iyice zindana kapatılmış hissi yaratmaya başladı bende. Oturduğum yerden tuvalete kalksam koltuğun minderini düzeltiyor kadın arkamdan. Sofraya çatalı yamuk koysam gözümün içine baka baka onu düzeltiyor. Kendi evimde misafir gibi hissetmeye başladım artık iyice. Bora da sağ olsun hiç, "Orta yolu bulayım, ikisini de idare edeyim" demiyor. Varsa yoksa anacığı. Annemin çorbası harikadır, annem çok güzel masaj yapar, annemin istediği diziyi izleyelim... Utanmasa meme verecek ağzına, bu koca dana da hiç sesini çıkarmadan emecek. Öyle bir göt götelik bunlarınki.

Cadının yemekleri Allah'tan çok güzel de sesimi çok çıkarmamak için geçerli bir bahane oluyorlar. Ama işte o dili yok mu o dili. Çatal dilli zehirli yılanınki gibi. "Düşünceli, görmüş geçirmiş, herkesin iyiliğini isteyen kadın" maskesinin altında yatan cadıyı bir tek ben görebiliyorum evde. Bir kadının her lafı mı, her söylediği mi laf art niyetli olarak ağzından çıkar?

"Ee sen temelli burada yaşıyorsun yani?"

"Evet? Haberiniz yok mu, biz üç senedir birlikte yaşıyoruz Bora'yla, söylemedi mi size yoksa?"

"Var da, emin olamadım bir an. Annen baban merak etmiyor mu seni?"

"Niye etsinler ki? Burası benim kendi evim, gidip görüyorum onları zaten ben yeterince."

"Bora evladım, sen buraya kaç para kira veriyordun?"

Senin o bana cevap vermeden, Bora'ya doğru uzanıp kirayı soran boynun kopsun, dilin düğüm olsun. Lafa bak, "Annen baban merak etmiyor mu"ymuş. Yok etmiyorlar, ipsiz sapsız, erkeklerle gününü gün eden bir kaşarım ben. Niye merak etsinler ki? Düzenli bir ilişkisi olan, çalışan, kendi ayakları üzerinde durabilen genç bir kadınım, senin gibi görücü usulü de evlenmeyeceğim, mutsuz da olmayacağım. Eski kocanın ne bok olduğunu bilmiyorum sanki, yavşak.

Artık sohbet ettiğimiz her an, her dakika bana laf sokmaya çalışmasına katlanamayacak duruma geldim bir süre sonra. Bora aptalını da mümkün değil inandıramıyorum kadının bana laf soktuğuna. İnanacak gibi olsa, "Aman yaşlı o boş ver, he de geç, onunla bir olma" demekten başka bir şey demiyor. Bir erkeği annesi ve sevdiği kadın arasında seçim yapmak zorunda bırakmak yapılacak en büyük hatalardan biridir. Sevgilinin annesiyle ne kadar anlaşamıyor olsan da sesini çıkarmayacak, bu sorunları ona yansıtmayacaksın. Yoksa her ne kadar seni seçse, sana hak verse de içten içe annesine karşı geldiği için,

pink freud

onun tarafında olmadığı için pişmanlık duymaya başlayacak ve en ufak bir tartışmada, "Ben senin için annemi karşıma aldım be!" diyerek karşına gelerek elini kolunu bağlayacaktır. İşte bu yüzden bu savaşı, soğuk savaş olarak yürütmek gerekiyor. Cadı kaynana beni canımdan bezdirse de, çok mecbur kalmadıkça bunu Bora'ya yansıtmamaya çalışıyorum. "Öküz değil ya canım anlasın o da annesinin ne domuz olduğunu" evresini çoktan geçtik Bora'yla. Anlamıyor işte. Adam öküz. Yapacak bir şey yok.

Yine de benim durumum çok fena sayılmaz. Durum geçici, Bora'nın ayağı iyileşince evine doğru hızla yol alacak kaynana. Hiç unutmuyorum ben henüz altın günlerine annemin peşinde sürüklenirken kaynanasıyla yaşayan bir kadıncağızın evine gitmiştik. Kadın konuşurken gayri ihtiyari kucağına yastığı almış, eliyle oynuyor. Kaynanası ayağa kalktığı gibi kadının kucağından yastığı çekip, "Ben konuşurken yastıkla oynayanları hiç sevmem!" diye bir hışımla bağırıp yastığı yere fırlatmıştı. Misafirler neye uğradığını şaşırmıştı. Kaynana meğer misafir sevmezmiş, o yüzden hıncını kızcağızdan almıştı. Çocuk yaşımla ağzım açık izlemiş, kaynana gazabından daha o gün korkmuştum. Bora'nın annesi neyse ki kucağımdan yastıkları çekmiyor. Çünkü evdeki bütün yastıkları Bora'nın arkasına, ayağının altına, etrafına dizip yastıktan kuleler yapıyor oğluna.

Bana kalsa yine de acımı kalbime gömer, sesimi çıkarmaz, anne ile oğlun arasına giren, ortalığı karıştıran fesat gelin olmazdım ama yaptığı son teklif iyice azıttığının, yüz verdikçe astar istediğinin çok açık bir göstergesiydi. Bir gece salonda televizyon izlerken uyuyakalmışım. Annesinin çığlıklarıyla gözümü açtım. "Allah" dedim, "kadının da bacağı kırıldı, ikisine de ben bakacağım, ölmeden cehennemi yaşayacağım." Meğerse tüm bu feryat figan Bora susadığı içinmiş. Bora birkaç kez bana seslenmiş, uyuduğum için haliyle, televizyon da açık olduğundan duymamışım. Tabii annesine göre Bora bağırmaktan nefessiz kalmış, az daha ölüyormuş! Nasıl olur da oğlunu duymazmışım, ya Bora'ya bir şey olsaymış. Daha ne olsun Bora'ya, senin gibi bir anası var işte. Başına daha kötü ne gelebilir ki?

Gecenin bir yarısı seslenmesini duymadığım için, bir güzel iğneli laf soktu önce, cıkcıkcık diye papağan gibi söylene söylene Boracığına suyunu götürüp oğlunu yatırmaya girdi yatak odasına. Her ne kadar sevmesem de kendisi oğluna iyi geceler derken girip herifin yanına kıvrılmak bana bile yakışmazdı. İçeride, odadan çıkmasını beklerken fısır bir şeyler söylediğini duydum Bora'ya. Tabii ki hemen dinlemek üzere yaklaştım kapıya doğru.

"Bak oğlum, bu kız sana bakamıyor, o kadar seslendin bilerek duymamazlıktan geldi seni."

"Ne alakası var anne ya, kızcağız uyuyakalmış işte. Hasta mısın ya?"

"Oğlum bakamıyor işte, duymamasının imkânı yok. Ben de burada yatayım, uykum hafiftir benim, duyarım seni."

Gayri ihtiyari, "Yok artık amına koyim!" diye bağırmışım. Annesinin, "Aaaa terbiyesize bak" diye çınlayan sesiyle kendime geldim. Artık nasıl gözlerim dönmüşse sinirden dilim ve beynim benden bağımsız hareket etmeye başlamış. Ama bu da olacak iş mi? Bir anne oğlunu sever de, bu kadar da abartmamalı ya. Üç dakika geç içiversin Bora suyunu, veremden ölmüyor ya, alt tarafı ayağı çatladı. Neyse ki Bora her ne kadar annesinin yanında belli etmese de genel olarak mantıklı bir insan olduğundan elbette kabul etmedi annesinin birlikte yatma teklifini.

Zaten annesi de aklı sıra ceza vermek için evine dönmeye karar verdi bu olaydan sonra. Vah vah çok üzüldük sevgili müstakbel kaynanacığım, sensiz ne yapacağız şimdi? Gelip ortamızda uyusaydın keşke.

Taktığım işe yaramıştı. Mağrur olanı oynamak her zaman işe yarıyordu. Bu konuda da yaradı. İkisinin arasına girip, Bora'dan ikimiz arasında bir tercih yapmasını istemek yerine, sessizce annesinin olayın bokunu çıkarmasını, Bora'nın ister istemez beni seçmesini sağlamıştım. Hoş bu süre içerisinde oldukça darbe almıştım ama değmişti. Annesi, seve seve olmasa da öğrenmişti Bora'nın hayatındaki önemimi.

Bora'nın alçısı çıktığında inanılmaz bir acı çekip yere basamamasının sebebinin ise annesinin pimpirikliği olduğunu, arada sırada egzersiz için de olsa yere basması gerektiğini, şu an yaşadığı tüm bu acının sebebinin aslında annesi olduğunu söyleyip rahatladım. Ne yapayım içimde daha fazla tutamadım zehrimi.

Kendime not: Bir erkek ile annesi hatta ailesi arasına asla girme. Hele ikinizden birini seçmesini hiç isteme. Zaten doğru adam seni ne annesine ne de bir başkasına karşı ezdirir. Doğru adam, seni kimselerin üzmesine izin vermez.

Orospu

Dile kolay, tam üç yıl olmuş... Üç koca yıl... Nerden baksan otuz altı ay, yüz elli altı hafta, bin doksan beş gün eder. Bir insanı bin gün boyunca aynı aşkla sevebilmek mümkün mü? Mümkünmüş. Yaşayarak öğrendim bunu. Bir dargın, bir barışık, çoğu zaman kavgalı, kavgalı olmadığımızda atışmalarla geçse de üç yılımız, ilişkimizin her anında aramızdaki sevgiyi hissetmek mümkündü.

Hayatımın en kötü döneminde, olabileceğim en berbat halde tanıştım onunla. Ne kendime güvenim, ne geleceğe dair bir umudum ne de aşk düşünecek halim vardı. Her şeyi bir anda değiştirdi. Parmak arası terliklerinin üzerine çorap giyen, kolları kıllı bir kızken tanıştığım Bora'yla geçirdiğim üç yılın sonunda, okulunu başarıyla bitirmiş genç bir iş kadını olarak devam ediyorum hayatıma. Üç yıl boyunca ikimiz de çok değiştik. Değişim dediğim şey aslında büyümek. Bir sürü şey öğrendim ondan bu süre içinde. Yemek yapmaktan sevişmeye, bir erkeği nasıl seveceğimden, noktalama işaretlerine kadar birçok şeyi... Fakat bu kadar yaşanan şeye rağmen, aramızda değişmeyen tek bir şey vardı. Ben Bora'ya bir kere bile hediye almamıştım!

Zaten normalde hediye almayı hiç beceremem. Alacağım şey özel olsun, yaratıcı olsun, özenildiği belli olsun ve bunun üzerine bir de ucuz olsun diye bin tane kriter belirlediğimden kasıldıkça kasılır, bir türlü karar veremem. En sonunda da anneye bir şal, babaya bir kravat, arkadaşa da fotoğraf çerçevesi götürür, aldığım o dandik hediyeye çok sevinmişler gibi yapmalarını izlerim. Şu hayatta bir şeye ne kadar özenirsen, ne kadar iyi olsun istersen o kadar boka sarıyor. İster hediye olsun, ister sevgili, ister araba... Her şeyi akışına bırakmak, üzerine çok düşünmemek lazım.

Hediye alma konusunda bu kadar beceriksizken, söz konusu kişi Bora olduğunda yüz bin kat daha da fazla geriliyorum. En başta, adamın parası var! Bu bile başlı başına alınacak hediyeyi değersizleştiriyor. Gider kendisi alır ne istiyorsa. Zengin birine hediye almak işte bu yüzden en zor şey. Öğrencilik yıllarında, harçlıklardan biriktirip, sınıf arkadaşımıza aldığımız saçma biblolar çok daha anlamlıydı bu yüzden. Parası olduğu gibi, her şeye gözünü kırpmadan para harcayan bir yapısı da var Bora'nın. Yeni bir oyun mu çıktı, hemen alır. Bir kazak mı beğendi? Fiyatına hiç bakmadan üç rengini birden alır. Sağ olsun benim bir dediğimi iki etmez, bütün eksiklerimi, ihtiyaçlarımı benden önce halletmeye çalışır, ek kartının anasını ağlatmama rağmen bir kere bile ağzını açmışlığı yoktur ama, kendisine de bana olduğu kadar cömert olunca ona hediye almak nerdeyse imkânsız hale geliyor.

İlişkimizin başındaki ilk özel günümüz onun doğum günüydü. İlgili, alakalı, süper kız arkadaş gibi görünmek için günler öncesinden "Doğum gününün geldiğini biliyorum, seni umursuyorum" mesajları vermek için ikide bir, "Eee doğum günü çocuğu heheh" diye gerzek gerzek muhabbetler açıyordum. Zaten hediye almakta vasatın önde gideniyim, bir de hediye alacağın kişi duygusal anlamda bağlı olduğum kişi olunca iyice gerildim. Bütün gün alışveriş merkezinde deli dana gibi dolaşıp, bir tane bile alacak hediye bulamayınca ben de Bora'ya açık açık sormaya karar verdim; en azından istediği bir şeyi almış olayım diye.

Düşünceli sevgilim, henüz benim öğrenci olduğumu, bu yüzden ona hediye almam gerekmediğini, en büyük hediyenin ben olduğunu, çalışıp kendi paramı kazanınca içimden gelen bir hediyeyi istersem o zaman alacağımı söyledi. Bazen dallamalığı tutsa da, genel olarak böyle de iyi kalpli, böyle de ağırbaşlı bir insandı Bora. İlk doğum gününde ona kendimi sunmam dışında –tabii ona da ne kadar hediye denirse– üç yıl boyunca hiçbir özel günde, resmi ve dini bayramlar dahil tek bir çöp bile almadım ona. Artık nasıl bir su katılmamış odunsam, bir kere bile, "Al bak içimden geldi sana aldım" diye bir çorap bile vermedim. E ama o dedi alma diye. Hele ilişki ilerledikçe, aramızda hiçbir sınır kalmadıkça daha da azıttım. Bora kendi doğum gününde bana hediye alır oldu. Öyle garip bir hediye anlaşması oldu çıktı aramızda. Bana hediye alınmasını çok sevdiğimi bildiğinden, kıymayı bile hediye paketi yapıp masanın üzerine notlarla bıraktığı olmuştur. İşte ben Bora'ya beni hediye yağmuruna tuttuğu için değil, beni kıymayı hediye paketinde görünce sevineceğimi bilecek kadar iyi tanıdığı, bu saçma olaya birlikte gülebileceğimiz kadar yakın olduğumuz için âşıktım.

Tabii Bora genelde bu tarz, kıyma gibi hediyeler almazdı. Beni oldukça iyi tanıdığından ve benim dünyanın en yüzsüz insanı olarak beğendiğim bir şeyin internetten satın alma linkini her zaman yollamamın da etkisi olacak ki hep güzel, istediğim hediyeleri alırdı bana. Daha doğrusu ben neyi istersem, neyi önceden gösterirsem onu alırdı. Bu kadar açgözlü, hediyesini bile kendi seçen iğrenç bir insan olmak istemezdim ama beni buna hayat şartları zorladı. İlişkinin başlarında her kadın gibi ben de prensesmişim gibi davranıyordum. "Yok canım ben hediye istemem varlığın yeter" demeler, "Sen ne alsan benim için dünyanın en güzel hediyesidir" diye göz boyamalar neler neler. Buradan erkeklere seslenmek istiyorum: "Aslında ne alsanız beğenmiyoruz. Biz de insanız ve bizim de zevklerimiz var. Size elindeki ürünün en pahalısını satmak üzere programlanmış yapmacık tezgâhtar kızların yardımıyla aldığınız hediyeleri beğenmiş gibi yapıyoruz, ama beğenmiyoruz. Hediye seçiminde biraz yaratıcı olun."

Bora da her erkek gibi başlarda bir sürü zevkten yoksun, rüküş, kötü hediye alsa da hediye geçmişimizde unutamadığım tek hediye, bana doğum günü hediyesi olarak aldığı köpek yavrusu idi. Bebek görünce garip sesler çıkararak seven kadınlardan olmasam da, köpek yavrusu görünce beynim bir civcivinki kadar ufalıyordu. Kendi çıkardığım seslerden ben korkar hale geldim. Aldığı yavru o kadar tatlıydı, o kadar yumuşacıktı ki, "Biz buna nasıl bakacağız" diye surat bile yapamadım. İnanabiliyor musunuz, yüzyılın trip ustası, yedi kıtanın trip kraliçesi Pelin, hiçbir şey yapmadan duruyor. Hissediyordum, bu şirin yavru hayatımı değiştirecekti. Hele bir de Bora, annesinin sahiplerinin bizim yavruyu kardeşleriyle birlikte satmak istediğini, satamayınca da sokağa bıraktığını, işyerinde bu yavruları paylaşıp, hepsine birer ev verdiklerini söyleyince ben bir anda, hamile kadın duygusallığına sahipmişim gibi ağlamaya başladım. En son hatırladığım, minik yavruyu, "Seni kimselere vermem güzel yavrum, sen benim kızımsın" diye bağrıma bastığımdı.

Daha ilk dakikadan âşık olmuştum velete. Onu Bora'dan bile çok sevdiğim resmen yüz metre öteden hissediliyordu.

Bir anda bende hiç olmadığını sandığım annelik içgüdülerim ortaya çıkmıştı. Hemen bir isim düşünmeye başladık. Senelerdir adımı hiç sevmezdim ve hep başka bir isme sahip olduğumda ne kadar mutlu olacağımı hayal ederdim. Ama öyle ne yapayım, bende Pelin değil, tam bir Eylül tipi var. Eylül olmak için yaratılmışım bence ama yanlışlıkla Pelin olmuşum. Ve kadersiz ben minik köpeğimin başına aynısının gelmesine engel olacaktım. Bende olduğu gibi isim koyulurken karışacak bir babaannesi de yoktu köpeğimin üstelik. Ama maalesef Bora gibi kerkenez bir babası vardı. Bunu düşünememiştim; yüz babaanne, bin kaynana gücünde bir adam: Bora. Gerçekten çocuğumuz olsa boşanma aşamasına gelirdik sanırım şu isim bulma konusunda. O kadar her şeye karışıyordu ki; köpek yavrusuna isim bulurken bile birbirimizi boğazlamamıza ramak kalmıştı.

"Tamam buldum. O zaman Pamuk olsun?"

"Bora bu köpek beyaz mı bir bak bakayım? Kahverengi her yanı, Pamukla ne alakası var,.renge göre isim vereceksen bok de bari, tam olsun."

"Sen bul o zaman, hiçbir şey beğenmiyorsun. Aaa dur dur, Parke olsun? Hani evlerin de parkeleri bu renktir ya?"

"Salak mısın sen ya, Parke isminde köpek mi olur? N'olur sus sen artık bak, yalvarırım sus."

"Oha, kesin buldum, çok seveceksin bence; Minik Kuş?"

"Köpeğe içinde kuş olan isim vermek harika bir fikir, bunu daha önce düşünemeyenlerin Allah belasını verir umarım. Bravo Bora çok yaratıcısın. Bak halıya sıçtı gene, bir dur."

"Pelin olsun o zaman. O da senin gibi her güzel şeyin içine sıçıyor."

Ne dedin sen? Çat. Sevda Demirel'in, Hande Ataizi'nin suratının ortasına indirdiği tokatın daha okkalısını suratımda hissettim bir anda. Tokat gibi bir cümle. İnsanın kimden duysa parçalanacağı, sevgilisinden duyduğunda ise anında yok olduğu, öldüğü bir cümle.

"Her güzel şeyin içine sıçıyorsun."

Bu cümlede insanı asıl üzen, asıl parçalayan karşı tarafın onu sorun çıkaran biri olarak değil, hep sorun çıkaran biri olarak görmesiydi. Demek Bora benim davranışlarımı böyle yorumluyordu. Demek içimde tutamayıp, bir şeylerin kendi istediğim şekilde olmasını arzuladığımdan beni böyle görüyordu. Demek ki sorun bendeymiş.

Laf ağzından çıktıktan sonra o da pişman oldu tabii. Ama iş işten geçmişti. Kibar çocuk Allah'tan, bir sürü dil döktü, özürler diledi. Ama ben olayı geçiştirmiş, önemsememiş gibi yapsam da içimde fırtınalar kopuyordu. Şeytan diyor, "Neden öyle dedin, sen de sorun çıkartıyorsun her boka" diye başlat ikinci bir kavgayı, ama bu sefer de onu haklı çıkaracaktım. O yüzden hiç sesimi çıkartmadım. Zaten sonraki günlerde de kavga etmek için fırsat bulamadık.

Bizim ufaklık daha tuvalet eğitimi alacak döneme gelmediğinden patır patır sıçtı her tarafa. Bok temizlemekten plastik eldivenlerle gezer oldum evin içerisinde doktor gibi. İsim konusunda kavga ettiğimiz için isimsiz de kaldı garibim. Aslında Bora'ya uyuz olduğumdan sinirimi hayvancağızdan çıkardım. Sürekli, "Bu orospu yine sıçtı" diye bağırmaktan adı "Orospu" kaldı dünyanın en sevimli köpeğinin. Gün içinde bu kelimeyi o kadar çok kullanınca bizim için anlamını yitirdi tabii. Bir küfür, kötü bir söz olarak değil de, masa, sandalye, kalem, peçete, gözlük der gibi orospu der olduk.

Orospu'ya bakmak için ben işten sürekli hastalık bahanesiyle izin almama, Bora da yeni bir işe girmiş olmasına rağmen hak kazanmadığı yıllık izninin ciddi bir kısmını kullanmasına rağmen bir türlü tuvalet eğitimini iyi bir şekilde veremedik. Şımardıkça şımardı. En son Bora'nın bilgisayarının üzerine dünyanın en pis kokulu ve en cıvık bokunu bırakınca Orospu'yla yollarımızı ayırmaya karar verdik. Orospu önce annem ve babamın emeklilikteki en büyük sıkıntı gidericisi oldu. Tabii başka bir isimle. Huylu huyundan vazgeçer mi? Geçmez tabii. Yine orospuluklarına devam edince hayatı boyunca evlenmeyi bırak, tek bir erkek arkadaşı bile olmayan halamla Antalya'da yaşamaya başladı.

Biz mi? Bora'nın o dediği lafı elbette ki hiçbir zaman unutamadım. Ama bir diğer unutamadığım da, "Sen daha öğrencisin, işe girip kendi paranı kazandığında alırsın bana hediye" demesiydi. Sonunda o hiç gelmeyecek sandığım günler gelmiş ve kendi paramı kazanmaya başlamıştım. Biliyorum ki Bora da benim alacağım hediyeye ihtiyacı olmasa da, bu kadar zaman sonra benden bir çöp bile olsa bekliyor. Kaz kafam, keşke en başından beri fotoğraf çerçevesi, kravat falan alsaydım da alıştırsaydım. Ben yıllarca bir şey almayınca ondaki beklenti de gittikçe büyüdü sanırım. Orama burama kurdele takıp kendimi hediye olarak sunmayı da bir kere yapabileceğimden, o hakkımı da geçmişte kullanmış oldum. Bora'ya yaratıcı, orijinal, gördüğünde onu çılgına çevirecek bir hediye bulmak için kendimi kasmaktan vücudumda kırmızı noktalar oluşmaya başladı. Son güne kadar hiçbir şey bulamadım. Bunu kendime bile itiraf etmek zor ama galiba biraz da parama kıyamadım. Zaten Bora'nınkinin yanında hiç olan bir maaşım vardı ve onunla da, onu tek mutlu edebilecek şey olan son model bir oyun konsolu almaya içim el vermedi ne yalan söyleyeyim. O aptal oyun aletini almak yerine beş çift çizme, üç elbise, iki de kazak alır bütün kış değişik değişik giyinirdim sonuçta.

Gece yarısı, doğum günü geldiğinde çekmecemde kötü günler için sakladığım minik keklerimden birinin üzerine ufak bir mum yakıp koydum önüne. Aklımca sevimlilik yapacağım. Ama âdet öncesi hormonal dengesizlikle, haftalardır yaşadığım hediye stresi birleşince bir anda ağlamaya başladım. Hıçkıra hıçkıra, "Ben hediye alamadım" gibi bir şeyler saçmaladım. Ben bir anda deliler gibi durmak bilmeden ağlayınca Bora da ne yapacağını şaşırdı, korktu. Doğum gününü, aptal keki, her şeyi unuttu. Her zamanki şefkatli parmak uçlarıyla saçlarımı okşadı. "Bak, sana bunu seneler önce de söyledim, benim için en büyük hediye sensin. Sen bu hayatta benim başıma gelen en güzel şeysin" dedi.

Bora'nın söylediklerinden güç bularak biraz toparlandım. Ve yine ondan yüz bularak da, ilişkimizin devamı boyunca hiçbir özel günde hediye almadım. O gece yatağa yattığımızda ışığı kapattığımda Bora usulca sokulup, "Bari bir pasta alsaydın be hıyar" deyince tüm komşuları uyandıran kahkaha krizine girdik. İşte bu yüzden seviyordum onu. En büyük korkularımı giderendi, benim en büyük mutluluk kaynağımdı. Bir kadının hayatı boyunca sahip olmayı arzulayacağı türden bir erkekti.

O akşam birbirimize sarılıp uyuduk. Neden bilmiyorum, içime bir korku yerleşti o akşamdan sonra. Sanki aynı geceyi bir daha yaşayamayacağım gibi. Sanki hiçbir zaman o kadar mutlu olamayacağım gibi. Sanki kimse beni bir daha onun gibi sevmeyecekmiş gibi. Bunları düşündükçe daha sıkı sarıldım ona. Uyumuşum.

Gün geldi, tüm korkularım gerçek oldu.

Kendime not: Bir erkek ile bir köpek yavrusu tıpatıp birbirine benzer. İkisi de yüz verirsen tepene sıçar. Tek fark, yavruyu eğitebilirsin ama bir erkeği asla.

Vicky Cristina Barcelona,
Pelin Bora Mert'e Karşı

Diyorlar bazen; yok, "Pelin iyi kızdır, öyle şeyleri takmaz kafasına," yok, "Pelin çok *cool*'dur bir şey demez…" Kimse kusura bakmasın ama ne anlama geldiğini dahi bilmediğiniz *cool* da değilim, iyi biri de değilim. Elimden gelse, bir cesaretlensem, ağzımdan tükürükler saça saça haykıracağım bu cümleyi tüm çevreme. Tabii ki çok iyi bir insan olduğumdan yapamıyorum. Sanırım "hayır" diyememek beni en başından iyi bir insan yapıyor. Aslında iyi bir insan falan değilim, gayet de kötü kalpli, herkesten önce kendisini düşünen bir insanım. Herkes gibiyim, sıradan biriyim; hayatını kimseye muhtaç olmadan yaşayabilmek için elinden geleni yapan, orta halli bir kadın. Ben de herkes gibi karşımdakinin yüzüne o an "hayır" demek yerine, istediğini kabul eder, sonra da deli gibi arkasından konuşurum. Tabii bunu gel de Bora'nın sırf erkekten oluşan arkadaşlarına anlat.

Çok gördüm çevremdeki kızların sevgililerinin ne kadar yalnız başına takılma meraklısı olduğunu. Adam, "Arkadaşlarla dışarıdayız" diyor, kızın içi içini yiyor tabii evde sevgilisini beklerken. Bir erkeğin, "Arkadaşlarla dışarıda takılıyoruz" demesi şu anlama geliyor: "Dört-beş dallama, elimize birer kadeh içki alıp mekândaki tüm güzel kızları kesiyoruz, gözümüzle taciz ediyoruz, içlerinde dans eden varsa hayatımızda hiç kadın görmemiş gibi bakıyoruz, bağıra bağıra bol küfürlü şakalar yapıyoruz, şanslıysak o kızlardan birkaç tanesiyle tanışıp, işi pişiriyoruz."

Erkek milletinin eğlence anlayışının bu olduğunu bildiğimden, ben de Bora'nın eve arkadaşlarını toplayıp oyun oynayıp, her yere döke saça yemek yemelerine pek ses çıkarmıyorum. Bu da beni otomatikman iyi bir insan yapıyor onların gözünde. Çünkü hiçbirisi, sevgilisiyle yaşayan başka bir erkeğin evinde bu şekilde toplanamıyorlar. Benim onları evimizde kabul etmemin sebebi de iyi bir insan olmam değil, Bora'yı gözümün önünde tutmak istememden kaynaklanıyor. Bol testosteronlu muhabbetlerine bayıldığımdan evde toplamıyorum bu şebekleri yani. Ne yani, diğer kızlar gibi surat yapayım da, sürekli evde oturan adamın gözünü dışarı mı kaydırayım? Yok ya, salak mı yazıyor benim alnımda? Hayatta her şey taktikle ilerliyor, ne yapalım. Bora'nın bu gözü dönmüş, otuz yaşına gelmesine rağmen ergenliği bir türlü atlatamamış dallama arkadaşlarıyla bar bar, kulüp kulüp gezmesini hiçbir şekilde kabullenmem. O yüzden gözümün önünde olsunlar. Varsın evin yerleri kirlensin. Temizlik aşktan daha önemsizdir.

Allah'tan her gece toplaşıp deli danalar gibi oyun oynamıyorlar, en fazla haftada bir buluşuyorlar da bu rezilliği çok çekmek zorunda kalmıyorum. Bu arkadaş toplanmalarına aslında uzun bir süre daha sesimi çıkarmazdım da, son yaşanan olay benim bile görmezden gelemeyeceğim bir şeydi. Bu koca ergenler yine toplanmış, itinayla evin içine sıçıyorlardı. Her zamanki gibi onlar evi dağıtırlarken ortamdaki bir kadından rahatsız olmasınlar, rahat rahat küfürlerini edip, streslerini atsınlar diye ben de evden çıkmış, Arzu ve birkaç kız arkadaşımla buluşmuştum. "Allah'ım baldan mı yapılmışım ben, ne kadar tatlıyım, ne kadar anlayışlıyım" diye kendimi sevmekten kahve bile içmeye fırsat bulamamıştım pek aslında. Ama yalan mı? Bu devirde kim sevgilisini bu kadar rahat ettirir, kim benim kadar trip atmayan, melek bir sevgilidir ki?

Fakat tüm bu iyi niyetime rağmen eve geldiğimde karşılaştığım manzara her zamankinden daha korkunçtu. Daha doğrusu karşılaşamadığım manzara. Evde dumandan göz gözü görmüyor, salonda kaç kişi var seçilmiyordu bile. Hayatlarında ilk kez evde yalnız kalıyormuş gibi Allah ne verdiyse içmiş hepsi. Öyle ki sigara içmeyen biri olarak beş dakika bu dumanı solusam, balkona çıkıp, "Dünya Almanların daşşanı yesin" diye bağıracak kadar güzelleşecek kafam. Dumandan adım atsam yerdeki şişelerden adım atılmıyor. Allah'ın cezaları, hormonları gelişmemiş ergen sürüsü. Ergen insan zaten başlı başına çekilmez bir dert, bir de erkeğin ergeni gerçekten hiç çekilmiyor. O şişeleri götlerine sokardı başkası olsa ama neyse.

Tam, "Ne bu hal ne yapıyorsunuz lan siz!" diye çemkirmeye başlayacakken yerde kaygan bir şeye basarak dengemi kaybettim. Kıçımın başımın acısını unutup beni düşüren şeye baktığımda da o an kör olmayı diledim. Keşke bu gözlerim o an kör olaydı da, sarhoş kusmuğuna basıp düştüğümü görmeseydim. Keşke o an düşünce ölseydim de, mezar taşıma, "Sonu bir kusmuktan oldu ama bunu bilmeden huzur içinde öldü" yazsalardı. Ayaklarımın altındaki sarhoş kalıntısının sıcaklığını hissedince midem altüst oldu, üç aylık hamile kadınlar gibi elimi ağzıma götürüp bir tur da ben kusayım bari diye banyoya koştum. Banyodaki manzara salondakinden daha berbattı. Beş erkek toplanıp maç yaptıklarında evet ev biraz "erkek" kokuyordu, tuvaleti biraz batırıyorlardı, klozetteki aptal halkayı hep yukarıda bırakıyorlardı ama en azından sifonu çekiyorlardı. Bu sefer ona bile zahmet etmemişler. Ben yokken artık ne bok yedilerse, fil ölüsü yemiş, onu da üç gün içinde tutmuş, sonra o fili bizim tuvalete sıçmaya karar vermişler sanki. Tamam arkadaş bok sonuçta bu, gül kokacak değil ama bir insanın içi bu kadar da çürümez be, höh!

Tuvaletteki dev sucuğu görünce daha da midem bulandı, öğürmekten gözümden yaşlar gelmeye başladı. Ama nedense bir türlü içimdeki zehri akıtamadım. O yüzden bu salaklara bağırarak rahatlama yolunu seçtim. Hep benim yüzümden, sana ne yani, erkek arkadaşını evde tutacaksın diye bu geri zekâlıları evde tutuyorsun. Keşke barlarda abartılı giyinmiş, kötü makyajlı, aranmaya gelen çakma sarışın kızlarla aldatılsaydım da, salakların kusmuğuna basıp götü başı dağıtmasaydım.

Hepsini yatakhanede birbirinin pipilerine bakarken yakalanan yatılı okul öğrencisi gibi koltuğa dizip bir güzel azarladım. Artık o ara nasıl gözüm karardıysa, elli yaş birden atmışım. "Size yapsalar bunu hoşunuza gider mi?" diye parmak sallıyordum en son.

"Siz sapık mısınız ya, bu ne hal. Her hafta böyle misiniz yoksa?"

"Ne alakası var Pelin ya, canımız sıkıldı içtik biraz, abartmasana."

"Ulan neyini abartmayayım, yere kusmuşsunuz, eğlenmek mi bu şimdi ya? Şu salağa bak, nefes alamıyor neredeyse."

"Aaa harbi lan, Efe, Efe kendine gel oğlum, aç gözünü."

"Bırak gebersin. Ya komşular şikâyet etse gürültüden, polis gelse eve, şu içki şişelerine bak her yerde. Adımız çıkacak apartmanda ya, kafayı mı yedin Bora sen?"

"Off anne gibisin Pelin ya. Sen hiç yapmadın mı böyle şeyler?"

"Yaptım mı? Gördün mü hiç böyle saçmaladığımı?"

"Kontrol manyağının tekisin sen, hiç böyle dağıtmazsın ki. İstesen de yapamazsın. Hemen polis gelse ne olur diyorsun yaşlılar gibi."

"Siktir git lan, polis çağırayım o zaman şikâyet edeyim hepinizi, gör ebeninkini, hayvan ya."

Ben polis molis diyince hepsi eşşek gibi ayıldı bir anda. Hem korkudan üç buçuk atarlar, hem böyle sorumsuzca davranırlar. Koca adam olmuşlar, yaptıkları işin arkasında bile duramıyorlar. Senelerce dişimi tırnağıma takarak oluşturduğum bütün o "iyi kızdır" algısını yıkmak pahasına hepsini kovdum evden. Her türlü pisliği, dağınıklığı, saçma şakaları kabul ederdim ama bu kadar dejenerasyonu asla. Adam daha kola bile içemiyor, o kadar içkiyi ne ara içti eşek sıpası.

Ben bunların hepsini evden kovunca Bora ilk başlarda haklı olduğumdan sesini çıkarmadı. Ama sonraki günlerde götü pirelenmeye başladı. Çocuk gibi, "Bari bir tek Mert gelsin, o hiçbi şey yapmamıştı" diye yalvarınca biraz nazlanarak kabul ettim. Aslında kötü niyetli çocuklar değillerdi. Köle gibi sabah akşam çalışmalarının stresini bir geceliğine de olsa atmak istemişlerdi.

Daha sonra aralarında para toplayıp bana yeni bir ayakkabı bile almışlardı kendilerini affettirmek için. Ama dünyanın en kıro, en rezil ayakkabısını. Yüz üç yaşında, varile dönmüş bir teyze olsam giyerdim o korkunç ayakkabıyı ama gençliğimin baharında gebersem hiçbir güç o ayakkabıyı bana giydiremezdi. Ayakkabıyı aldığım gibi gittim değiştirdim tabii. Erkeklerde salaklıktan daha tahammül edilemez bir şey varsa o da zevksizlik. Ve onlar da bu zevksizliklerinin bedelini bir daha asla bizim evde toplanamayarak ödediler. Mert hariç.

Anlaşılan Bora en sevdiği arkadaşını seçip diğerlerini kurban etmişti. Mert evimize rahatça girip çıkma vizesini kapmıştı benden. Ben de salak gibi sanıyordum ki Mert yine haftada bir akşam oyuna gelecek. Ama işler hiç de öyle gitmedi. Adam evden çıkmaz oldu. İlişkiyi üç kişi yaşıyoruz sanki. Pardon iki. Bora ve Mert sevgili, ben de onları rahatsız etmemek için odaya kapanan ev arkadaşlarıyım.

Yüz verdikçe astar istemenin on bin kat beteri oldu bu durum. Gerçi Bora bu durumdan hiç de şikâyetçi değildi. Ben içeride ezik gibi tek başıma televizyon izlerken kıkır kıkır gülüşmeler, akşam Mert'in sevdiği pizzayı sipariş etmeler. Ben resmen çocuk doğuramadığı için eziklenen hükümet nikâhlı karısı, Mert de ilk görüşte âşık olduğu pembe dudaklı dilber köylü güzeli kuması. Sesimi çıkarmadıkça Mert ile Bora gece gündüz birlikte gezmeye, her ama her şeyi birlikte yapmaya başladılar. Üstelik bu kumalık durumunda Mert benden daha şanslı, aynı işyerinde çalışıyorlar çünkü. Sabahtan akşama kadar kim bilir neler konuşuyorlar bensiz, kim bilir ne kadar eğleniyorlar. Benden daha büyük memeli kadınlarla savaşmak için dolgulu sutyenlerim, daha uzun boylularla savaşmak için topuklu ayakkabılarım var ama bir erkekle savaşmak zorunda kalacağımı hiç düşünmemiştim bugüne kadar. O yüzden ne yeterli teçzihatım ne de yeterli bilgim vardı bu konuda. Ve Mert benden bir hayli önde.

Mert'in bize gelmediği geceler sürekli mesajlaşıyorlar on altı yaşındaki genç kızlar gibi. Acaba telefonuna Mert ismiyle başka bir kızı kayıt etti de, gözümün içine baka baka beni mi kekliyor bu Bora? Yok artık, hiçbir erkek bu kadar kötü ola-maz. Bora zaten korkar, hayatta yapamaz öyle bir şey. Ama uzaktan görünen o, gözümün içine baka baka flört ediyor Mert'le. Çatır çatır mesaj yazması yetmiyor, bir de kıkırdıyor koca adam. Ulan ne konuşuyor bunlar. Mert'te ne var Bora'yı bu kadar etkileyen, telefona kitleyen.

Keşke evin içine kusan, tuvaleti bok kokutan bir avuç ayı olarak kalsalardı. Gruplarını dağıtınca kendi ellerimle sonu-mu hazırladım resmen. Kalabalıkken birbirleriyle bu kadar vakit geçirmiyorlardı, oyuna, maça odaklanıyorlardı. Şimdi ise Bora ile Mert'in tek ilgi odakları birbirleri. Sevişmeyen sevgililer gibiler. Hoş belki onu da yapıyorlardır da, haberim yoktur. Hafta sonlarını bile birlikte geçirir oldular. Kesin baş-ka bir iş var bunlarda.

"Pelin biz Mert'le dışarı çıkıyoruz, akşama doğru geli-rim."

"Nereye ya, n'apıcam ben evde tek başıma akşama ka-dar."

"Arzu'yla falan çık işte ne biliyim ya. Hadi ben kaçtım."

"Dur be, nereye gidiyorsunuz siz böyle acele acele?"

"Mert mont alacakmış. Alışveriş merkezine gidiyoruz."

"Ne? Mont mu? E ben de geleyim o zaman?"

"Sen mi? Sen şimdi bir ton laf edersin yanımızda, hiçbir şeyi beğenmezsin ki zaten."

Laflara bak. Beğenmezmişim. Siz de o kadar kıro olmayın o zaman? Hem zevkime hakaret ettikleri yetmiyor hem de iki âşık gibi birlikte alışverişe gidiyorlar. Bora'nın bunca yıldır benimle bir kere mağaza mağaza gezip, kıyafet seçmeme yardım etmişliği yoktur. Erkeklerin rüküşlükte sınır tanıma-dığı "mont" konusunda bile hemfikir olacaklar şimdi. Bunca senedir erkekleri tanırım az çok, bir tane bile düzgün mont giyenini görmedim. Ya kırk beş yaşındaki emekli memur gibi kaşe palto giyerler ya da on üç yaşındaki oğlan çocuğu gibi şişme mont. Her şeyi becerseler şu mont işini hakkıyla yerine getiren bir erkek daha tanımadım hayatımda.

Gerçekten mont almaya gittiklerine inanmadığımdan sinsice takip ettim ben de ikisini. Tabii ehliyetim olmadığından, taksiyle de peşlerinden şehrin yarısını turlayacak kadar para vermeye de kıyamadığımdan arayıp hangi alışveriş merkezinde olduklarını sordum. Oraya vardığımda da hangi mağazalara baktıklarını sorup ikisini de yarım saat içinde buldum. Filmlerdeki gibi "öndeki arabayı takip et" tarzı takip yaşayamadım belki pintiliğimden ama sonunda bu iki dallamayı alışveriş yapmaktan yorgun düşmüş bir şekilde oturup kahve içerken buldum. Tabii bana göre bulmak yerine "yakaladım," hatta bastım!

Biraz uzaktan izledim, kavga etmiş gibi hiç konuşmadan oturuyorlar. Buraya kadardı işte mükemmel ilişkileri. Alışverişte her çift kavga eder işte! Karı kocadan sevgiliye, anne kızdan iki erkeğe kadar alışverişe birlikte çıkan her iki insan günün sonunda kavga eder, bu kaçınılmaz gerçeğe onlar da yakalandılar. Bizim âşıklar da kim bilir ne için kavga ettiler. Konuşmamalarından aldığım keyfi gizleme gereği duymadan yanlarına gittim, şaşırdılar tabii beni görünce.

"Ne oldu size aşk kuşları, kavga mı ettiniz yoksa? Bora, Mert sana istediğin kazağı almadı mı yoksa?"

"Yoo, ne alaka, oturuyoruz işte."

"E ama konuşmuyorsunuz, hadi neden kavga ettiniz anlat."

"Ne kavgası Pelin, biz hep böyle oturuyoruz işte birlikteyken."

pink freud

"Nasıl yani, hiç konuşmadan mı?"

"Evet?"

"E peki niye?"

"Hiiç, kafa dinliyoruz işte."

Kafa dinliyormuş, kavga etmemişler, Allah sizin kavganızın da belasını versin, sizin de versin. Şuraya bak, bunda da suçlu ben oldum. Demek ki bu manyak arkadaşlığın da sorumlusu benmişim. Bu bana Bora'nın, "O kadar çok konuşuyorsun, o kadar dırdır yapıyorsun ki, senin yüzünden senden uzaklaştım" deme şekliydi belki de. Aslında Mert'le hiç de tahmin ettiğim gibi mutlu âşık falan değillermiş. E bu salak Bora bunu benden istese ben de yapardım.

Yok yok, düşünüyorum da, yapmazdım. Bir kadın ne kadar anlayışlı, ne kadar ılımlı olsa da bir erkeğin, erkek arkadaş eksikliğini gideremez. Sarhoş olup olup, yan yana pisuvarda işeme keyfini veremeyiz onlara, maçın neden sıfır sıfır bittiği üzerine üç saat sohbet edemeyiz. Onlar da bizimle kuaförde iki buçuk saat röfle yaptırırken beklemezler, ağlak kadın dizilerini izlerken sıkılırlar. Yani olan şudur, erkeğin erkeğe, kadının da kadına ihtiyacı vardır.

Her ne kadar aşk, "Biz birbirimize yeteriz" mantığı üzerine kurulu olsa da, bir yerden sonra kimse kimseye yetmez. Ya da fazla yetmeye başlar. Kadın ya da erkek kendiyle vakit geçirme ihtiyacı hissettiği anda eskisi gibi bir bütün olunamaz. Fazla baskıdan patlayıp, kırık parçaları birleştirmeye çalışmak yerine, karşı tarafa da, kendine de yeterli boşluğu sağlamak en önemlisi.

Ben üç yıl koala gibi Bora'ya yapışık yaşamak yerine onun da kendine ait bir hayatı olduğunu kabullenerek devam etseydim ilişkimize belki de şu an her şey bambaşka olurdu. Sımsıcak ağacı olan bir koalayken, yağmurda ortaya çıkan yalnız bir sümüklüböcek olarak tek başıma kalmazdım belki de.

Ama hayat keşkelerle, belkilerle yürümüyor. Ben koala olsam da, tutunduğum ağacın çürüyüp gitme ihtimali de vardı.

Bazen ne yaparsan yap olmuyor.

Kendime not: Erkeklerle savaşa girme, her zaman yanlarında ol. Ama her zaman aranda mesafe tut. Yoksa bir gün gelir sevgilini de kaparlar, donunu da giyerler.

Üçüncüler Boktur

Hayat bazen elit *jazz* şarkıları gibidir, keyifli ve sakin, aynı zamanda kaliteli, fakat aynı hayat bir anda Demet Akyalın'ın –aradan yirmi yıl geçmesine rağmen hâlâ– İbrahim Mutluay'a nispet yaptığı basit pop şarkılarına dönüyor. Demet'in hikâyesindeki gibi bizimkinin sebebi de malum, başka bir kadın.

Hani bir gece önce deliler gibi içersin de sabah uykunun en tatlı yerinde vücudunda litrelerce çişle uyanır, kendini çişin olmadığına ikna etmeye çalışıp uykuya devam etmek istersin ya... Aldatılmak da aynı öyle. Bir şeyler biliyorsun, bilmesen de içinde hissediyorsun, canın acımaya başlıyor. Ama bir türlü rahat yatağından çıkıp düzenini bozmak işine gelmiyor. Çünkü içten içe eminsin ki, düzenin bir defa bozulursa bir daha hiçbir şey eskisi gibi olmayacak.

Ben de bu durumla yüzleşmekten her ne kadar kaçsam da derinlerde bir yerde hissediyorum ki Bora'nın hayatında başka biri var. Belki her gece buluşup sevişmiyorlar ama o da yakındır bence. Her gece yanımda yatarken onu düşünüyor, biliyorum. Gözleri boşluğa takılı kalıyor bir süre, dediklerimi ilk seferinde duymuyor. Uzaklarda bir yerde sanki. Fakat tüm bunlara rağmen diğer bir yanım da, "Seninki kuruntu Pelin, göreceksin bu anlamsız hareketlerinin sonunda sana evlenme teklif edecek" gibi saçma bir hayale inanıyor. Ama her şeyin en kötüsüne inanmalı insan. Mesela sipariş ettiği yemeğin soğuk geleceğine inanmalı ki sıcak geldiğinde sevinsin. Hayat boyunca en kötüyü düşünüp, en kötüye inandığında ve başına o kadar da kötü olmayan şeyler geldiğinde insan yine de mutlu olabiliyor. Ama bazen en kötüye inanıp, en kötüsü de başıma geldiği zaman hem olayın öncesinde üzülmüş hem de sonrasına üzülmüş oluyorum. Bir insan salak olur da, çifte salak olmak da ayrı bir kabiliyet demek ki.

Bora benden akıllı ama. Zerre çaktırmıyor aldattığını sözde ama, ben anlıyorum. Çok klişe bir cümle olacak ama kadınlar gerçekten de hissediyorlar. Erkek artık kendisini başka bir kadınının heyecanlandırdığını, ne kadar belli etmemeye çalışsın, bir hareketiyle ya da cümlesiyle kendini ele veriyor. Ya da bir açık veriyor hiç fark etmeden. Unutmayın; bir insanın hata yaptığı an, kendine en çok güvendiği andır. Ben de Bora'nın telefonunu dört yıl boyunca itinayla her gece kurcaladığım halde bir tane bile başka kadınla aşna fişna mesajı bulamamıştım ama yine de hiç vazgeçmemiştim, güvenmediğimden değil, ama bende takıntı olmuştu, bakmadığım zaman kendimi eksik hissediyordum. O telefon benim garantimdi sanki, kurcala, bir şey bulama ve ilişkine devam et. Bu kadar basit. Halbuki hiç de basit değilmiş.

Bora salağı telefonunu tuvalete düşürüp boka bulayınca, –sim kartı çıkarırken çok zorlandı– yeni bir telefon alana kadar çekmecede duran eski bir telefona taktı hattını. Telefon dediğime bakmayın, uzaktan görenler inşaat tuğlası sanabilir. Hatta bir müteahhit görse apartmanlarından birinin kolonunu komple bu telefonla inşa edebilir. Öyle bir antika, öyle dev bir kitle imha silahı gibi bir şey. Tabii içinde yılandan başka hiçbir oyun, eğlenceli hiçbir uygulama olmayınca Bora da hiç ilgilenmiyor bu telefonla. O telefonu eline almadıkça bana da kurcalamak için imkân doğuyor sürekli. Hiç beceremediğim halde, "Aaa getir biraz yılan oynayayım çok severim" diye diye elimden düşürmüyorum telefonu. Yalan aslında. Hiç de sevmem yılanı, hemen yanardım oynarken de. Ama bu beceriksizliğimi Bora'nın bilmesine gerek yok. Bir erkek yılan oynarken hemen yanan bir kadına âşık olmaz.

Ah gözünü sevdiğiminin teknolojisi. Her zamanki gibi yine bir ilişkinin orta yerine sıçtı. Meğerse Bora'nın telefonundan itinayla sildiği tüm mesajları sim kartında kayıtlı kalmış. Bu dandik telefona takınca da hepsi çarşaf çarşaf döküldü önüme. Ona attığım ilk mesaj, iş seyahatine çıktığında yazdığım birkaç ayıplı mesajla birlikte "Hamdi" diye birinden gelen üç-beş mesajı saklamış bir de. Kim ulan bu amına koduğumun Hamdi'si? Bora acaba gay de, benim mi haberim mi yok? Aktif mi, pasif mi acaba? Allah'ım inşallah aktiftir, Bora'yı birisinin becerdiğini düşünmek bile istemiyorum, ama aktiflik de iğrenç, ben niye şu anda böyle şeyler düşünüyorum ki, mesajlara baksana hemen.

Saklanan ilk mesajda Bora'yı çok özlediğini, son bir kez görmek istediğini, hiç olmazsa telefonlarını açmasını istiyordu yavşak Hamdi. Ya da bildiğim ismiyle pislik ve aşağılık Gizem. Karasinek gibi kız, tam geberdi gitti diyorsun o iğrenç vızıltısı seni rahatsız etmeye devam ediyor. İkinci mesaj ise biraz daha daha can yakıcıydı: "Tamam, haber bekliyorum senden." Kim bilir Bora ne dedi? Ne yazdı telefona o kopasıca parmaklarıyla. Buluşmayı kabul etti ki haber bekliyor Uçan

Fil Dumbo. Bora'nın bu mesajları silmek isterken yanlışlıkla sakladığı çok belli. Bora bu kadar ufak bir şeyden yakalanacak kadar salak bir adam değil. Ama ben yakalayacak kadar şanslıydım.

Mesajların tarihi de çok eski değil, birkaç ay önceye ait. Bu tarih tam da Bora'nın hareketlerinin sapıttığı döneme denk geliyor. Demek kaderimde Bora ile Gizem'i ayırdıktan seneler sonra Bora'yı tekrar Gizem'e kaptırmak varmış. Demek gerçekten de eden buluyormuş. Mesajları biraz daha okuyup, üzerlerine sakince düşünmeyi çok isterdim ama ikinci mesajı gördükten bir saniye sonra kendimi tutamadım; Bora'ya çingene gibi çemkirmeye, avazım çıktığı kadar bağırmaya başladım. Kadırgalı Seda bacım beni görse "Yılın şoparı" diye alnımdan öperdi. Kendi sesimin inceliğinden, tizliğinden iğrendim bağırırken.

"Allah senin belanı versin Bora. Gizem'le buluştuğunu neden söylemiyorsun bana? Ne boklar yiyorsun benden habersiz, çabuk anlat, öldürürüm seni, elimde kalırsın bebe."

"Ne diyorsun, ne buluşması ya? Gizem kim?"

"Ananın amı Gizem, tanımadın mı? Hamdi desem tanır mısın it? Cevap ver bana hemen, niye buluştun onunla?"

"Ben kimseyle buluşmadım, sakin olsana sen iki dakika, nerden çıktı şimdi?"

"Bak orospu çocuğuna bak, hâlâ gözümün içine baka baka yalan söylüyor. Bu mesajlar ne o zaman Bora, bu mesajlar ne?"

"Sen benim telefonumu mu kurcaladın? Ayıp ama bu yaptığın..."

"Ne ayıbı lan hayvan, ne ayıbı? Sen kendine bak, senin bu yaptığın ayıp değil mi?"

"Ne yapmışım ben ya. Kanıtla?"

pink freud

Bora'nın son cümlesi bu oldu. Telefonu üzerine doğru fırlattım, maalesef yüzüne isabet etmedi ve bir süre sessizlik oldu. Duvarın alçısını yere indiren isabetsiz atışımın ardından Bora'nın yüzünde oluşan şaşkın ifadeyi okkalı küfürlerim bozdu. Ben de sinirlenince Tarlabaşı'ndaki bir pezevenkten farkım kalmadığını o gece anladım.

"Ne istiyor bu yavşak karı senden Bora? Dört yıl oldu ya dört yıl. Hâlâ mı peşinde?"

"Tamam bir dinle sen beni, ondan sonra bağır çağır böyle deli gibi."

"Deli anandır. Hani buluşmamıştınız? Ulan hepiniz aynısınız. Anlat bakayım derdi neymiş cücenin?"

"Eeeh sıçıcam ağzına şimdi, yavşak. Sen aldatınca mesele olmuyor, ben bir buluştum diye mi bu kadar tantana be?"

"Karıştırma sen beni, o konuyu konuşmuştuk, üste çıkma, gebertirim seni."

Benden başka bir kızla buluşma fikri yeterince korkunçken, bir de Bora'nın eski sevgilisiyle benden habersiz görüştüğünü onun ağzından duyduğumda sinirden beynim kafatasımın dışına çıktı. Bir anda on altılık delikanlılara döndüm. Üç lafımdan beşi küfür olmaya başladı. Ve o anlatırken sadece çenemi kapatmam için, "Ne olacaksa olsun" düşüncesiyle her şeyi anlattığını sonradan fark ettim. Bir erkeği çenesiyle, dırdırıyla yiyip bitirip, "benden korkuyor" demenin aslında "benden bıktı" anlamına geldiğini de üzülerek öğrendim.

"İki-üç ay önce mesaj attı Gizem, ben cevap vermeyince de aramaya başladı."

"Ee?"

"Buluşalım diye tutturdu kabul etmedim ama."

"Bak seeen, harikaymışsın ya. Neyse bölmeyeyim ben seni, devam et?"

"Bu ne ya sorgular gibi. Bir sus da anlatayım."

"Dilin pabuç gibi Bora, sen bana bakma, anlat."

"Neyse işte çok ısrar edince buluştuk bi öğlen yemeğinde."

"Ne giymişti? Nerde buluştunuz? Ne yediniz?"

"Bunları mı merak ediyorsun Pelin? Bütün tantanayı bunun için mi kopardın?"

"Bora ukalalık yama bana, elimin tersiyle geçiririm suratına şimdi, zaten cinlerim tepemde."

"Evleniyormuş, onu söyledi bana, başka da bir şey olmadı."

"Kim?"

"Kim olacak? Gizem işte. Onu söylemek için buluşmak istemiş."

Evleniyormuş. Evleniyormuş. Gizem evleniyormuş. Ulan Gizem bile evleniyormuş, ben hâlâ Bora'nın kokmuş çoraplarını yıkayayım, telefonunu kurcalayayım. Hayatını ellerimle cehenneme çevirdiğim götü boklu karı bile evleniyor, ama ben hâlâ bu sümsükle evlenemiyorum. Hatta aldatılıyorum üstüne. Bunların hiçbirini söylemedim tabii Bora'ya. Umursamıyormuş gibi yaptım.

"Sana ne ki onun evlenmesinden. Nikâh şahidi olmanı mı istedi?"

"O aptal çeneni kapatıp dinlersen anlatacağım. Biz ayrıldıktan sonra çok kötü olmuş, intihar etmiş zor kurtarmışlar. O günden beri de psikolojik tedavi görüyormuş. Doktoru geçmişi tamamen kapatması için benimle buluşmasını söylemiş."

"Hmm, yazık olmuş."

"Yazık olmuş tabii. Kızın hayatını sikmişim işte. Sen hâlâ ne giymiş, niye buluştun diye kafa ütülüyorsun. Hayatında bir kere de kendinden başkasını düşün."

"Bana ne bağırıyorsun be? Ben ne yaptım, madem bu kadar düşünüyordun ayrılmasaydın."

"Senin yüzünden ayrıldım ben, farkında değil misin hiç? O zaman da böyle bencildin, hâlâ aynısın. İnsan bir gram değişir be."

Bunun bir gün başıma geleceğini biliyordum. Ölmeyeceksin sonsuza dek yaşacaksın deseler inanırdım da, Bora sana asla bunu demeyecek deseler inanmazdım. Haklı da çıktım. Dört sene sonra olsa da söyledi işte. O bodurla ayrılmalarının sorumlusu olarak beni gördüğünü nihayet itiraf etti. Senelerdir en ufak bir kıl olduğu davranışımda bunun dilinin ucuna geldiğini hissediyordum zaten. Bu kavgayla patladı işte, içinde tutamadı.

Biraz gaddarca bir düşünce olabilir ama Gizem'in yaşadıklarına katlanamadığı için intihar ettiğine inanmadım. Bora'yı geri kazanmak için numara yapmıştı belli ki. Kadınlığın üç-beş salak hareketinden biridir bu. Hemcinslerimi her zaman çok sevmiş, pratik zevkimizle, estetik anlayışımızla her zaman övünmüşümdür. Ama ne yazık ki içimizde erkeğini geri kazanmak için böyle salak yollara başvuran üç-beş akılsız var. Aslında sayıları daha fazla. Kadınlığın affedilemeyen salaklıklarının başında bu **"erkeği geri kazanmak için intihar etme numarası"** geliyor bana göre. Ölmek isteyen insan ölür. Bu kadar basit. Bunu yapabileceği milyonlarca yol var insanın, kurtarılma olasılığı ise milyarda bir bile değil. Ama gel gör ki nedense üzüntüsünden intihar edenler hep son anda kurtarılıyor, çok ilginç.

İkinci salaklık da, "**kendisine karşı ilgisi azalan erkeği eve bağlamak için çocuk yapmak, hamileyim yalanı söylemek.**" Bunu yapanı al, oyuncak bebekle akşama kadar döv. Bitmiş bir evliliğin kurtarıcısı ne bir çocuk olabilir ne de gökten geri dönen İsa. İki kişi arasında biten bir ilişkiyi üçüncü bir canlı asla kurtaramaz. İster çocuk olsun, ister başka bir kadın. Üçüncüler her zaman boktur.

Zamanında ben Gizem ile Bora'nın ilişkisini bok eden üçüncüyken, şimdi de ilişkim Gizem tarafından bok edilmişti. Demek etme bulma dünyası dedikleri gerçekmiş. Kız yememiş içmemiş seneler sonra bile hayatımızı kökünden değiştirecek kavgayı ettirmişti bize.

Yanılmıştım, Bora beni aldatıyor diye ortalığı yıktığım dönemlerde aldatmıyormuş, eski sevgilisine yardım etmeye çalışıyormuş sadece. E ama nereden bileyim canım, tasması elimden kaçtı sanmıştım. Zaten Bora da bu manyaklıklarıma daha fazla tahammül edemeyip, iki ay sonra dünyanın en çirkin kadınıyla aldattı beni.

Beni aldattığı kadını tanımıyordum o zaman ama biliyordum ki, "üçüncüler her zaman çirkindir."

Kendime not: Beni aldattığını göreceğime ölmesini görmeyi tercih ederim.

İki Şekerli Çay

Bir insanla sürekli yan yana olursan, sen ne kadar bir yerlerini yırtsan da ilişkiniz bir süre sonra monotonlaşır. Sevgiliyle birlikte yaşamaktan iş arkadaşlığına, okuldaki öğretmene, sınıfındaki yeni boyanmış sırana kadar her şeye alışıyorsun zamanla. Tüm bunlar içinde sevgililik biraz daha can sıkıcı, çünkü bir ilişkide sevgiliye alışmak kaçınılmaz sondan bir önceki adım. Çok beğenir, birlikte olur, çok sever, çok alışır en sonunda da çok kötü ayrılırsın. Bunu herkes bilir, en iyi de birisine çok alışanlar bilir.

Ben de Bora'yla ilişkimizin monotonlaştığını, yatağın başucundaki prezervatiflerin bir türlü bitmediğini fark ettiğimde anladım. O çekmeceyi ne zaman açsam o parlak, pavyon floresanı rengi paketleriyle bana bakıyorlar. Belki de içlerinden bana hafiften dudaklarını bükerek, "Neydin ne oldun Pelin efendi?" diye dalga geçiyorlar. Haksız da değiller, Bora'yla ilk başlarda oldukça eğlenceli ve doyurucu bir çifttik yatakta ama ben işe girince işler iyice durgunlaştı. İster yorgunluk, ister doygunluk, artık bunun adına ne denirse eskisi gibi değildik ve bu gerçeğin Bora da, ben de, prezervatifler de farkındaydık.

Fakat cinsel hayatımıza asıl darbeyi indiren olay alışkanlıktan daha çok benim iki ay regl olmamamdı. İşe girdikten birkaç ay sonra baktım ki memişler füze olmuş, belim ağrıdan kopuyor, sinir katsayım Frankenstein'ınkini geçmiş ama hâlâ bir türlü kanayamıyorum. Âdet olmaya başladığı ilk günden beri robot gibi 28 günde bir regl olan bir kadın olarak iki ay boyunca regl olmamak dünyanın sonu demekti benim için. Ya hamileydim ya da menopoza girmiştim. Bir kadının hayatı boyunca başına gelebilecek en korkunç iki şey, tüm ihtişamıyla yumurtalıklarımda beni delirtmek için yuvalanmıştı.

Yirmi üç yaşın menopoz için oldukça erken bir yaş olduğu ve durup dururken sıcak basmadığı düşünülürse geriye tek bir ihtimal kalıyordu: Hamileydim. Sanki Muhammed Ali acımadan, art arda midime yumruk atıyormuş gibi hissettim. Bu herkesin başına gelir de Bora'yla benim gelmez sanıyordum. Zaten insanı en çok üzen, en çok yaralayan, hayatında en kapanmaz izler bırakan olaylar, "Benim başıma gelmez" diye düşündükleri oluyor. Başına gelenlere ne kadar savunmasız, ne kadar hazırlıksız yakalanırsan o kadar yara alıyorsun.

Hamile olmak ise benim başıma gelebilecek en korkunç şeydi hayatımın bu döneminde. Ve bundan sonraki yetmiş beş yıllık dönemimde de. Ben çocukları sevmiyordum ki. Ölene kadar kendinden önce düşünmen gereken bir canlının yanı başında bulunması fikri henüz çok uzaktı bana. Ve bir de doğum... Dokuz ay boyunca karnının içindeki suda bir yunus gibi yüzen, fasulye gibi büyüyen bir canlı. Yok ben almayayım. Benim bu işi Bora'ya söylemeden halletmem lazımdı, ama nasıl yapacaktım? Tuvalet kâğıdını bile o değiştirirken tek başıma bu sorunu nasıl çözecektim? Nasıl üstesinden gelinir böyle bir şeyin? Eğer hamileysem ve bunu ona söylemeden sonlandırırsam eminim ben ölene kadar yüzüme bakmazdı. Hem bu şey iki kişiyle yapılıyor, çalıya çırpıya sürtünerek hamile kalmadım ya, o da üstlenecek bu işin sorumluluğunu yok öyle yağma. Her türlü eziyeti kadın çeksin, erkek milleti, "Bana niye söylemedin?" diye trip yapsın, adaletin bu mu dünya?

Hamile olma ihtimali olan ben, vücudu daha iki ayda değişen ben, psikolojik olarak delirmenin eşiğine gelmiş olan ben, bunu Bora'ya nasıl söylerim diye günlerdir kıvranan, yüzüne bile bakamayan ben, üç dakikada boşalıp arkasını dönerek uyuyan o. Hayat gerçekten de hiç adil değil. Bir daha, "Ama biz askere gidiyoruz, sünnet oluyoruz" diye kafa ütüleyen erkek gördüm mü pipisine asker botuyla vuracağım ki anlasın ne çektiğimizi. İşte sizin bir kere çektiğiniz acıyı bir yirmi sekiz günde bir çekiyoruz, sizin sikinizin keyfine dokuz ay bebek taşıyoruz karnımızda diye döveceğim. Bu kadar düşünüyorum da, acaba gerçekten hamile miyim peki? Kesin hamileyim, bu kadar hassas olduğuma göre kesin. Gerçi bu benim genel huysuzluğum.

Bir süre daha geçip olayı kendi içimde kabullenince durumumu Bora'ya söylemeye karar verdim. Daha önce onunla hiç oturup da çocuk muhabbetini açmadık ama onun da bu fikre soğuk olduğunu biliyordum. Ama şimdi olmasa bile ileride çocuk istediğini de biliyordum. Çünkü bir ara, "Kendi evimi almadan, kalıcı bir düzen kurmadan çocuk yapmak çok saçma" gibisinden laflar etmişti bilmiş bilmiş. Evet Bora, çocuk fikri, evin olsa da saçma, düzenin olsa da saçma. Bir de şunu öğrenebilsen... Hem madem düzen istiyorsun o kadar, evlenme teklif et bana; al sana mis gibi düzen, devlet onaylı sevişmeler.

Şimdi ona hamile olduğumu söylesem biliyorum ki, "Aldırmalısın!" diye zorlamayacak beni, "Doğurman lazım, bu benim de çocuğum" diye de zorlamayacak onu da biliyorum. Seçimi bana bırakıp kendi istediğini seçmediğim için ömrümün geri kalanı boyunca beni suçlayacak. Fakat kendi istediği bir şey de yok henüz ortada. Acaba nasıl verilir ki böyle bir haber? Ağlasam mı biraz? Ben de istemiyordum ama oldu işte mi desem? Off babama okulu bıraktığımı söylemek bile daha kolaydı. Keşke yine anneme söyletebileceğim bir olay olsa bu da. Ama mecburen bu sefer kendim halledeceğim.

Bora yine küçük kıyametin koptuğu, dünyanın altüst olduğu ve kendisinin çok güçlü bir kahraman olduğu oyunlardan birini oynuyordu. Hazır yarı transa geçmişken söyleyip kaçayım dedim, gürültüden sesimi duyuramadım bile.

"Bora ben iki aydır âdet olmuyorum."

"Ne? Duymuyorum?"

"İki aydır diyorum, regl olmuyorum... Galiba şey oldu."

"Ne diyorsun Pelin mıy mıy mıy, ağzının içinde geveleme lafları, sonra söylesene ya, oyun oynuyorum görüyorsun."

"Kapat şunu be! İki aydır hastalanmıyorum diyorum."

"Ne demek o?"

"Ne demek, ne demek Bora? İki aydır kanamıyorum diyorum sana, hâlâ televizyona bakıp oyun oynuyorsun, hayvan mısın sen ya?"

Adam Mısır firavunları gibi dondu kaldı ben bunu söyledikten sonra. Resmen komple inme indi vücuduna, mumyalandı, taş kesildi. Bağırıp çağırmasını, korkmasını, hatta belki sevinmesini bile bekliyordum ama böyle domuz gibi kaskatı kesilmesi bana biraz ağır geldi. İnsan böyle bir durumda ne tepki vereceğini kestiremeyebilir ama bu kadar da odun olunmaz. Resmen, gerçek anlamda odun oldu, kütükleşti adam. O öyle katılaşınca ben de –sözde– hamilelik hormonlarının etkisiyle zırıl zırıl ağlamaya başladım. Artık nasıl çirkin ağladıysam adam komadan anında çıktı, "Ağlama, hallederiz" diyebildi.

Hallederiz ne demek orospu çocuğu? Ben senin pazardan aldığın beş kilo patates miyim? Halledermiş. Neyi, nasıl hallediyorsun? Tamam çocuk istemiyorum, evlenmeye de karşıyım ama bana sanki onun metresiymişim gibi, "Hallederiz" demesine gıcık oldum. O da bozulduğumu yüzümden anlayınca sarılıp teselli etmeye çalıştı.

"Emin misin peki Pelin, nasıl olur böyle bir şey ya?"

"Bilmiyorum, test almaya korktum. Hiç böyle olmazdı."

"Tamam ben nöbetçi eczaneye gidip bir test alayım hemen. Sen de su falan iç çişin gelsin."

"Ne olacak test yapınca, hamileysem ne olacak düşündün mü hiç?"

"Şimdi öğrendim Pelin, neyini düşüneceğim şimdi, dur biraz sus, panik yapma, manyak mısın nesin ya?"

"Sensin manyak, it. Düşüncesiz köpek, sen nasıl bizim çocuğumuza hallederiz dersin, katil hayvan."

"Oha, ne katili ya, sen neler düşündün böyle, salak mısın nesin, ben çıkıyorum, dönene kadar toparlan, asabımı bozma benim."

"Siktir git, test al, hamileysem kürtaj aletleri falan da al, sen yaparsın operasyonu, sen öldürürsün çocuğunu."

"Manyaksın lan sen."

Kapıyı çarpıp çıktı. Belki de benden uzaklaşmak, bu durumla tek başına yüzleşmek istedi. Birlikte yaşamanın eksilerinden biri daha. Kendinle baş başa kalmak istediğinde bir bahane bulup sokağa çıkman gerekiyor. Sonra birbirimizden niye sıkıldık?.. Nasıl sıkılmayalım, karıncalar bile bu kadar dip dibe yaşamıyorlardır her şeyi.

Bora elinde beş tane gebelik testiyle geldi eczaneden. Neymiş, bu testlerin yanılma payı varmış, olasılığı azaltacakmışız. Lan ayı, içimde şelale mi var nasıl beşine birden işeyeceğim? Allahım inşallah hamile değilimdir, bu salak değil iyi bir baba olmak, iki ekmek al desen onu bile yapamaz.

Testlerin prospektüslerini elli beş defa okuduktan sonra hepsini kucağıma toplayıp tuvalete gittim. Daha anne olmadan anladım anneliğin zorluğunu. Erkek olsam hedefe kilitlen ve üzerine işe. Ama kadın olunca daha bir zor. Elimi oraya mı sokacağım, yoksa klozete işeyip içine mi batırsam çubuğu? Stresten çişim kaçtı! Evet nasıl gerildiysem böbreklerim kurudu, üç litre su içmeme rağmen bir damla çiş yapamadım.

"Boraaaa, ben çişimi yapamıyorum."

"Nasıl yapamıyorsun ya? Ikın biraz."

"Sen ıkınarak mı işiyorsun ayı? Ahaha."

"Gülme hadi yap şunu Pelin, sinirlerimiz bozuk zaten. İkimiz de rahatlayalım. Gel ben tutayım sen yap."

"Hayır olmaz ya utanırım, sen git."

"Neden utanıyorsun kızım sanki hiç duymadık işemeni, maşallah salondan bile duyuluyor şarıl şarıl."

"Ya gelmiyo işte Bora n'apiyim, yarın sabah yaparım, kesin gelir o zaman."

Gelmedi. Bütün gece boyunca evdeki tüm sıvıları içmeme, damacanayı kafama dikmeme rağmen bir türlü işeyemedim o çubuğun üzerine. Biz de ertesi gün kliniğin birinde kan testi yaptırmaya karar verdik. Fakat hastaneye gitme kararı verip dışarı çıktığımız an –belki de kan aldırma korkusundan– gürül gürül çişim geldi.

"Bora benim çişim geldi!"
"Şu düştüğümüz hale bak, hanımefendinin çişi geldi diye seviniyoruz. Dur şimdi eczaneden alalım bir test de ona yap bari, kan işiyle uğraşmayalım bir de."
"Nerede yapacağım sokakta Bora, Burger King'in tuvaletinde gebelik testi mi yaptıracaksın bana? Bu mudur ilişkimizin geldiği nokta?"
"Şu durumda bile ilişki mi sorguluyorsun? Sen hasta mısın? Yakınlarda bankacı bi arkadaşım var, şubesine gidelim, oraya girersin eve kadar bekleyemem ben."

Bora çantama gebelik testini koyup, beni bir banka şubesinin tuvaletinde işemeye yollamadan önce arkadaşıyla tanıştım. Geri zekâlı, arkadaşının şube müdürü olduğunu söylese girer miydim hiç? Tanışma faslına bak: "Pelin, Onur, Onur, Pelin. Onur Pelin tuvaleti kullanacaktı da ne tarafta?"
Bora bazen çok ayı. Direkt olarak sevgilim gebelik testi yapacak dese daha az utanırdım. İlk kez tanıştığım adam, benim çişini bile tutamayan bir sidikli olduğumu düşündü kesin. Gerçi gerçeği öğrense daha feci. Bir banka tuvaletinde gebelik testi yapmak ne demek? Bir kadın hayatında ne kadar büyük bir hata yapabilir de bu duruma düşer ki?
Bankanın o saçma, herkesin kullandığı, sidik kokulu tuvaletinde kısacık çubuğun üzerine işeyip bir yandan da ağlarken bunları düşündüm. Belki de bu hayatımın en özel ânı olmalıydı. Sevdiğim adamın elini tutarak, heyecandan kalbim durmak üzereyken işemeliydim o çubuğa. Montumu kollarımın

arasında toplayıp umumi bir tuvalette, tek başıma ağlayarak yapmamalıydım bu testi. O hiç geçmek bilmeyen beş dakikayı, tuvaletteki kırılmış fayansları sayarak değil, âşık olduğum adamın gözlerindeki heyecanı görerek beklemeliydim. Testin üzerinde tek çizgi çıkınca, derin bir nefes almak yerine, sevdiğim adam saçlarımdan öpüp, "Üzülme, tekrar deneriz" demeliydi. Benim hayatım bu olmalıydı, tuvaletteki yalnız ve ağlayan kadın olmayı hak edecek ne yapmıştım da bunları düşünüyordum? Ben Bora'yı sevmiştim, çok sevmiştim. Ancak onun bir erkek olduğunu unutmuştum. Böyleydi erkekler, kendilerine hiçbir şey ifade etmeyen, yaşama şansları olmadığı olayları hiç önemsemezlerdi. Biliyordum, ben tuvaletten çıkacaktım ve Bora hiçbir şey olmamış gibi yaşamına devam edecekti. Halbuki biz, bir zamanlar çok iyi bir çifttik, fakat şimdi tuvalet köşesinde test yapmama bakılırsa çok ciddi bir duvar oluşmuştu aramızda. Belliydi zaten, biz birbirimize çok alışmıştık. Kaçınılmaz son yaklaşıyordu.

Ve biz neyi, nerede yanlış yapmıştık da, hamile olmadığımı bir banka müdürünün odasında çay içerken kaş göz işaretiyle anlatmak zorunda kalmıştım sevgilime? İnsan bir ilişkide nasıl bir hata yapar da bunu hak eder? Esas, hamile olmadığımı öğrendiğinde Bora'nın gözlerinde gördüğüm rahatlama ise binlerce kelimeye bedeldi. Hiç konuşmadan anlaşmıştık o bankada. Hiç konuşmadan, ikimizin bu ilişkinin çok farklı yerlerinde olduğumuzu söylemiştik birbirimize. Çaylarımızı karıştırıyorduk, iki şekerli içerdim ben her zaman, Bora bilirdi ve nerde olursak olalım benim çayımın şekerini kendi atar ve kendi karıştırırdı. O gün, o odada karıştırmadı çayımı. Unuttu belki, belki kafası çok karışıktı, belki bana kızgındı ona öyle şeyler yaşattığım için ama benim çayımı karıştırmadı.

Şu an hatta önümüzdeki elli yıl çocuk istemiyor olabilirdim. Ama Bora'nın, gözlerime sanki bu benim tek başıma işlediğim bir suçmuş gibi baktığını gördüğümde, hayatımda çocuktan daha çok Bora'yı istemediğimi anladım.

O benim çayımı karıştırmadı.

Kendime not: En yakın hissettiğin insanlar, gün gelir senden habersizce uzaklaşırlar.

Ben Gidiyorum

Bazı kararları uzun uzun, günlerce gecelerce düşündükten sonra verir, ama o kararı aldıktan sonra yine de aklında kalan diğerini yapmadığın için pişman olursun. Ama bazı kararları da hiç düşünmeden, hatta aklında olduğunu bile bilmeden bir anda verirsin. Ben hiçbir zaman öyle spontane kararlar veren, bir anda aklına gelen fikri uygulayan bir kadın olmadım. Ne zaman banyo yapacağımı bile haftalık düzene oturtmuş bir insanım neticede. "Duş alıp çıkıyorum" hayatımda bir kere bile kurduğum bir cümle değildir. Ya da, "Hadi kalk Taksim'e iniyoruz." Ne benim yaptığım ne de bana yapılan bir tekliftir. Taksim'e ne zaman gideceğim bile günler öncesinden kafamda belirlenmiş durumdadır.

Ama bu sefer hiç de öyle olmadı.

"Bora ben gidiyorum. Taşınacağım, bu evde birbirimizi yemeye çok başladık, birbirimizden biraz uzaklaşmak ikimize de iyi gelir..."

Bu cümleyi kafamda planlamamıştım mesela, bir anda ağzımdan çıktı. Galiba insanlar kendi beyinlerine bile setler kuruyor, kafalarının içindekileri kalplerinden uzak tutmaya çalışıyorlar. Gün gelip baskılara dayanamayan o baraj yıkıldığı anda ise tüm kalbin aniden parçalanıyor. Ben de kendi ellerimle kurduğum barajı başkası yıkmadan kendim yerle bir ettim. Kendi canımı kendim yakarsam, bu zevki başkasına vermezsem daha az üzülürüm sandım. Öyle olmadı.

Bu ilişkinin, yavaş yavaş sonuna doğru yaklaştığını hissediyordum da bitirenin ben olacağını hiç tahmin etmemiştim. Öyle ya, bir kadın bir adamı gerçekten bu kadar sevebilir miydi? Senelerdir hep duyardım arkadaşlarımdan aşkımızı. Bir insanın ilişkisini çevresinden duyması kadar sağlıklı bir şey yoktur aslında. Sizin göremediğiniz her şeyi arkadaşlarınız görür ve hisseder. En ufak detayı kaçırmazlar. Onlar da derdi hep, "Kimse kimseyi sizin kadar çok, içten, candan sevmiyor. Siz niye böylesiniz?" Ama adına zaman denen katil bizi de çoktan öldürmüştü. Sadece biz öldüğümüzün farkında değildik. Kim önce fark ederse o gidecekti. Ben daha fazla ölmek istemedim.

Oturduğu yerden, "Tamam," dedi, bana dönüp bakma gereği bile duymadan.

Kısacık ve oldukça donuk bir kelime: "Tamam." Yılların sorusu, milyarlarca insanın aklına gelen, cevabını bulmaya cesaret edemedikleri soru, benim de aklıma geldi. "Bize ne olmuştu da bu hale gelmiştik?" Yatakta yanına yatmadan gözlerini kapamayan adam, ne olmuştu da bir, "Tamam"la kabullenmişti dediklerimi? Aslında bir şey olduğu yoktu, olan tek şey zamandı. Zaman, biz Bora'yla güzel vakit geçirirken sinsice akmıştı ve biz bile birbirimize alışmıştık. Biz bile...

Kendini özel hisseden, yaşadığı aşkı dünyanın en benzersiz aşkı olduğunu, hayatta kimsenin kimseyi bu kadar sevemeyeceğini düşünen her çift gibi biz de sıradanlaşmış, yok olmuştuk. Birbirimizin yüzündeki her çizgiyi, vücudumuzun, ruhumuzun her detayını, belki de her bir saç telimizi ezberlemiştik. Hata etmiştik. Çok sevdiğin bir yemeği her gün yersen ne olmasını beklersin ki? Galiba aşk, en sevdiğin şarkıyı, sabah kalktığın alarm müziği yapmak gibiydi. Ne kadar seversen sev, bir gün mutlaka nefret ediyordun o şarkıdan. Ve nefret ettiğin andan itibaren, ne yaparsan yap, o şarkı seni tatlı uykundan uyandıran kötü bir melodi olarak aklına kazınıyordu. Ben de Bora için bir zamanlar çok sevdiği, o güzel şarkıydım artık...

Kaçınılmaz sonun artık yaklaştığını anladığımda, istem dışı olarak yaptığım sonu önleme çabasıydı belki de bu gidişim. Son bir çaba. Elimizde kalan kırıntıları koruma güdüsü. Bir de Bora benden ayrıldığında, ne kadar çaresizleşebileceğimi onun gözlerinin önünde yaşamak istemedim. İnsan kendi acısını yalnızken daha soylu yaşıyor. Ve birlikte yaşamak için aylarca ev bulamamışken, yanından taşındığım zaman yaşayacağım evi bir haftada buldum. Bütün evren el ele vermiş, bu işi mümkün olan en acısız yoldan halletmeye çalışıyorlardı belki de.

Bora artık bana âşık değildi. Fakat beni hâlâ sevdiğini, ev aradığım bir haftalık sürede yeniden hissettim. Evin iyi bir muhitte ve güvenli bir yerde olmasını, ulaşımın rahat olmasını, içinin temiz olmasını benden çok önemsedi. Emlakçılarla kavgalar etti, en sevdiğim ev için bile, "Kapıdan girerken yaşlı bir adam gördüm, müzik falan dinletmez sana o şimdi" diye vazgeçirmeye çalıştığında anladım ki, bu yaptıkları da

Bora'nın bana, "Gitme" deme şekliydi. Bir yanım, "Boş ver, aşkınız bittiyse, sana alıştıysa ne olmuş, kal işte onun yanında, bildiğin, güvenli ve sıcak limanda" derken, bir diğer yanım, "Hayatında seni artık arzulamayan, seninle her yaptığı sıradan birer görev gibi gelen bir adamla gerçekten devam etmek istiyor musun?" diye soruyordu. Diğer yanımı dinledim elbette. Bir erkeğin yanında güvende hissetmek güzeldir de, güven aşkı kurtarmaz, aksine daha da sıradanlaştırır.

Kısa bir süre sonra tam istediğim gibi, işyerime yakın, bütçeme de uygun ufak ama şirin, kutu gibi bir ev buldum. Bora hemen bir yıllık kiramı peşin ödemeyi teklif etti ev sahibine. İşte bizim asıl sorunumuz buydu. Bora beni her zaman korumak, kollamak istiyordu. Ama ben onun her zaman iyi olduğumdan emin olduğu kızı değildim ki. Sevgilisiydim. Ben de yanılgıya düşmüştüm, hissettiğim bu güven duygusunu aşk sanıyordum senelerdir. Başka zaman olsa, uça uça kabul edeceğim bir teklifti bu ama, ayrılık arifesinde olduğum sevgilimin yardım isteğini içim kan ağlaya ağlaya reddettim. O kirayı her ay sike sike ben ödeyecektim.

Bütün bu taşınma süresince birbirimize, "Bu kesinlikle bir ayrılık değil, birbirimiz için, ilişkimiz yürümesi için yaptığımız ufak bir fedakârlık" deyip durduk. Ama o da ben de biliyorduk ki bu gayet gerçek bir ayrılıktı. Hatta yeni ev, yeni başlangıçlar düşüncesi olmasın diye Bora evdeki tüm eşyaları bana vermeyi teklif etti. Zaten hepsini kılı kırk yararak ben seçmiştim. Benden sonra –cesaret edebilirse– birlikte olacağı kadının benim seçtiğim eşyaların üzerinde keyif sürmesini istemediğimden bu sefer mütevazılık etmeyip, evden ne istersem almaya karar verdim. Fakat dünyanın en cömert insanı Bora, konu ev eşyasına gelince birden teklifini unutup Varyemez Amca oluverdi. Ördek kafasını siktiğimin herifi, iki sandalyenin hesabını yapar oldu.

"Televizyonu alsam mı ya, film falan izlerim akşamları, benim odadan otuz yedi ekranı getirmeyeyim şimdi?"

"Veremem televizyon falan ya, açgözlülük yapma, oyun oynuyorum ben lazım bana o, n'apıcam televizyon gidince, bilgisayar karşısında elimi mi sikicem?"

"Sen ne terbiyesiz oldun be, ne istersen onu yap bana ne, sığıntı gibi hissettirmeseydin de gitmeseydim evden yavşak. Kesin alıyorum, yaz kızım listeye."

"Ohhhh, keyfin yerinde bakıyorum, icra memuru gibi her şeye el koydun. Yeni evinde, yeni arkadaşlarınla takılacan, film izleyecen diye biz burada sefil olalım."

"Böyle cimri olduğunu bilsem, çok daha önce ayrılırdım senden."

Bir anda çıktı ağzımdan. Hiç düşünmeden verdiğim taşınma kararı gibi, bunu da hiç düşünmeden söyleyiverdim. Günlerdir inatla kurmaktan kaçındığımız, birbirimize söylemeye sakındığımız acı gerçeği densizliğim sayesinde ortaya sermiştik işte: "Ayrılıyorduk." Hemen gözlerimizin içine baka baka son bir yalan daha söyledik, bu bir ayrılık değil diye teselli ettik birbirimizi.

Yıllardır birlikte yaşadığımız, her akşam birbirimize kapıyı açtığımız evden içime ağlaya ağlaya son kez çıktım. Evimizde son kez sıkı sıkı sarıldık birbirimize ve kapıdan adım attığım anda orası artık evimiz değil, Bora'nın evi oldu... Ben içime atmaktan vazgeçtim, dışıma da ağlamaya başladım Bora gibi. Ağlamaktan gözlerimiz kızarmış bir şekilde, dakikalarca birbirimize kenetlemiş halde sarıldıktan sonra zor da olsa o kapıdan dışarıya doğru adım atacak gücü buldum kendimde. Arkama dönsem gidemeyeceğimi biliyordum. O yüzden arkama bile dönmeden dışarıya çıktım. Daha bir basamak bile inmeden kapı açıldı ve Bora her zamanki şapşallığıyla,

"Dur yeaa, ben de geleyim senle, ne işin var şimdi tek başına ustalarla, kamyonlarla" deyip karı gibi takıldı peşime. Ulan ayı, madem peşimden gelecektin ne diye yarım saat ağlaştık, içim dışıma çıktı?

Kamyon, Bora'nın evinden bin bir güçlükle aldığım, savaş ganimeti eşyaları eve getirdikten sonra, Bora saatin çok geç olduğunu söyleyip kendi evine gitmedi. O gece göt korkusundan mıdır, ayrılma paniğinden midir nedir, kolilerin, kutuların arasında uzun zamandır sevişmediğimiz kadar tutkulu seviştik. Yıllardır uyguladığım bir batıl inanç olan, "İlk kez kalınan evde, evin anahtarını yastığın altına koyup uyuma" geleneğimi tekrar gerçekleştirdim. İnanışa göre ilk kez kalınan bir evde o gece yastığının altına evin anahtarını koyarsan rüyanda evleneceğin kişiyi görürmüşsün. O gece yeni evde rüyamda Bora'yı görmedim. Hatta kimseyi görmedim. Bu da bana tanrının o evde kalacağımı veya yalnız öleceğimi söyleme şekliydi sanırım.

Rüyamda o evde tek kalacağımı öğrenmenin ve Bora'dan fiziksel olarak ayrılmanın hüznüyle yerleştirdim yeni evimi. Aslında yalnızlığı özlemişim. Tıraş takımları için yer ayırmaya gerek yok, gardırobun bütün raflarını aldığım için pişmanlık hissetmek yok, televizyonun arkasında aptal oyun konsolları yüzünden birikmiş kablo ağı yok. Her şey buram buram kadınlık kokuyor. Galiba yalnız olmak o kadar da fena değildi. Çiş yaparken içeriden sesi duyuldu mu diye gerilmek yok, uyurken ağzım açık kaldı da, salyam yastığa mı aktı diye uyurken bile tetikte olmak yok, âdet olunca giyilen babaanne patiklerini görür de benden soğur mu diye düşünmek yok. Bol bol romantik komedi izleyip, dondurma yemek var. Daha ayrılmadan ayrılığa alışmıştım bile. Ama Bora alışamadı. İlk evimde yaptığı gibi sinsice bu evime de yerleşmeye çalıştı. İlk birkaç gün ben de onu kabul ettim, yalnız kalmaya da korktum biraz bilmediğim bir muhitte. Ama baktım ki Bora her zamanki gibi nerede duracağını bilmiyor, kendi evine bile uğramadan bana geliyor, yine çemkiren, şu güzel ortamı bozan, sürekli kavga çıkaran kadın olmak zorunda kaldım.

"Bora her gece buradasın sen, böyle olmaz ki bu, evine gitsene."

"Beni yanında bile görmek istemiyor musun artık?"

"Seni her zaman yanımda görmek istesem evden niye ayrılayım? Hayır istemiyorum, şu geldiğimiz hale bak, birbirimize en ufak ters bi şey bile söyleyemez olduk, hemen kavga etmeye başlıyoruz."

"Senin yüzünden hep, benim yüzümden mi sanki? İki gün iyi geçindik ya hemen sıç içine."

"Bi lafımı da düzgün anla be, siktir git evimden."

"Bi daha buraya gelenin amına koyim."

Her kavgamız gibi bu kavgamız da mahalle kahvehanesinde kavga eden işsiz serserilerin ağız dalaşı gibi sona erdi. En ufak tartışmada kendini bu kadar kaybedip birbirine ana avrat düz gitmekten birbirimize olan tüm saygımızı yitirmiştik. Ama kendi içimizdeki gurur hâlâ yerindeydi. Bilirdim Bora'yı, kovulduğu yere asla gelmezdi. Gelmeyecekti. Biraz da suç bende, daha ilk kavgada adam evden kovulur mu hiç? Sonra vay efendim niye kimseyle geçinemiyorum, herkes benden uzaklaşıyor? Niye acaba Pelin hanım, bir düşün bakalım.

Bora, sonradan ne kadar yalvarsam da, o eve bir daha asla adımını atmadı. Onunla ne zaman buluşmak ya da sevişmek istesem, ben onun evine gittim. Ya da ilk günlerimizdeki gibi dışarıda buluştuk. Bu evleri ayırma işi ikimize de iyi gelmişti. Hatta bir süre, ilişkimizin ilk günlerindeki gibi bile olduk. Bir şeyi ne kadar özlersen, o kadar arzuluyorsun onu. Her sabah birbirimizin yanında uyanmadan uyuyacağımızı bilmek sevişmelerimize renk kattı, geceyi ayrı evlerde geçireceğimizi bilmek, birlikte yediğimiz yemeklerin tadını daha da güzelleştirdi.

Ama sadece kısa bir süreliğine. Paramparça olmuş bir şeyi ne kadar güçlü yapıştırmaya çalışırsan çalış yine aynı yerinden kırılır, olmadı; içine koyduğun şeyi sızdırır. O paramparça hayatın içinde ikimiz vardık ve dışarı sızıyor, birbirimizden yavaş yavaş ayrılıyorduk farkında bile olmadan. Ne kadar istersek isteyelim hiçbir şey, hiçbir zaman eskisi gibi olamıyordu. Eski güzeldir, eski özlenir ve yeni insanı her zaman çok korkutur. Asıl önemli olan, eskiden vazgeçip, bilinmezliğe, yeniye doğru yola çıkabilme cesaretidir. Bende o var sanmıştım, cesur hissetmiştim kendimi. Bora bu konuda bana sözde destek olsa da, sürekli yanımda olarak buna yine de izin vermemişti. Ben de korkaklığımdan, son bir kez yanımda olmasına izin vermiştim.

Aslında Bora beni karanlık sulara tek başıma bıraksa yüzme öğrenecektim, ama her defasında gelip elimden tuttu. Tutmadığında ise yavaş yavaş boğulup dibe battım, kimseler de görmedi.

Bora bir daha elimi hiç tutmadı.

Kendime not: Arkasında duramayacağın kararlar almaktan çekinme. Hayatında senin gösteremediğin cesareti gösterebilecek insanları bulundur yanında. Sen kararlarının arkasında durmasan da, senin yerine onlar dursunlar...

Beni Çok Sev

Kafasında, "Bir kadın en fazla ne kadar salak olabilir?" diye bir soru olan varsa gelip beni bulsun. En fazla benim kadar olunabilir işte. Salaklığın tavan yaptığı, ete kemiğe büründüğü bir hayat benimkisi. Hem de bu kadar salaklığa rağmen bir de bu hayatın içine dört yıllık bir ilişki sıkıştırdım. Dört yıl bir beraberlik için uzun bir süre gibi görünebilir kimilerine. Ama yine de bir aşkı tüketebilmek için fazla kısa. "Aşkın ömrü üç yıl" diyen yazar da götümü yesin. Yok öyle bir şey, uydurmuş çünkü; aşkının ömrü, o ilişkide yaptığın salaklıklara bağlıdır. Ve benim kadar çok salaklık yapanlarınki maksimum dört sene sürüyor. Ben yoğun bir sevgiyi, tutkulu bir aşkı bile dört yılda tükettim, helal olsun bana. Herkesin harcı değildir dünyanın en sakin, kendi halindeki erkeğini delirtebilmek.

Bora'nın yanından taşındıktan sonra aramız biraz düzelir gibi oldu. Çünkü görmedikçe özlüyorsun, sahip olamadıkça istiyorsun. Basit bir mantık fakat neden daha önce aklıma gelmedi, neden birbirimizi bu kadar tükettikten sonra bunu düşünebildim bilmiyorum. Dedim ya, salak bir insana ihtiyacı olanlar gelsin beni bulsun.

Bir gece, Bora'yla ilk günlerimizdeki gibi olmasa da, yine de son dönemlerdeki stresli halimizden uzak, el ele film izlerken telefonu çaldı. İçim huzursuz oldu, çünkü gece ondan sonra gelen mesajdan, çalan kapıdan asla hayır gelmez. Ellerimle özenerek seçtiğim telefon melodisi o saatte popstar Ajdar yanı başımda konser veriyormuş gibi hissettirdi. Ekrana baktığımda ise gözlerim yerinden fırladı. Telefonun pavyon tabelası gibi yanıp sönen ekranında görünen isim, hayatımızdan bir türlü silinmek bilmeyen kara bir lekeydi adeta: "Gizem"

Filmi durdurma gereği bile duymadan saniyesinde cadılığa başladım. Aslında kendime söz vermiştim ilişkimizin bu yeni döneminde biraz daha alttan alacaktım, biraz daha ılımlı bir insan olacaktım da, kadınım sonuçta, bunun neresini alttan alayım? Nereye kadar ılımlı bir insan olabilirim ki? Kimse kusura bakmasın, gecenin bir yarısı eski sevgilisinin aramasına da sessiz kalacak değilim. Kavga etmeyeceğiz diye de dişi gavat olamam.

"Ne diye arıyo lan bu kaşar seni gecenin yarısı?"

"Lanlı lunlu konuşma kavgada, biraz saygılı ol, senin bu terbiyesizliklerin yüzünden yüz göz olduk be. Ne biliyim ben niye arıyor, konuşmadık mı seninle onun durumunu, bilmediğin bir şey sanki."

"Açsana o zaman, belki yine intihar etmiştir, hastaneden arıyorlardır belki de, karı ölüp gidecek vicdan azabı bize kalacak."

"Açıyım mı?"

"Aç aç, bakma eblek eblek yüzüme. Hoparlörü de aç ama, yoksa sikerim belanızı."

"Bi düzgün konuş ya, kamyon şoförü müsün sevgilim mi belli değil."

Pardon Bora, seni bir kadının bir erkeğin yanında her zaman eline, diline sahip olması gerektiğini bile unutacak kadar çok sevdiğim için kusura bakma. Tabii bunu bile anlamayacak kadar hayvanat bir erkeğe âşık olmak da benim kusurum olsun. Aradan dört sene geçmesine rağmen onu hâlâ unutamayan, hâlâ peşinden ayrılmayan bir eski sevgilisi olduğunu bilmek beni deli etse de bir yandan hoşuma da gitmiyor değildi. Gizem'e çok kızmıyordum aslında. Bora gerçekten de değil dört yılda, on dört yıl geçse de unutulmayacak bir sevgiliydi.

Fakat Gizem Bora'yı çoktan unutmuşa benziyordu; gecenin bir yarısı aramasının sebebi, ertesi gün evlendiğini söylemek istemesiymiş. Aylar sonra ilk kez birbirimizi yemeden, stressiz bir şekilde geçindiğimizi hissetmiş gibi, sözde bu iyi haberi verip kapadı telefonu. İlişkimiz bir züccaciye dükkânı olsa, Gizem de o dükkâna yavru ve yaramaz bir fil bırakıp gitse bize daha az zarar verebilirdi. Bora'dan çok benim moralim bozuldu. Allahın yerden bitmesi, sevgilisini elinden kaptığım Gizem bile evleniyordu ama, ben Bora beni biraz daha sevsin diye kırk takla atıyordum.

"Ne o üzüldün mü Gizem'in evlenmesine yüzün düştü?"

"Bana ne be ne üzülücem, bulaşmasın da artık bize, kimle sevişirse sevişsin."

"Sen telefonlarına çıkmasan bulaşmazdı merak etme. Neyse, evli barklı kadınla da kırıştırmazsın heralde artık."

"Hee bugüne kadar her gün buluşuyorduk senden gizli zaten. Bir sus ya, yedin bitirdin beni Pelin yemin ederim. Bir sus artık."

"Sen sus be, Gizem bile evlendi zaten."

Gerçekten de sustu. Kurduğum cümledeki sitemi köpek gibi anlamasına rağmen sessizlik yemini etmiş dervişler gibi sustu. Ağzından tek bir kelime bile çıkmadı. Ne yapayım, içimde tutamadım; "Gizem bile evlendi, bizim halimize bak" demek istediğimi saklama gereği duymadan bir anda patavatsızca söyleyiverdim. Bora daha da sustu. Sanki yarın evlenen eski sevgilisi değil, yıllardır evlenme teklif etmediği yeni sevgilisi de yanı başında değilmiş gibi filmi izlemeye devam etti. Ben de gecenin cezası olarak o çok kıymetli televizyonunun kumandasını yanlışlıkla(!?) yere düşürüverdim. Ona bile tepki vermedi, filme bakıyordu ama kafasından bambaşka şeyler geçiyordu.

Salaklığa bak işte bendeki, niye sinirleniyorum ki? Ayrılık arifesindeki sevgilisinden evlenme teklifi beklemekten daha acayip bir şey olabilir mi? Hayır, evlenme teklif etse zaten kabul etmeyeceğim, bir zamandan sonra Bora'yla aynı evde ömür geçirme fikri bile katlanılmaz geliyor. Ama diğer yandan beni evlenmeye uygun bir aday olarak görmemesine de bozuluyorum. Eksik ne var yani bende, niye teklif etmiyor? Aslında her şey çok açık da, kendime bile söylemekten çekiniyorum. Biz basbayağı ayrılıyoruz. Yavaş yavaş, sessizce... Halbuki yara bandını hızlıca çeksek bir kere canımız yanacak ve bitecek her şey. Ama ikimiz de bir türlü yanaşmıyoruz bu fikre. Teoride çok uzun süredir bitmiş olan ilişkimizin sona erdiğini kabul etmiyoruz. Hâlâ ısrarla her akşam birlikte yemek yiyor, sevişiyoruz. Aklımızda –şimdilik– başka biri olmasa da birbirimizi hayal etmiyoruz.

İnsan karşısındakine âşık olmasa, hatta onunla evlenmeyi düşünmese bile neden evlenilecek kişi olmadığını merak ediyor. Evlilik olayı başlı başına saçma da, bu teklif meselesi daha da saçma. Evlenme teklif etmeyi erkek tarafı yaptığından, seçen kişi de o oluyor mecburen. Biz kadınlar da koyun gibi seçilmeyi, evlenmeye layık görülmeyi bekliyoruz. Beyefendi düşünecek, kararını verecek, evlenmek için uygun kız olduğumuzu onaylayacak, bizimle evlenmeye lütfedecek, sonra nezaketen gelip bize soracak kuru bir yüzükle. Yok ya, başka derdiniz? Zaten böyle bir aşağılanmayı ben kabul etmem. Sırf bu evlilik teklifi saçmalığına karşı gelmek adına, istesem de teklifi kabul etmem, öyle de cins bir kadınımdır. Ama bu dallama niye bana evlenme teklif etmiyor olabilir ki? Gizem'in evleneceğini öğrendiğimde bu soru iyice içimi kemirmeye başladı. Her Türk kadını gibi, doğrudan sormak yerine işi birazcık dolandırmaya karar verdim.

Arzu'yu aradım ve güzelce tembihledim. Yanında hiç tanımadığımız bir arkadaşını getirecek, ekibe yeni katılan kişi Bora ve benim yıllardır birlikte olduğumuzu öğrendiği anda, "Eee ne zaman evleniyorsunuz?" diye hadsizce soracaktı. Yeni tanıştığımız için de kimse onu tersleyemeyecekti. Böylece ben de çaktırmadan Bora'nın ne tepki vereceğini öğrenecektim. Elime yüzüme bulaştı plan tabii.

O gece arkadaş grubumuzla dışarıya çıkmış, sözde eğleniyor, işin aslı kalabalıktan feci bunalıyorken Arzu'nun yanında getirdiği geri zekâlı kız bir türlü konuyu açamadı. Sürekli geçmişten bahsetmemize, cümle arasında ha bire, "Şu kadar yıl, bu kadar sene" deyip durmamıza rağmen dangalak karı bir türlü evliliğe getiremedi konuyu. Arzu'nun arkadaşı işte, ne bekliyordum ki. Tam bir gerzekmiş ama, Arzu kıza sor diye kaş göz yapınca pat diye soruverdi ortaya, evliliğin hiç konusu, muhabbeti yokken.

"Ne tatlı bi çiftsiniz siz öyle yaa. Ne zaman evleneceksiniz?"

"Hahaha yarın. Di mi Pelin, buradan kalkıp nikâh salonuna gideceğiz hatta."

Hahaha yarın mı? Umarım önce sen yarın bir geberirsin, ondan sonra da cesedinle bu konuyu konuşuruz. Bunları düşünürken, bir yandan da Bora bozulduğumu anlamasın diye gülüyormuşum gibi garip sesler çıkardım. Fakat çıkardığım sesler, gülmekten çok boğulmakta olan bir gorilden çıkabilecek seslerdi. Tamam kız bir anda patavatsızca sordu da, Bora'nın bu kadar kahkaha krizine girmesini anlayamadım. Aç da kendi götüne gül, evlenmeyecek olmamızın nesi komik? Salak Pelin. Sevgilinden ayrılmak üzeresin ve evlenmeyeceğinizi öğrenince neden bozuluyorsun ki? Keşke konuşsaydık, keşke evlilik konusu her açıldığında saçma bir bahane bulup kaçmasaydım. İşte o zaman başıma gelecek olanları böyle sarhoş halde, içim kan ağlayıp dışımdan deli gibi gülerken öğrenmezdim.

Sevgililik farklı bir şey. Değişik bir ortaklık. Mesela onun yaptığı salaklıklardan sen sorumlu oluyorsun. Kalabalık bir grupta kötü bir espri mi yaptı, sanki sen yapmışsın gibi eziliyor, onun adına sen utanıyorsun. Ama herkesi güldüren komiklikler yaptığı zaman da bir anda masanın *first lady*'si oluveriyorsun. Ama iş ikizinin ilişkisinden bahsedilmeye geldi mi, nerede durması gerektiğini bilmesi lazım çiftlerin. Bora ne kadar sarhoş olsa da, o masada o soruya o şekilde yavşak bir kahkaha patlatmamaııydı. Keşke yapmasaydı.

O gece, masadan kalkmadan önce kendi kendimi o kadar çok doldurmuştum ki, dayanamayacak ve kesin, büyük bir kavga çıkaracaktım. Büyük ihtimalle, "Gizem bile evleniyor biz niye evlenmiyoruz?" diye parlayıp, karşılıklı küfürleri sallayıp, en sonunda da siktiri yiyip evime dönerim diye tahmin ediyordum. Ama gecenin sonunda anladım ki; bizim, Gizem'in evlenmesinden ya da bizim evlenmemizden çok daha başka sorunlarımız var. İkimiz de bu ilişkinin o kadar farklı yerlerinde duruyormuşuz ki... Zaten en çok can acıtanı da o. Sevdiğin kadar sevilmemek.

Bazen birini o kadar çok seversin ki, karşılığında aldığın sevgi sana yetmemeye başlar. Bir insanı, bir insanın bu kadar sevmesinin mümkün olduğunu gördüğünde aynı sevgiyi ondan beklersin. Gelmeyince de büyük bir hüsran yaşarsın. Kendine en büyük acıları çektiren yine kendisidir insanın. Girdiği beklentiler, hissettiği duygular, beslediği umutlar... Bunlar ne kadar çoğalırsa, dışarıdan gelen tehlikelere o kadar savunmasızlaşırsın. Ve bir kere gardını indirip sevdin mi, herkes seni çiğneyip, üzerinden geçer. Kalıverirsin tek başına savaş alanında.

O gece eve geldiğimizde Bora'yla son kez kavga ettik. Son kez olduğunu bilmeden kırdık kalplerimizi. "Beni sevmiyorsun sen!" dedim, sadece, "Hayır" diyebildi. "Seviyorum" diye devam edemedi. Canımı acıtmak için kurduğu tüm cümlelerden daha çok yaktı canımı o söylemediği tek kelime.

Sanki onu son kez gördüğümü, son kez öptüğümü, son kez gözlerinin içine baktığımı hissetmiş gibi kapıdan çıkıp evinde giderken, "Keşke seni sevdiğim kadar sevebilseydin" dedim.

Beni sevsin istememiştim, beni çok sevsin istemiştim.

Kendime not: İlişkilerde kadın ile erkeği aynı kefeye koyma, ikisi de farklı biçimde, farklı yoğunlukta sevebilirler, bu seni üzmemeli.

Ölü Kadınlar Konuşmaz

Her insan, yalanı yakalanana kadar dünyanın en dürüst insanıdır. Fakat, madem bir bok yiyorsun, yakalanmayacaksın. Karşındakini salak yerine koyuyorsan, sen ondan akıllı olacaksın. Zeki olacaksın. Bütün kadınlar yakışıklı, uzun boylu, seksi, komik, aynı zamanda da zeki bir erkekle olmak ister. Bu özelliklerin çoğu bir adamda aynı anda toplanmaz ve mecburen içinden bazı özellikleri seçmek gerekir. Çirkin bir adamla gezerim ama asla kötü sevişmeye tahammül edemem diyenler vardır, beni güldürmeyen erkekle asla işim olmaz diyenler vardır. Bir de benim gibi, erkeğin ille de zeki olması için tutturanlar vardır. İstiyorsa cüce olsun, isterse şişmanlıktan pipisinin nerede olduğunu bile göremesin ama karşımdaki adam zeki olsun. Yanında durdukça bir şeyler öğreneyim ondan. Konuştukça hayran olayım ona.

İşte Bora böyle bir erkekti. Vasatın üzerinde bir fiziği, fena olmayan bir cinsel becerisi vardı. Ama tanıdığım en zeki erkekti. Geçmiş zamanda konuşuyorum çünkü aslında hiç de tahmin ettiğim kadar zeki bir erkek olmadığını acı bir şekilde öğrendim.

Hayır, kesinlikle beni aldattığı için salak demiyorum Bora'ya, beni aldattığını öğrenmeme izin verdiği için kızıyorum. Daha dikkatli olabilirdi, belki de dikkatli olmak istemiyordu, belki de bıkkındı, bana karşı böyle bir hata yapmayı önemsemeyecek kadar saçma bir yerindeydim hayatının.

Aramızın artık değil iyi, kötü bile olmadığı günlerden biriydi. Her gün okuldan gelip, akşama kadar telefonda konuştuğun en iyi arkadaşın, başka okula geçince sessiz sakin görüşmeyi kesersin ya, bizimki de öyleydi işte. Ortada kavga yok, küslük yok. Ama artık hayatının içinde değil her gün onunla konuşmak. Aşkın bitmesi de aynı böyle işte. Ne yaparsan yap, dev bir buzdağı da olsa sevgin, eriyip gitmeye başladığında, yok olmasını sadece izleyebiliyorsun.

Bora'nın iş seyahatinde olduğunu telefonda öğrendim. Dört senedir işyerinde bir gün bile fazla mesai yaptığına tanık olmadığım, toplantısı bile bir dakika uzamayan Bora iş seyahatindeymiş.

"N'aber canım? N'apıyorsun?"

"İyiyim ya, yoğunum biraz şimdi, sonra arayayım mı ben seni?"

"Yok ya, aramana gerek yok, akşam bana gel diyecektim, yemek falan yeriz."

"Pelin ben bu sabah Ankara'ya geldim. Sana söylemeyi unutmuşum, biraz daha burada kalacağım."

"Ne Ankara'sı be, nerden çıktı şimdi Ankara, haber de vermedin, ne biçim insansın sen?"

"Yok, bizim şirketin işleri işte, ben seni arayayım mı sonra şimdi işim var."

"Bora, yemekler geldi hadi..."

Yemekler geldi. Bora. Hadi.

Kelimeler kafamda yankılandı. Her harf balyoz olup, beynime görünmez çiviler çaktı. Daha önce hiç duymadığım ama bundan sonra asla unutamayacağım bir kadın sesi. Sevgilimi yemeğe çağırıyor. "Hadi" diyor, "yemekler geldi" diyor. Ben daha, "Tamam o zaman" bile diyemeden kapatmıştı telefonu Bora. Kimdi o kadın? Ankara'da ne bok yiyorlardı, restoranda mıydılar, otelde mi? Bir ara otobüse atladığım gibi Ankara'ya gitmeyi düşündüm. Ama karnımdaki yumrular yerimden kalkmama izin vermedi. Nefes alamadım, gözlerim karardı. Benim sevgilim, canım, her şeyim, tanımadığım başka bir kadınla, muhtemelen güzel bir otelin, lüks bir odasında sevişmekten yorulup yemek yemeye inmişti. Benim sevgilim, benim Boram. Son dört yıldır neredeyse her gece benimle uyuyan adam şu an başka bir kadınla yemek yiyordu.

Keşke ilk aklıma gelen, "Muhtemelen ben abartıyorum, gerçekten de iş toplantısındadır, Bora bu kadar da aşağılık bir adam değil" olsaydı. Ama değildi. Gerçekler çok acımasız ve kaybeden taraf için acı vericiydi ve o sesi duyduğumdan bu yana beni rahat bırakmıyorlardı. Sevgilim, gerçekten de âşık olduğunda gözü kararan, başka bir kadının yanından sevgilisiyle konuşmakta hiçbir sakınca görmeyecek kadar tutkulu bir âşıktı. Belki de benden o kadar bıkmıştı ki, "Canı ne kadar yanarsa yansın, anlasın artık bittiğini" deme şekliydi bu bana.

Aramadı beni, ben de arayamadım korkumdan. O gece olanları düşünmekten, kafamda senaryo üretmekten yerimden bile kalkamadım. Yavrusu elinden alınınca bağrına kara taş basan köylü kadınlar gibi aptal bir koltuk yastığına sarılıp uyuyakaldım. Uyumadan önce binlerce şey düşündüm. Binlerce günümüz birlikte geçmişti. Beraber geçen her günümüz için bir tek şey düşünsem bile olurdu. Çok kavga etmiştik onunla, ama beni o kadar severdi ki, hiçbir kavgamızda benden başka birini sevebileceği aklıma gelmemişti.

Bir insan, bir diğer insanı gözlerinin içine baka baka aldatacak duruma gelene kadar neler yaşar? Bizimkisi ortadaydı. Dört yılın birikimi, alışkanlık, bıkkınlık, sorumluluk... Bir erkeğe ne kadar sorumluluk yüklersen, o kadar bunalır ve kaçmak ister. Ne kadar sorumluluktan uzak tutarsan da başıboşluktan ne bok yiyeceğini şaşırır. Kısacası bu erkek milletinden adam olmaz. Orospu çocuğuna evlenelim baskısı yapmazsın, gider aldatır; yaparsın, bu sefer bunaldığı için aldatır. Aldatmaya götü yemezse bu sefer bunalır ve hayatı sana zindan eder. Her ilişkinin sonu boktur. İyi başlayan hiçbir şey güzel bitmez.

Bizimkisi de öyle oldu. Ufak bir farkla. Hiçbir kadın benim başıma gelen kadar kalleşçe bir ayrılığı hak etmez çünkü. Kalleşin, sinsinin tekiymiş Bora. Bir başka dal tutmadan öbürünü bırakmayanlardanmış. O kadar uzaklaşmış ki benden, canımın ne kadar yanacağını umursamayacağı hale çoktan gelmişiz. Nasıl göremedim ben bunu ya da nasıl gördüm de, görmezlikten geldim, hep bir şans daha tanıdım ikimize, niye yaptım? Kendimi affedemiyordum. Görmem lazımdı olacakları; erkekler korkaktır, kadınlardan önce olayları analiz edebilseler bile, harekete geçmezler. Ayrılmazlar. Yalnız kalmaktan çok korkar anne kuzuları. Ancak birini bulduklarında sizlerden ayrılırlar. Benim başıma gelen tam da buydu herhalde. Gerçi emindim ben, herhaldesi falan yoktu, Bora böyle yapmazdı hiç, alışkanlıklarının dışına çıkan bir erkek değildi, ilk defa iş seyahati diyordu bana, bir ilişkide alışılmadık değişiklikler varsa, emin olun aldatılıyorsunuz. Bunun başka bir açıklaması yoktur.

Berbat bir gece geçirdim, uyuduğum yerde, uyanıp uyanıp durdum. Ben tek başıma uyurken, onlar sevişiyordu tutkulu bir şekilde, aynı bizim ilk günlerimiz gibi. Uyandığım zamanlarda da hep onu yemeğe çağıran ses yankılandı kulaklarımda. Kendi canımı daha da yakabilmek için daha da uzun düşündüm o kadını. Neye benzediğini tahmin etmeye çalıştım. Ve ucu bucağı bitmeyen sorular... Ardı arkası kesilmeyen, cevabını sadece Bora'yla yeni sevgilisinin bildiği, cevaplarını ancak zavallıca tahmin edebildiğim sorular...

Ne zaman tanışmışlardı? İlişkileri ne zaman başlamıştı, ne zaman öpüşmüşlerdi, beni öptüğü gibi mi öpmüştü onu da? Gözleri kapalı mıydı, el ele tutuşarak mı yürüdüler Ankara'da? Ben tanıyor muydum yoksa? Tanısam sezerdim, kesin işyerinden bir kadın. Arkadaşı olsa bilirdim. İlk kez ne zaman sevişmişlerdi? Herhalde annemde kalıyorum dediği o geceydi. Benden bahsediyorlar mıydı? Bora beni ona kötü mü anlatmıştı, iyi mi? Peki şimdi bundan sonra ne olacaktı? Düşünürken uyuyakalmışım...

Gregor Samsa, bir sabah uyandığında kendini bir böcek olarak buldu.

Bense o sabah uyandığımda eski sevgili olarak buldum kendimi... Eminim Gregor Samsa, içine düştüğü duruma benim kadar şaşırmamış, üzülmemiştir. Bora korkağın tekiydi. Dört yıllık ilişkimin sona erdiğini bir telefon mesajıyla öğreneceğime, böcek olarak uyanmayı tercih ederdim. Uğursuz bir mesaj sesi... Zaten telefonun masa üzerindeki eğreti duruşundan belliydi ortada bir bokluk olduğu.

*"Hayattan beklentilerimiz çok farklı, daha fazla uzatma-
mıza gerek yok. Sana bundan sonraki hayatında başarılar
dilerim."*

Bütün gece o kadar üzülmüştüm ki, hiçbir şey hissetme-
dim, mesaja baktım sadece, dakikalarca baktım. Tekrar tekrar
okudum, tekrar tekrar Bora aklıma geldi, gönderen kısmında
sevgilim yazıyordu. Bir insanın sevgilisinden böyle bir mesaj
almasının ne demek olduğunu düşündüm. Soğuk bir mesaj.
Sadece o kadar. Dört yıl boyunca gül, ağla, kavga et, seviş,
delir, hayata karşı birlikte dur, film izle, kitap oku, boklu do-
nunu gör, pedini görsün, ayaklarının nasıl koktuğunu bile bil,
ama ayrılırken sana hayatında başarılar dilesin.

O benim hayatımdı, o yokken neye başarılar dilediğini an-
lamak ister gibi hâlâ telefona bakıyordum. Telefon elimdey-
ken çalmaya başladı. Bora arıyordu. Bir saniye bile düşünme-
den gelen aramayı reddettim.

Bir daha da beni aramadı. Ben de onu aramadım.

Beni öldüren bir adama ne diyebilirdim ki; en fazla kusur-
suz bir cinayet işlediği için tebrik edebilirdim.

Ama ölü kadınlar hiç konuşmazdı.

Bir Adım Sen Bir Adım Ben

1 yıl, 2 hafta, 5 gün, 17 saat, 20 dakika, 3 saniye sonra...

Telefonuma gelen o mesajın ardından hayatımın en kötü bir senesini geçirdim. Âşık olduğum adamın beni terk etmesinin üzüntüsünü atlatamadan, başka bir kadınla evlendiğini öğrendim. Büyük ihtimalle otel odasına onu yemeğe çağıran kadınla evlenmişti. Daha sonra ikisini sadece bir kere yan yana gördüm. O da bana yetti.

Bora'dan tekmeyi yiyince hayatımdaki boşluğu sevgiyle doldurmaya çalıştım. Tanımadığım, bilmediğim, nasıl baktıklarını bilmediğim erkeklerde aşkı bulmaya çalıştım. Yere çok düştüm, kalkmaya da çalıştım, bazen kalktım, dizlerimdeki yaralar iyileşmeden tekrar düştüm... Ve bana bunları yaşattığı için onu hiçbir zaman affetmedim. Ben onsuz mutsuzluktan geberiyorken, onun bensiz mutlu olmasını bir türlü kendime kabullendiremedim.

Her gece yatarken dua etmek yerine ona küfür ettim, sonra da ona hâlâ köpek gibi âşık olduğum için kendime... Dualarım bir işe yaramamıştı, küfürlerim de yaramadı.

Ama o da mutlu değilmiş. Bunu tam bir yıl, iki hafta, beş gün, on yedi saat ve yirmi dakika sonra öğrendim. Hayatımın baştan sonra değişeceğini bilmeden girdiğim o ufak kafede...

"İçeri girelim mi?"

Sesi çok değişmişti, benim hiç bilmediğim, alışık olmadığım bir ses. Sanki başka biri onu ele geçirmiş, beden onun ama ruh başkasının. Gözlerine baktım, anladım zaten o zaman sesinin niye öyle çıktığını, sessizce ağlıyordu Bora. Dileyeceği tüm özürler gözyaşlarıya beraber akıp gidiyordu. Tam aramızdan genç bir çift geçti içeri girmek için, bizim ilk günlerimiz gibi, delikanlı kıza sıkıca sarılmış, o kadar mutlular ki, dünyada hiçbir kötülüğün onlara dokunabileceğini akıllarına bile getirmiyorlar. Ya ikisinden biri kötü bir insansa, buna inanmazlar ki, gidip yüzlerine bağırsam bile bana inanmazlar.

Hiç konuşmadan kapıyı açtım ve içeri girdim. Kafe hiç değişmemişti, değişen sadece ikimizdik. Bütün dünya aynıydı ve bizimle alay ediyordu.

O gün, o kafede saatlerce konuştuk. Birbirimizden ayrı geçirdiğimiz bir yılın acısını çıkarır gibi. Gözlerini bir saniye bile gözlerimden çekmeden konuştuk onunla.

"Biliyorsun değil mi, mahvettin beni, hayatımı siktin attın" dedim.

pink freud

"Niye açmadın o telefonu, niye açıp yapma bunu bana demedin, niye kabul ettin, niye bir mesaj bile yazmadın, niye benden bu kadar kolay vazgeçtin," dedi. O esnada garson kahvelerimizi getirip bıraktı masaya. Bora garsona bakarak, "Biraz süt alabilir miyiz?" dedi, unutmamıştı kahveyi sütlü sevdiğimi demek, garson ufak porselen bir sütlükte ılık süt getirip masaya bıraktı. Bora gözlerimin içine bakarak kahveme iki tane şeker ve biraz süt kattı, karıştırmaya başladı. "Biliyorum neler hissettiğini, ben de mahvoldum merak etme, sen niye bana hiç cevap vermedin bana onu söyle," dedi. Gerçekten de mahvolmuştu. Kilo vermiş, okyanus yeşili gözlerinin kenarlarında ince çizgiler, şakaklarında hafiften kır saçlar çıkmaya başlamıştı. Benim Bora'ya o kadar zamanda veremediğim zararı bir yılda verebilmek her kadının harcı değildi. Karısını tebrik etmek etmek lazımdı.

"Sen beni o mesajla öldürdün Bora, ne bekliyordun benden, gitmeye karar vermiş bir insana ne denilebilir," dedim. Dalgın bir şekilde hâlâ kahvemi karıştırıyordu Bora. Dışarıda hava kapamıştı, inceden bir yağmur başladı o an. Tıp. Tıp tıp tıp tıp. Gitgide hızlanıyordu, yüzüne bakamıyordum Bora'nın. Dışarıyı izlemeye başladım. Yağmur damlalarının hiçbiri gökten inerken birbirine çarpmıyordu. Ağlamamak için bunları düşünmeye başladım, sonra bir araba geçti, sonra bir çöp kamyonu, bir kedi. Yağmur sağanağa dönmüş, dışarıda kimseler kalmamıştı. Sonra arabalar da geçmemeye başladı. Bakacak hiçbir şey kalmamıştı dışarıda, ben de mecburen döndüm Bora'ya baktım. Hafiften gülümsüyordu. İyi bilirdim bu gülümsemeyi, beni mutlu edeceği bir şeyler söylemeden önce hep böyle olurdu yüzü.

O gün, o kafede ikimizin de hayatını sonsuza dek değiştirecek bir şey söyledi bana.

Sokaktan bir kedi geçti, sonra bir çöp kamyonu ve bir araba, ardından bir anne ile oğlu. Yağmur durmuş, güneş açmıştı. Kafenin kapısı açıldı, içeri birileri girdi, mis gibi toprak kokusu doldu içeriye. Gözlerimi kapadım, derin derin nefes aldım.

Masumiyet Müzesi, "Hayatımın en mutlu anıymış, bilmiyordum" diye başlar. Belki Orhan Pamuk bilmiyordu ama, ben biliyordum; o an hayatımın en mutlu anıydı.

pink freud